ラオス全土の旅

川口正志

めこん

2011年4月、ルアンパバーンのピーマイ・ラオ（ラオス正月）のパレードは、大勢の見物客に見守られながらシーサワーンウォン通りをワット・シエントーンへと進んだ。人々の目をひくのはプーニュー、ニャーニュー（ルアンパバーンの祖先の霊）やミス・ルアンパバーンを乗せた山車などだが、観光客の側まで来て、おどけてみせる猿たちも、このパレードを盛り上げるためには欠かせない役者である。

目次

はじめに

ラオスはインドシナ半島の中央に位置する南北に細長い内陸国で、まわりを中国、ベトナム、カンボジア、タイ、ミャンマーの五ヵ国に囲まれています。周辺の国と比べると知名度は低く、情報も少ないため、行ったことがない人には、どんな国か想像もつかないかもしれません。

そんなラオスに私は一九九五年から毎年のように通い、写真を撮りながら全県を旅してきました。最初の頃は、主要都市から少し離れただけで、とんでもない悪路が待っており、宿泊設備も劣悪で、外国人が旅行を楽しむには程遠い状態でした。しかし、近年、道路の整備も進み、徐々にではありますが、それほどの苦労を強いられることなく国内を移動できるようになってきました。とはいえ、言葉の問題、文化、風習の違いなどがあって、地方ではまだまだ困難な旅が予想されます。何ごとも日本と同じようにはいかないのが現実です。

周辺の国と違って、ラオスには観光地と呼ばれるところがきわめて少なく、この国を旅した多くの旅行者も口を揃えて、「ラオスは何もない」と言います。しかし、そう言う人たちが「また来たい」と言うのがラオスです。ラオスの旅の魅力は、観光地を回ることだけではなく、ラオスの人たちの生活圏に限りなく近いところで、彼らの暮らしの様子を垣間見たり、交流したりできるということなのです。日本では旅行で住宅街を見て歩くなどということはないと思いますが、ラオスの場合は、たとえば国内を移動するバスも人々の生活圏の中を横切って行きます。バスの中からでもありのままのラオスの暮らしを見ることができ、ビエンチャンやルアンパバーンなどの大都市でも、一歩路地を入れば、そこには普通に暮らすラオスの人たちの姿があります。そして、これも多くの人が語るラオスの魅力の一つですが、この国の人たちは他の人と接する時の距離感が絶妙で、私たち外国人旅行者にも実に程良い感覚で接してくれるのです。「サバイディー」(こんにちは)と声をかけると、ほとんどのラオス人は笑顔で「サバイディー」と返してくれるはずです。日本人の多くは、現地の人と触れ合いたいとは思っていても、あまりしつこくされることは望まないと思いますが、ラオスの人たちは時に拍子抜

けするほどあっさりしています。しかし、こちらのことはどこかでちゃんと見ていてくれ、困っている時にはさりげなく救いの手を差しのべてくれます。その距離感が絶妙で、実に心地好いのです。

本書ではそういったラオスの旅を楽しんでいただきたいという思いから、実際にこの国の隅から隅まで旅をした私自身の目線で、点ではなく線でラオスを紹介しています。通常のガイドブックは都市ごとに情報をまとめていますが、本書では旅するルートに沿って観光地や見どころを紹介するようにしました。したがって、これまであまり情報のなかった小さな町や村などのことも書いています。慣れないと地方のラオスを気楽に旅するというのは難しいかもしれませんが、ラオスの魅力にまいった人はそのうちきっと足を伸ばすことになるでしょう。

本書の内容は二〇〇八年から二〇一三年までの取材がもとになっていますが、ラオスはすべての面において急速に変化しつつあるので、交通や宿泊施設などについては最新の正確な情報を載せるのは困難です。バスや船の出発時間や料金などはすぐに変わってしまいますし、路線そのものがなくなる

ことも珍しくありません。ホテルやゲストハウスも新しいのができたかと思えば、前にはあったはずのものが廃業していたりします。取材時にも、多くのラオス人たちから「料金はすぐに変わってしまうから掲載しないでほしい。ガイドブックではこの値段が書いてあると言って、古い料金で交渉しようとする旅行者が多くて困る」と言われました。幸い、ビエンチャンやルアンパバーンには現在、日本語のフリーペーパーが何紙か発行されており、空港などで簡単に入手できるので、最新情報をそちらから得ていただくほうが間違いが少ないと思います。私が各地で取材した時にはもちろん、ホテルやゲストハウスを一軒一軒回って設備や料金を調べてきたのですが、変化があまりに大きく、不正確な情報を流すことになりかねないので、特に宿泊施設に関しては大幅に割愛することにしました。また、移動手段のバスや船、飛行機についても、料金は書かず、行き先と移動時間のみ記載しました。とはいえ、路線そのものが変わったりなくなったりすることもあるので、必ず現地で確認することをおすすめします。

　多くの方がラオスの魅力を存分に味わい、心に残る旅を満喫されますように。

ラオス全土図

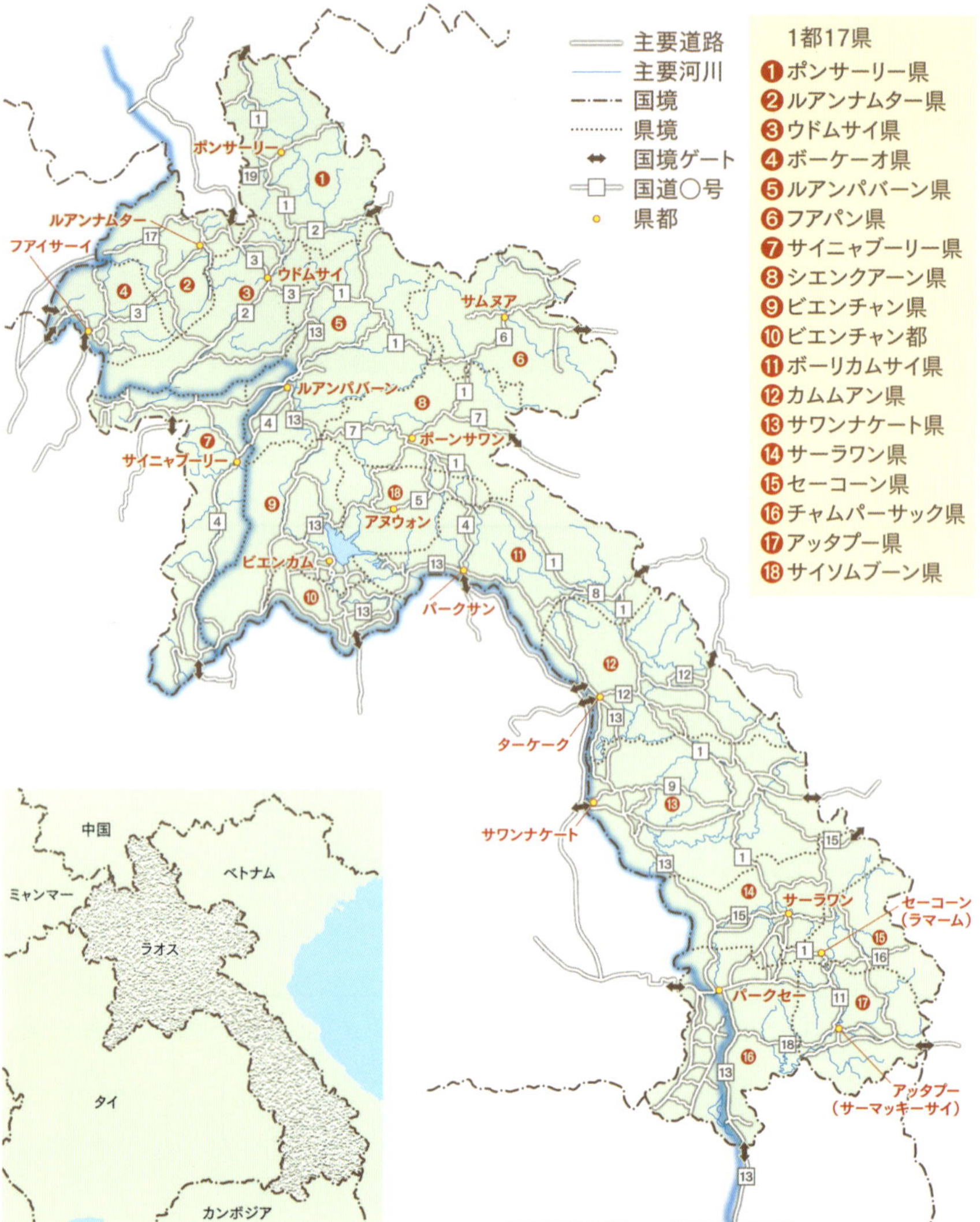
主要道路
主要河川
国境
県境
国境ゲート
国道○号
県都
1都17県
1 ポンサーリー県
2 ルアンナムター県
3 ウドムサイ県
4 ボーケーオ県
5 ルアンパバーン県
6 フアパン県
7 サイニャブーリー県
8 シエンクアーン県
9 ビエンチャン県
10 ビエンチャン都
11 ボーリカムサイ県
12 カムムアン県
13 サワンナケート県
14 サーラワン県
15 セーコーン県
16 チャムパーサック県
17 アッタプー県
18 サイソムブーン県
ポンサーリー
ルアンナムター
ファイサーイ
ウドムサイ
サムヌア
ルアンパバーン
ポーンサワン
サイニャブーリー
アヌウォン
ビエンカム
パークサン
ターケーク
サワンナケート
サーラワン
セーコーン
（ラマーム）
パークセー
アッタプー
（サーマッキーサイ）
中国
ベトナム
ミャンマー
ラオス
タイ
カンボジア

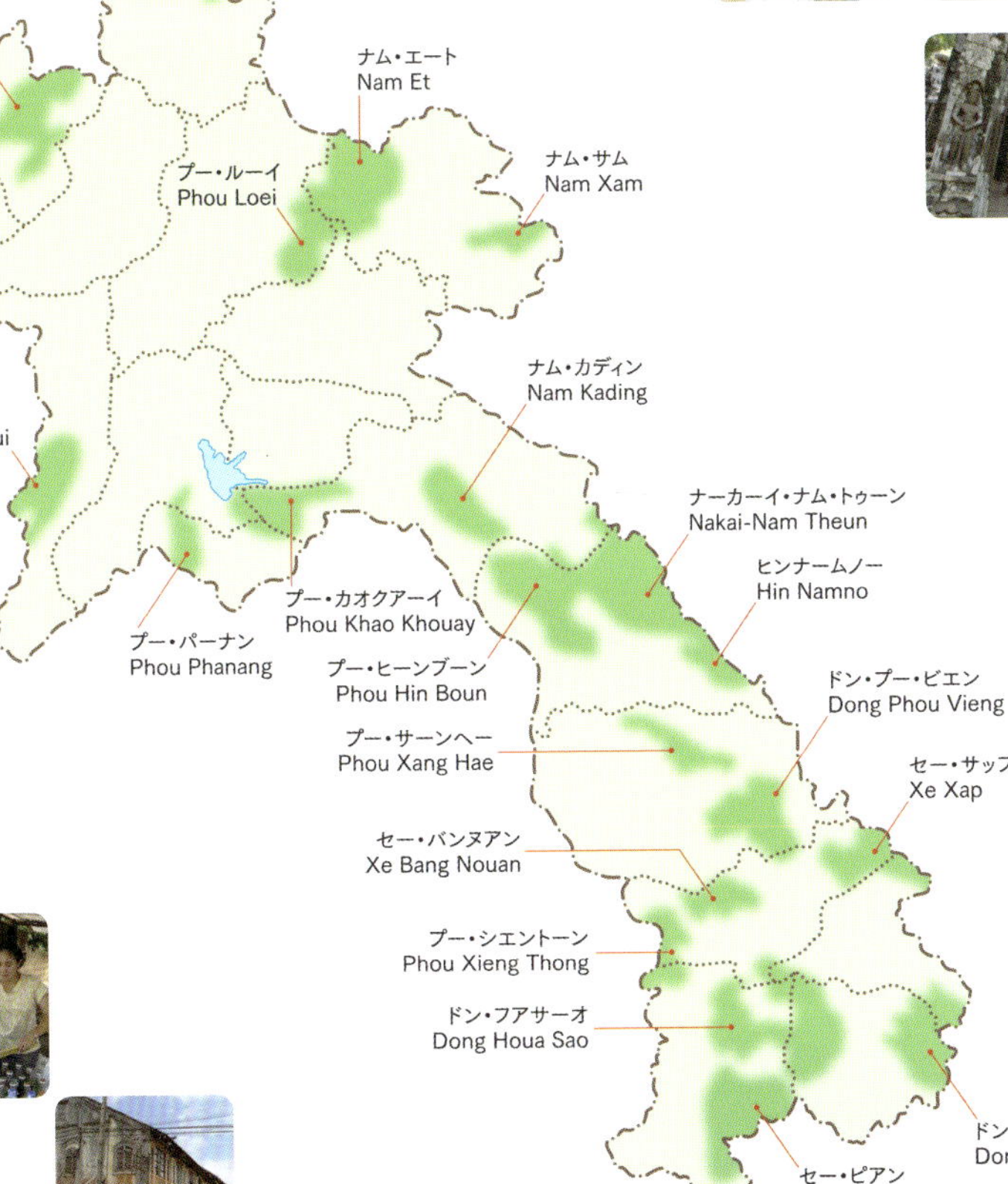

国立自然保護区
全国20ヵ所

National Protected Area(NPA)

ラオスの旅の基本情報

❖日本からラオスへ

二〇一六年二月現在、日本からラオスへの直行便は就航していないので、日本からラオスへ行く場合は必ず他国を経由しなくてはなりません。ラオス国内には五つの国際空港がありますが、日本から行く旅行者にとって利便性が高いのは首都ビエンチャンにあるワッタイ国際空港（Wattay International Airport ສະໜາມບິນສາກົນວັດໄຕ）と、ルアンパバーンのルアンパバーン国際空港（Luangprabang International Airport ສະໜາມບິນສາກົນຫຼວງພະບາງ）で、隣国のタイ、ベトナム方面からの航空機が就航しています。

この中で日本からラオスに行く旅行者に利用価値が高いのは、ベトナムのハノイを経由するルートとタイのバンコクを経由するルートの二つで、これらの都市で飛行機を乗り継いでビエンチャンやルアンパバーンまで行くことができます。ただし、ハノイ経由の場合は、曜日によっては同

❖ ラオスの国際空港

▶ワッタイ国際空港

→47ページ

▶ルアンパバーン国際空港

→113ページ

▶サワンナケート国際空港

→291ページ

▶パークセー国際空港

→305ページ

▶アッタプー国際空港

2015年5月開港

日の乗り継ぎができず、ハノイで一泊しなくてはなりません。バンコクからルアンパバーンへの便も午前中しかないので、日本を発った日の到着は不可能です。航空会社のタイムスケジュールや料金は数ヵ月から半年ぐらいで変わりますので、必ず行く直前に確認しましょう。

すべて空路で行く方法とは別に、途中まで飛行機で行き、その後はバスや船を使って入国する方法もあります。その場合、最もアクセスが容易なのはタイに入国してからラオスに向かう方法です。

ラオスは中国、ベトナム、カンボジア、タイ、ミャンマーの五ヵ国と国境を接していて、それらの国々との間には入国ポイントが設けられています。特にベトナムとタイとの国境には多くの入国地点が存在しますが、アクセスはタイからのほうがずっと楽です。ベトナムとラオスの間にはルアン山脈（Sai Phu Luang ສາຍພູຫຼວງ アンナン山脈とも言う）という山脈があり、出入国地点のすべてが山岳地帯にあるのに対し、タイとラオスの国境はそのほとんどがメコン川なので、船や橋を使って簡単に入国できるためです。バンコクのカオサンロードからはビエンチャン行きのツーリストバスも運行していて、チケットはこの通りにある旅行代理店で販売しています。

また、バンコクからタイの国内線でラオスとの国境近くの空港まで行く方法もあります。ビエンチャンへ行く場合はウドンターニー（Udon Thani）、パークセー（Pakse ເມືອງປາກເຊ）へ行く場合はウボンラーチャターニー（Ubon Ratchathani）の空港が便利で、そこからはバスなどを使ってラオスに向かいます。国際線と違って料

右：ルアンパバーン空港に到着したラオ・エアラインの航空機。

金もリーズナブルです。

❖ビザ

ラオスに入国する場合、観光目的であれば日本人は一五日までの滞在に限り、ビザの取得が免除されています。パスポートと必要事項を記入した出入国カードの提示、税関申告書の提出のみで、ラオスへと入国することが可能です。入国の際、出入国カードは入国の部分だけが切り取られ、出国カードはパスポートに挟んで返されますが、ラオスでは多くの場合、ホッチキスなどで留められず、パスポートに挟んだだけのことが多いので、なくさないように注意しましょう。出国カードをなくすと、出国の際トラブルになります。また、入国カードには宿泊先を書く欄がありますが、宿泊先が決まっていない場合は適当なホテルやゲストハウスの名前を記入すれば大丈夫です。

ラオスに入国すると、パスポートには入国した日と滞在期限最終日の日付が入ったスタンプを押されます。ビザなしで入国し、ラオス国内に一五日以上滞在する場合は、事前に入国管理事務所に行ってエクステンション（滞在期間の延長手続き）をしてください。一日二ドルで三〇日までの延長が可能です。

また、ビエンチャンやルアンパバーンの空港やタイとラオスを結ぶ友好橋にあるイミグレーションオフィスでは、三〇日間滞在可能のビザを取得することもできます（顔写真二枚と申請用紙に必要事項を記載して提出。三〇ドルもしくは一一〇〇バーツ）。オーバーステイは、出国時に一日につき一〇ドルの罰金を取られます。

メコン川をフェリーに乗って渡るソーンテーウ。

ラオスから隣国に出国する場合、帰りの航空券の提示を求められる場合があるという話がありますが、私自身はそうした体験をしたことは一度もありません。ただ、国境の情勢はそれぞれの国によって変わる場合がありますので、陸路や水路で国境を越える時はその時点の最新情報を入手することをおすすめします。

タイ、ベトナムもラオスと同じく、観光目的での滞在に限り、日本人のビザ取得を免除していて、ベトナムはラオスと同じく一五日間まで、タイは空路での入国は三〇日、陸路で入国した場合は一五日までの滞在が可能です。

❖ 国内の移動

ラオス国内での移動は空路（飛行機）、バスやトラック（陸路）、船（水路）の三つがあり、目的地や予算などによって選択するものが変わってきますが、本書では主に陸路と水路の旅を紹介しています。よほど田舎の村にでも行かない限り、主要な町と町を結ぶバスや乗り合いトラック（ソーンテーウ）は運行していますが、問題なのは、これらの乗り物が日本と

❖ 外国人に開かれている国境

＊パークサン以外は陸路

タイとの国境ポイント

▶**第1友好橋**
タードゥーア（ビエンチャン県）

▶**第2友好橋**
サワンナケート（サワンナケート県）

▶**第3友好橋**
ターケーク（カムムアン県）

▶**第4友好橋**
フアイサーイ（ボーケーオ県）

ムアングン（サイニャブーリー県）
ケーンターオ（サイニャブーリー県）
パークサン（ボーリカムサイ県）（船）
ワンタオ（チャムパーサック県）

ベトナムとの国境ポイント

ソップフン（ポンサーリー県）
ナムソーイ（フアパン県）
ナムカーン（シエンクアーン県）
ナムパーオ（ボーリカムサイ県）
ナーパオ（カムムアン県）
デーンサワン（サワンナケート県）
ラライ（サーラワン県）
プークーア（アッタプー県）

カンボジアとの国境ポイント

ノーンノックキアン、ウーンカーム（チャムパーサック県）

中国との国境ポント

ボーテン（ルアンンムター県）

サムタイの市場とバス乗り場の朝。

同じように毎日同じ時間に間違いなく発着するという保証はないということです。特に地方ではいまだに、乗客が集まり次第出発する（予定通り集まらないと発車しない）ということがざらにあります。時間的な余裕があれば、次の日に移動するという判断もできますが、時間の制限がある場合は致命的です。

初めてラオスへ行く人は、せっかくなのでできるだけ多くの場所を訪れたいという気持ちが強いようですが、このように交通事情が日本とは違うため、余裕を持って旅をすることをおすすめします。欲張らず、二つか三つの都市や町でゆっくり過ごしたほうが結果として楽しい旅となることが多いようです。また、どうしても時間がない時は、積極的に国内線の飛行機を利用するのも良い方法です。

どういうルートで旅をするか考えるのも楽しいことです。ラオスは南北に細長い国なので、南北縦走の旅をする場合は、できるだけ端にある入国ポイントから入国したほうがルートのロスがありません。北で言うと、中国との国境であるボーテン（Boten ບໍ່ເຕັນ）、メコン川を渡ってタイから入るファイサーイ（Huay Xai ເມືອງຫ້ວຍຊາຍ）、南はカンボジア国境のウーンカーム（Veun Kham ເວີນຄາມ）、ノーンノックキアン（Nong Nok Khiene ໜອງນົກຂຽນ）、ベトナム国境のプークーア（Phou Keua ພູເກືອ）、タイ国境のワンタオ（Vang Tao ວັງເຕົາ）あたりからラオスに入国し、そのあとは南か北へと向かいます。

急ぎ足であれば滞在期限の一五日間でも南北を縦断することができますが、少々慌ただしい旅となるかもしれません。もし、もう少し長い時間をかけてラオスを旅したいというのであれば、ルアンパバーンかビエンチャンの入出国管理事務所で滞在期間の延長

❖ ラオス・タイ友好橋

Friendship Bridge

クア・ミッタパープ・ラーオ・タイ

Khua Mittapharp Lao-Thai

ຂົວມິດຕະພາບ ລາວ-ໄທ

タイとラオスの間のメコン川を国境線として架けられた橋。

▶第1ラオス・タイ友好橋

クア・ミッタパープ・ラーオ・タイ・ティー・ヌン

ラオスのタードゥーアとタイのノーンカーイの間にオーストラリアの企業によって建設され、1994年に開通した。橋の全長は1170m、幅3.5mの車道と1.5mの歩道が上下線各1本ずつ通っている。タイ国内は「左側通行」、ラオス国内は「右側通行」となっているため、ラオス側で上下車線が交差している(橋の上は左側通行)。橋の両端にそれぞれの国の出入国管理所があり出国を済ませた後、バスで対岸に渡って入国する。徒歩での通行は禁止。

▶第2ラオス・タイ友好橋

クア・ミッタパープ・ラーオ・タイ・ティー・ソーン

ラオスのサワンナケートとタイのムクダーハーンの間のメコン川に架けられた橋。日本のODA融資資金(国際協力銀行)の円借款ローン(約80億円)によって建設され、2006年に開通。橋の全長1600m。

▶第3ラオス・タイ友好橋

クア・ミッタパープ・ラーオ・タイ・ティー・サーム

ラオスのタークークとタイのナコーンパノムの間のメコン川に架けられた橋。タイ政府の出資で建設され、2011年開通。橋の全長780m。

▶第4ラオス・タイ友好橋

クア・ミッタパープ・ラーオ・タイ・ティー・シー

ラオスのフアイサーイ(ボーケーオ県)とタイのチエンコーン(チエンラーイ県)のメコン川に架けられた橋。タイと中国が建設費を折半して負担した。2013年開通。橋の全長630m。

＊ヌン＝1、ソーン＝2、サーム＝3、シー＝4

手続きをするか、途中で一度タイへ渡ってラオスへ再入国するという方法で旅が可能になります。

首都のビエンチャンからラオスに入った場合は、北か南のどちらかに移動することになりますが、大雑把に言うと、少数民族や伝統芸能に出会いたい人や山が好きな人は北へ、川や島でのんびりしたい人は南へ行くといいでしょう。ラオス北部は山が多く、その分変化にも富んでいますが、南は平坦な場所が多く変化に乏しい代わりに移動は比較的楽です。

❖ラオスの乗り物

ラオスを旅する場合、私たち旅行者は次のようなさまざまな乗り物に乗ることになります。

飛行機…本書では旅のルートに沿って町や村を紹介しているので、基本的にはバスや船を使った旅の話を書いていますが、飛行機はもちろんラオス国内を最も速く移動できる乗り物です。時間の余裕のない旅や遠くの町へ移動する時などは時間が短縮できます。現在、ラオス国内の航空会社はラオ・エアライン（Lao Airline＝ラオス国営航空）とラオ・セントラル・エアライン（Lao Central Airline）、ラオ・エアー（Lao Air）の三社で、ラオ・エアラインは近隣国の主要都市との間で国際線も就航しています（ラオ・セントラル・エアラインは二〇一五年五月現在、運行していません）。蛇行する大河メコン、地上からそそり立つ不思議な形をした岩山など、上空からラオスの大自然を堪能できるのは飛行機の旅ならではの利点です。

VIPバス…外国人旅行者の増加に伴って誕生したバスで、国際バスと国内バスの二種類があり、運営も国営と民営があります。国際バスは中国、ベトナム、タイ、カンボジア行きのバスが運行しており、国境での出入国手続きの際は、手続きが終わるまで待っていてくれます。ラオス国営、民間会社、それぞれの国の会社が運行しているものがあり、バスの種類もさまざまです。

国内線はビエンチャンと南部の町を結ぶものは二階建てなど豪華なバスが多く、飲み物や食事などのサービスがあるものもあります。北部の町行きはシートの良さと所要時間の短さが売りのようです。

Expressバス…こちらも所要時間の短さが売りのバスですが、ＶＩＰバスよりはグレードが下で、韓国製の車体をよく使用しています。

ロット・バス…いわゆる普通バスで、エアコンなどはなく、乗る人がいて、満員でなければ、どこでも停車して乗客を拾います。使用している車体も場所によってさまざまですが、地方へ行くほど小さくて古い車体が多く使われています。席は自由席なので早い者勝ちになります。

現在、ほとんどの場所では、バスターミナル内にあるチケット売り場で目的地までのチケットを購入してからバスに乗ります。あたりまえだろうと言われるかもしれませんが、地方に行けば、いまだにちゃんとしたバスターミナルのないところもあるのです。

出発時間やチケットの値段は、バスターミナルにあるチケット窓口近くに表示してありますが、最新のものではない場合もあるので、必ず窓口で確認しましょう。その際に、目的のバスの乗り場も、窓口の人か同じバスに乗る人に聞いておくといいでしょう。

出発時間が近づくと、バスの車掌や運転手が目的地の地名を連呼したり、クラクションを鳴らしたりして知らせますが、予定の時間よりも早く出発してしまう場合もあるので、早めに座って待っていたほうが無難です。また、地

右：ベトナムのホーチミンとラオスのルアンパバーンを結ぶ国際バス。
左：韓国製のEXPRESSバス。

右：ハンモックに揺られて客を待つトゥクトゥクの運転手たち。ラックサーオ。
中：これがロットタイ。ターケークからナーカーイ方面へと続く国道12号線。
左：ラオスのトゥクトゥク。大勢の人と荷物を運ぶため、タイのものより大型。

方ではいまだに人が集まり次第出発するというところもあり、人が集まらなければ長い時間待たされる場合もあります。

始発の町ではなく、運行経路の途中から乗った場合などは、車内で車掌が料金を徴収しに来るので、目的地を告げて、言われた金額を支払います。その際車掌がチケットを切って渡してくれますが、これはのちにチェックされる場合があるので、必ずなくさないように持っておきましょう。

ラオス人は普段とても穏やかなのですが、バスに乗り込む時だけは他人を押し退け我先に乗ろうとします。これはラオスのバスが常に定員以上の人を乗せようとするため、早く自分の席を確保しようとするからで、外国人もここで負けてしまうと自分の席がなくなってしまう恐れがあります。早めに行って、ラオス人乗客の様子を見ながら上手に乗り込みましょう。ラオス人は運転席に近い前寄りの席が好みのようで座席は前から埋まっていくので、もし、後ろ扉が開いていれば後ろから乗り込むのも得策です。また、一度自分が確保した席から離れる場合は、日本と同じように、ペットボトルやタオルなど何か物を置いておくと、その席に別の人が座ってしまうことはありません。とは言っても、時々ちゃっかりした人もいるので、席を立つ時は、まわりの人に、見ておいてねというような動作をしてアピールしておくほうが間違いがないでしょう。

バスは人だけではなく、荷物も詰め込みます。屋根やトランクに荷物が入

りきらなくなると、中央にある通路や座席の下などにも荷物を押し込みます。乗客も定員を超えると二人掛けのシートに三人座らされたり、中央の通路にプラスチック製の丸椅子などを置いてそこに乗客を座らせたりします。そうなるとかなり辛いものがありますが、ラオス人たちは自己主張しながらも上手にまわりと折り合いをつけていきます。狭くて辛い時などは外国人でもゼスチャーでまわりの人に伝えると、少し詰めてくれたりしますので、ラオス人と同じように上手に自己主張しつつ譲り合うことが肝心です。

長距離を移動するバスは途中で食事休憩やトイレ休憩などを取ることがあります。食事休憩の場合はだいたい決まった食堂の近くに停車し、一時間程度の休憩となります。トイレ休憩は特に決まった場所ではなく、乗客や乗員の都合で適当な場所に停まります。木や草など姿を隠せるものがあるところを選び、全員がバスに戻り次第出発します。

ソーンテーウ… 比較的近距離を移動するための乗り合いトラックで、トヨタや日産などの小型トラックの荷台に金属製のフレームを組み、上にビニールを被せて雨風を凌げるようになっています。左右に二列のベンチシートがあることからソーン（2）・テーウ（列）という名前が付いていますが、元々が乗用ではないため、乗り心地は悪く、シートもクッション性がほとんどありません。これも決まった席はなく、早いもの順に好きな場所に座りますが、乗客が増えると隣の人と肌が密接するぐらい詰め合わせなくてはならず、また、中央部には乗客たちの荷物が載せられますが、その上に人が座る場合もあります。

ロットタイ…地方の悪路を行くための乗り物で、トラクターの後部に荷物や人を運ぶための木製の箱が連結されており、乗客は箱の中に座るか、立ったまま乗車します。元々がトラクターなので移動速度は遅く、屋根など遮るものが何もないため、日差しや砂埃などを浴びながらの移動となります。料金は交渉ですが、移動する距離と乗る人数によってだいたいの値段が決まっているようです。

タクシー…ビエンチャンにはメータータクシーがありますが、メーター制ではない古い乗用車を使ったタクシーもまだビエンチャンとパークセーで走っています。いずれも空港や市場、国境付近などで待機していて、メーターなどはなく料金は交渉制です。ただし、タクシードライバーの間で決められた料金が存在するため、そこからの値段交渉は難しい場合が多く、人数を集めて割り勘で乗車しないとかなり割高な乗り物です。また、ビエンチャンとルアンパバーンの空港にはタクシーチケットの販売所がありますが、空港と町を結ぶタクシーは決まった料金が設定されているため、値引

右：ルアンパバーン発
サイニャブリー行きバスの車内。
左：雨季、泥濘で坂を
上れなくなったバスを皆で押す。
サイニャブリー。

き交渉はできません。ルアンパバーンの空港からはミニバンタイプのタクシーが運行しています。またラオス北東部のファパン県でもメーター制のタクシーが導入されたようです。

トゥクトゥク&ジャンボ…バイク改造型のタクシーで、俗に「三輪タクシー」と呼ばれているものです。ある程度の規模がある町にはほとんどと言っていいほど存在し、バスターミナルや空港、市場など人が行きそうな場所で待機しているほか、町なかを流していたりもするので、旅行者も使用頻度が高い便利な乗り物です。停車している場合は声を掛ければいいのですが、走っている場合は乗りたいという意志をドライバーに伝えて停まってもらわなくてはなりません。その際、バスでもそうですが、手は上に挙げるのではなく、相手を見ながら斜め下に出し、こっちに寄ってくださいというように手のひらを自分のほうに振って呼び止めるのがラオス式です。停車したら自分の行く場所をドライバーに伝え、料金の交渉をしますが、一人で乗る場合は総じて割高です。三輪タクシーはその音から「トゥクトゥク」とも呼ばれますが、ラオスで最も多く走っているのはバイクの後ろ半分に人が乗る場所を付けたもので、これはその大きさから「ジャンボ」とも呼ばれています。タイのバンコクなどで見かける一体型のトゥクトゥク右：メコン川をゆくスローボート。
左：水飛沫をあげて疾走する
スピードボート。
下：バーン・ナーカサン村からコーン島、
デート島へと客を運ぶ船。

も一時期ビエンチャンに導入されましたが、スペースが小さく、一度に大勢の人と荷物を運ぶラオスでは不向きだったらしく、現在は走っていません。

また、ルアンパバーンとパークセーではバイクの横に乗車スペースを設けたサイドカータイプのものが走っています。こちらは乗車定員も少ないため、一人で乗ってもそれほど高額な料金を請求されませんが、数そのものは少ないようです。人力のタイプも現在はあまり見かけなくなりました。

外国人旅行者が多い町のトゥクトゥク・ドライバーはゲストハウスなどのこともよく知っているので、料金やだいたいの場所の希望を伝えれば適当なゲストハウスまで連れていってくれます。

バイクタクシー…ラオスでは南部のチャムパーサック県（Champasak ແຂວງຈຳປາສັກ）でのみ見ることができます。ドライバーはまったく普通の格好をしていることが多いので、一般のバイクと区別ができませんが、タイ国境のワンタオ、シーパンドーン（Si Phan Don ສີ່ພັນດອນ）などで声を掛けてくることがあります。料金は完全交渉制です。

スローボート（フーア・サーサー）…メコン川を定期運航するロングボートで、船主と船尾が少し反り返った独特の形状をしています。フアイサーイ・ルアンパバーン間のように外国人旅行者が多い区間では船内左右に二人掛けの木製シートが設置されていますが、南部のほうでは座席がなく板張りになっているものもあります。屋根もあり、スピードボートと違って

風景を楽しみながら移動することができるため外国人旅行者に人気ですが、最近はその人気ゆえに時期によっては満員状態となり、快適ではないという声も出始めています。

スピードボート（フーア・ワイ）…トヨタ製の高出力エンジンを搭載した小型のボートで定員は六～八人ほど。定期運航ではなく、人が集まり次第出発というスタイルで、料金は乗員の頭数で割ります。時速八〇キロ近いスピードで運航するため、所要時間は短いですが、エンジンの音と振動で乗り心地はあまり良くありません。近年ではそのスピードから安全性を指摘する声も上がってきていて、ヘルメットとライフジャケットの着用が義務づけられています。メコン川の北部とナム・ウー川（Nam Ou ນ້ຳອູ）で運航しています。

船…（フーア hua ເຮືອ）ラオスでは上記二つの以外にもさまざまなタイプの船が利用されています。橋がないところでは川を渡るためのフェリーや船があり、決まった料金を払って川を渡ります。また、川沿いの多くの場所では元々は漁や生活の必需品だった船を使って観光客を運んだり、ツアーに使ったりもしています。漁などが忙しい時は無理ですが、普通の船でも交渉によっては乗せてもらうことが可能です。

レンタバイク…場所によってはゲストハウスやレストランなどでレンタバイクの貸し出しをしています。借りる際はパスポートを預け、必要書類に

サインをします。宿泊している宿と部屋のナンバーなどを聞かれることもあるので、宿の名前などは覚えておきましょう。ガソリンは満タンに入っている場合もあれば、ほとんど入っていないこともあります。あまり入っていない場合はガソリンスタンドの場所を聞いて入れに行かなくてはなりません。返却時は満タンで返してくださいと言われることもありますが、最初から満タンではなかった場合、店員にそれを示せば、同じような状態で返却することで了承してくれると思います。車種はスーパーカブタイプのものがほとんどですが、中国製、日本製、韓国製のものがあります。排気量は一〇〇~一五〇CCぐらいのものが多いようです。料金は一日いくらと決まっていますが、一日というのは二四時間のことではなく、その日に店が閉店する時間までに返却しなくてはなりません。

村のガソリン販売所。

レンタサイクル…レンタサイクルは多くの町にあります。一日一ドル程度と安く、町なかの観光などであれば自転車で効率よく回れます。ただ、レンタバイクもそうですが、自転車を離れる時は必ず鍵を掛け、盗まれたりしないように気をつけましょう。

レンタカー…大きな町ではレンタカーもあります。ただし、ラオスで車は大変高額なものであるため、パスポートを預けるのはもちろん、店によっては保証金などを要求される場合もあります。旅行代理店などではドライバー、ガイド付きで車を用意するサービスもあるので、不慣れな場合はまとめてチャーターするサービスを利用したほうがいいでしょう。料金は行く場所と距離などにもよりますが、一日五〇〜一〇〇ドルぐらいです。

❖旅の時期

ラオスは東南アジアに位置してはいますが、山が多く標高も高い場所が多いので寒い時期や場所があります。一般的に乾季の終わる三月頃から気温は上昇を始め、四月、五月のビエンチャンから南部の町では三〇度以上の気温になる日が多くなります。雨季は六月から一〇月にかけてです。日本の梅雨と違い、何日もずっと雨が降り続くようなことは稀ですが、雨季の終わり頃には洪水が起こるほど雨が降る場合もあるので、特に九月から一〇月にかけてラオスを旅するという人は時間的な余裕を持つようにするか、あまり欲張らず一つか二つぐらいの場所の滞在にとどめておいたほうが無難です。雨季は移動にも時間がかかり、場所によっては崖崩れなども発生します。雨のひどい時の移動は予定通りにいかないことも多いので無理をしないように心がけましょう。

最も旅に適しているのは一一月から三月にかけての乾季ですが、この時期は旅行者も多く、ルアンパバーンなど人気のある町では宿が取れなくなることもあります。また、ハイシーズン料金を設定しているホテルやゲストハウスも多いので、事前に確認するようにしてください。雨もほとんど降らず、気温も下がるので過ごしやすいとも言えますが、空気は乾燥し、未舗装の場所では砂埃が舞います。北部の町では息が白くなるほど気温が下がることもあるので、ジャケットなどの防寒具を用意することをおすすめします。

右:フレンチ・コロニアル様式で
趣のあるホテル。
上:ナム・ウーン・リゾートのバンガロー。
下:ホット・シャワーといっても
小型の電気湯沸器に
くっつけられたものが多い。

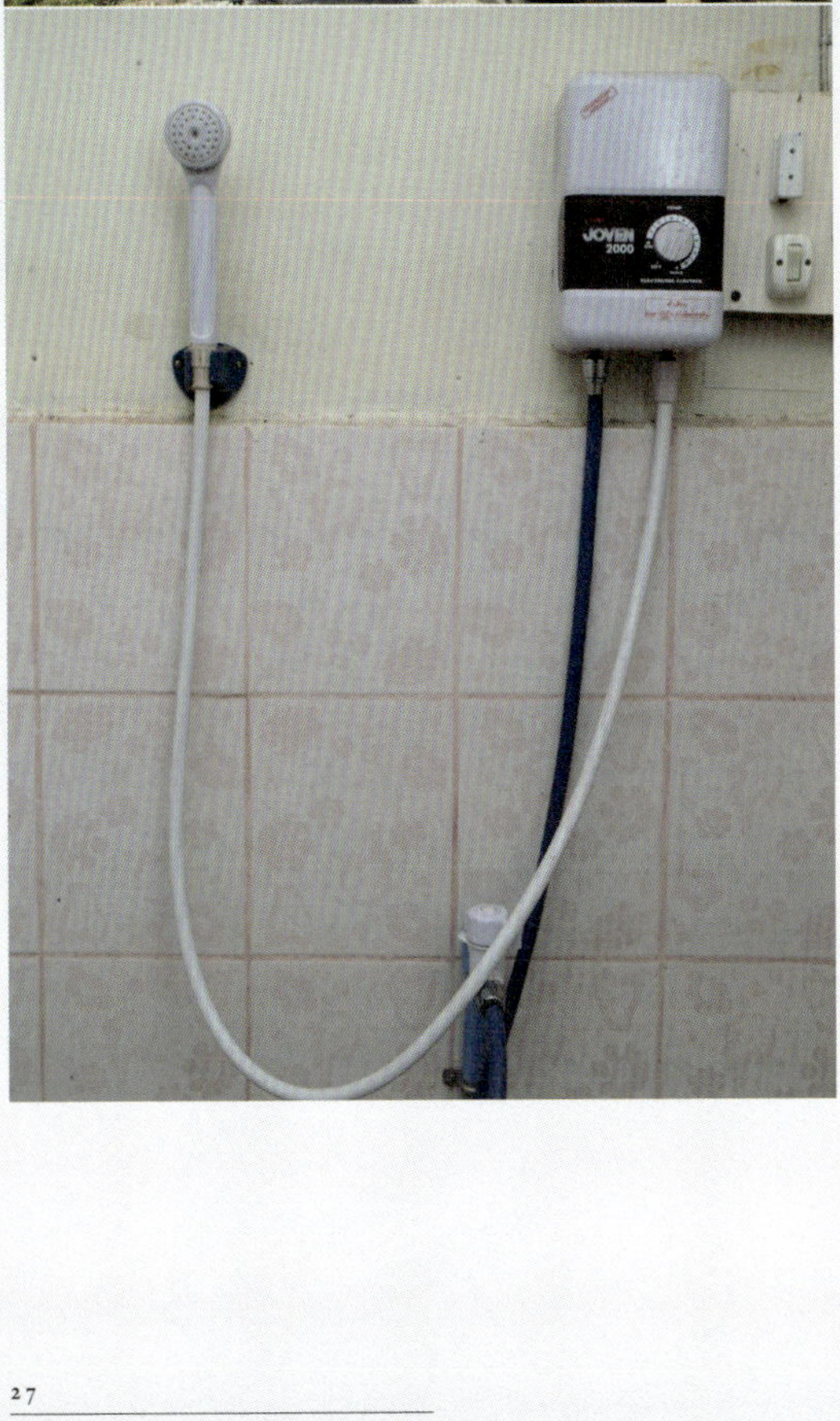

❖宿の種類

ラオスにある宿泊施設はゲストハウス、ホテル、リゾートの三つ。その中で最も数が多いのがゲストハウスで、ラオス語ではバーン・パック(ban phak ບ້ານພັກ)と言います。しかし、ゲストハウスと言ってもその種類はいろいろで、一般の民家を改装したものやバンガローなどの簡素なものから鉄筋コンクリートでできたミニホテルに近いものまであります。簡素な宿は壁も板張りか、竹などを編んだものでできている場合が多く、戸締まりなどに注意する必要があるものの、暑い時期は風が通るので快適です。しかし、逆に冬の寒い時期は部屋の中まで冷えるので、自身で防寒着などを用意するか、ふとんなどが用意されていることを確認する必要があります。ホットシャワーの設備なども確認するといいでしょう。

ちなみにラオスで使われているホットシャワーは電気式で、シャワールームには小型の電気湯沸器が付けられていますが、元々ラオスでは湯を浴びるという習慣がないため、その温度はかなり低く、一番高くしても日本人にとっては冷たく感じられるかもしれません。その場合は、湯沸器本体近くにある水量調整ノブを操作して、水量を絞ることで湯の温度を上げることができます。あまり絞り過ぎると湯沸器のスイッチがオフになってしまうので、その手前あたりに調節します。

都市部の高級ホテルやゲストハウスでは電話やインターネットなどによる予約を受け付けていて、人気のある宿では予約をしないと泊まれないところもあります。しかし、地方のホテルやゲストハウスには予約という概念すらないところがほとんどで、直接宿に行って、泊まれるかどうかを聞きます。部屋が空いていれば泊まれますし、いっぱいだと部屋の空きが出るまで泊まることはできません。宿泊代が同じでも、部屋のタイプが違う場合があるので、必ず部屋を見せてもらってから決めましょう。

ラオス北部には中国人が経営する「飯店」もありますが、レベル的にはラオスのゲストハウスと変わりません。ただし、中国語しか通じないところも多く、宿泊客も中国人がほとんどです。

右：リバーサイドに作られたオープンカフェ。
左：フランスパンのサンドイッチ屋さん。

❖食事

基本となるのはラオス料理のレストランや食堂です。しかし、地方に行くほどその数は減り、ゲストハウスに併設されたものなどが主流になります。市場では朝方を中心にフーなどの麺類を提供する食堂などがあるので、そういうところを利用するのも手です。ラオス人たちがやっているように、市場でビーフジャーキーとカオニャオ（もち米）などを買って食べるのもいいでしょう。

市場では果物やお菓子、パン類なども販売しているので、バスなどの移動時間が長い時は簡単な食料と水などを買ってから乗りましょう。バスが停車した時に物売りの人が来る場合もありますし、バスのスタッフなどに食事を誘われることもあります。

ビエンチャンやルアンパバーンなどには外国人が経営する各国料理のレストランがあり、両都市では日本食も食べることができます。また最近ではインド料理のレストランも増えており、こちらは外国人旅行者が多い地方の町にも支店があります。

❖安全性

ラオスでは、町なかでいきなり襲われるなどの危険性は少ないと言えます。しかし、この国にももちろん泥棒や強盗などはいます。一般のラオス人は穏やかで、旅行者がそういう類の人に遭遇する確率はかなり低いのですが、自分のほかに旅行者がいないような状況や深夜などは、当然、用心したほうがいいでしょう。

安全性ということで、よく話題になるのが国道13号線のバンビエン・ルアンパバーン間です。この区間は過去に何度かバスなどが武装した集団に襲われ、死傷者も出ました。本書ではこの区間の旅も紹介していますが、実際に旅するかどうかは個人の判断によります。ただ、現在もこの区間で頻繁に襲撃事件が起きているということはなく、多くの外国人旅行者がバスなどを使って移動しています。だからと言って常に安全であるという保証はありません。

現在、日本の外務省はラオスの旅行に関して以下のような危険情報を発出していますので参考にしてください。

「**渡航の是非を検討してください**」

◉サイソムブーン県（旧ビエンチャン県サイソムブーン郡、ホム郡、および旧シエンクアーン県ターートーム郡（但し、国道1D線は除く）、シエンクアーン県クーン郡南部（但し、国道1D線は除く）、およびパーサイ郡中部および南部。

◉上記以外の地域「十分注意してください」

また、ラオスの場合、乗り物でも時々事故が起きています。飛行機は近年新しい機材も導入されましたが、北部山岳地帯などでは過去に墜落事故などもありました。船は、スピードボートが以前、メコン川で岩にぶつかって転覆して乗客が亡くなっています。バスも横転事故がありました。

しかし、これらの乗り物を全く利用しないで旅をすることは困難です。危険だと思われることは避けるべきですが、それほど高い確率ではないことも確かです。

❖コミュニケーション

ラオスで最もよく通じるのは当然この国の公用語であるラオ語（ラオス語）です。外国人旅行者が多い町では英語が話せる人もいますが、宿泊施設や旅行会社、一部のレストランなどを除くと、英語を理解できる、あるいは話せる人は極端に少なく、地方に行けば行くほどゲストハウスなどでも通じにくくなります。外国語で最も通じやすいのは共通の単語も多いタイ語ですが、これも地方に行くほど理解する人が減ります。また、タイ語を理解できる人は多くても、ラオス人はタイ語を話すことには慣れていないので、ラオ語で返答されることがほとんどです。

しかし、言葉ができなければ現地の人とまったくコミュニケーションをとることができないかと言えばそれも違います。身振り手振りでもこちらの意志を相手に伝えるというのが大事で、多くのラオス人はその意志を理解しようと努力してくれます。過去には訪れる人がほとんどいなかったラオスも、ここ数年は外国人の旅行者が増え、外国人を見たことがないというラオス人も減りました。ただし、少数民族の村などでは極端に外部の人間が村に入ることを嫌うところもありますので、無遠慮な訪問や無神経な行動は慎むべきです。写真撮影などに関しても、いきなりカメラを向けたりせず、相手と意志の疎通を行なってから撮影することが無用なトラブルを避けることに繋がります。

一般に日本や日本人に対して悪い感情を持っているラオスの人は少なく、歓迎される場面も多いようです。しかし、旅行者相手の犯罪もないわけではないので、おかしいと思ったらきちんと断る勇気も必要です。

❖通貨

ラオス全土で使用されている通貨はＫｉｐ（キープ）ですが、都市部などではアメリカドル、タイバーツもそのまま使用することができます。しかし、レートは町によっても違い、銀行でのエクスチェンジ（両替）はビエンチャンが最もレートが良いことが多く、地方の銀行では低いレートになります。ドルやバーツをそのまま使う際にも、レートの計算は店、個人によっても違うので、レートを確認して最も有利な通貨で支払うのが賢い方法です。

日本円はそのまま使うことができないので、どこかで上記いずれかの通貨に両替をする必要がありますが、ラオスで日本円を扱っているのはビエンチャンなど大きな町の銀行のみで、地方では両替をすることができません。トラベラーズチェックも同じような状況なので、地方に長期間滞在するような場合は、前もって多めに両替をしておく必要があります。

キープの次に使い勝手が良いのはドルよりもバーツで、これはかなり田舎でもそのまま使うことができます。また、以前はバーツは紙幣しか使えませんでしたが、現在はビエンチャンの店などでは硬貨も使えるようになりました。タイを経由してラオスに入国するのであれば、わざわざ米ドルを作らなくてもタイの空港や銀行で日本円からタイバーツに両替しておけば便利です。

また、ビエンチャンやパークセーなどにATMが設置されるようになり、VISAやMASTERのクレジットカードが使えるようになりました。クレジットカードは中高級ホテルやレストランなどでも使用することができますが、換金レートには注意してください。

銀行での各通貨の大体のレートは以下のとおりです(二〇一五年一一月二六日現在)。

一ドル=八一六四・五キープ
一バーツ=二二八・二四九九キープ
一円=六六・五九三五キープ

現在使われているキープは紙幣のみで、一〇万、五万、二万、一万、五〇〇〇、二〇〇〇、一〇〇〇、五〇〇の八種類がありますが、上記のようにかなり安い通貨なので、一度に多額の両替をしてしまうと、とんでもない量になってしまいます。必要な分だけを小まめに両替するようにしたほうがいいでしょう。

ビエンチャンやルアンパバーンなどにあるエクスチェンジは銀行の出張所で、両替専門の窓口なので、一〇時ぐらいから夕方五時ぐらいまで開いていますが、その他の町ではかなり営業時間が短く、日曜日や祝日も休んでしまいます。また、地方に行けば、銀行そのものがない町もたくさんあります。そういうところでは、一般の商店やバスの運転手などに両替してもらうことができます。ラオス人に聞いたところ、薬屋さんがいいよという話でしたが、要するにお金を持っている商店や人であれば両替を頼むことは可能のようです。北部の町では中国人が経営している店などがこれに当たり、また多くのお金を集めるバスの車掌やゲストハウスのオーナーなども両替に応じてくれる場合があります。ただし、そのレートは人によって違い、商売慣れしている人だと足元を見られてかなり低いレートを言われる場合もあります。

私はラオス人に言われて薬屋さんで両替をお願いしてみましたが、商売であまり他の通貨を使わない薬屋さんはレートがわからず、ちゃんとしたレートを調べた上で両替してくれました。

❖ラオスの地名

ラオスを旅しているとよく似た名前の町や村があることに気がつきます。標識や案内板にも同じ単語が書かれているのをよく目にします。実は、ラオスの地名も日本と同じく、川や山、池や島、田や畑など、その場所の地形を表した名前がついていることが多いのです。したがって、そのような単語を知っていれば、たとえ初めて訪れる町や村であっても、「近くに川や池がある」など、その場所の特徴や由来の見当がつきます。

まず、ラオスの町や村など地区の構成ですが、名刺などに書いてあるラオス人の住所を見ると、日本と違って基本の単位は「村」なのだということがわかります。日本の市町村はそれぞれ人口その他の条件があり、市の中に村があるということはないのですが、ラオスの場合は村の集合体が町や市という考えなので、ビエンチャンやルアンパバーンなどの都市の中心部ですら、いくつもの村が存在します。これは通りや路地を基本とした、お隣のタイとも違う構造です（タイのイサーン地方の村などはラオスに近い構造です）。

例として挙げますと、ビエンチャンのSengphachanh（センパチャン）ホテルの住所は、Ban Hatsady Tai, Vientiane, Lao PDRとなっていて、これを日本語に訳すと、南ハートサディー村、ビエンチャン市、ラオス人民民主共和国となります（Ban＝バーンは「村」、Tai＝タイは「南」）。ただ、外国人が旅行する時にはこのような都市部の村の名前まで知っておく必要はあまりありません。目印となる建物や通りを覚えておけば困ることはないでしょう。

地図上に表記される行政単位としては、「バーン」（村）が最小で、いくつかの村の集合体が「ムアン」（郡）、その上の単位が「クウェーン」（県）となります。ラオスの住所の表記は、番地（家の番号）、区（グループ番号）、村名、郡名、県名の順番で表していて、ほとんどの家には郡名まで書かれた表札（青いプラスティックのプレート）が貼り付けてあります。なお、郡や県の中心となる大きな集落の地名の前に「ムアン」を付けることもあります。「町」という行政単位は存在しませんが、本書ではこのような比較的大きな集落を、日本の読者がイメージしやすいように「町」と呼ぶことにします。

地名に関するラオス語をいくつか紹介しましょう。

バーン…これは「村」という意味で「ムーバーン」とも言います。「家」という意味で使う場合もありますが、「家」は「フアン」とも言います。「村」という意味の「バーン」は、日本と違い、村名の前に付くので、「バーン○○」で「○○村」という意味です。ラオスは山岳地帯が多く、山々の間を流れる大小無数の河川があり、人々の暮らしは川と密接に関係しています。そのため、村や集落の名前は近くの河川の名前から取ったものがたくさんあります。

川や水に関する語

パーク…「口」という意味で、川の河口にある村や町に付けられています。ラオス南部にあるパークセーは直訳すると「川口」という意味になります。

ソップ…北部地方の方言で「唇」という意味ですが、「パーク」と同じように川の名前の前につけて河口という意味で用いられています。

ナム…意味は「水」ですが、「川」も表します。ナム・コーン（メコン川）、ナム・ウー（ウー川）のように、川の名前の前に付けます。ルアンナムターは「ター川の都」という意味です。ただし、本書では、川の名前の表記は「ナム・ウー川」というように「ナム」も入れてあります。

セー…南部の言葉で、「川」の意味です。セー・コーン（コーン川）のように、川の名前の前に付けます。ただし、本書では「セー・コーン川」というように「セー」も入れてあります。

ファイ…「小川」を意味しています。この単語がついた集落の近くには同名の小川があるはずです。ファイサーイがその一例です。

ダック…南部ベトナム国境寄りの言葉で「ファイ」と同じく「小川」という意味です。ベトナムでも同様です。

ター…「船着場」「港」という意味です。タークークは「ケーク（客）」の「港」。

ノーン…「池」という意味です。外国人旅行者に人気のノーンキヤウは「緑（キヤウ）の池」という意味です。

ドーン…川の「中州」（島）という意味で、メコン川やナム・グム湖の中にある島の名前に付けられています。

バン／ワン…川の「淵」という意味です。

ハート…「浜」という意味です。ハート○○というのは川辺によくある地名です。

ボー…「泉」という意味です。ボーケーオ県は「宝石（ケーオ）の泉」という意味になります。

山や野に関する語

プー…「山」。

ポーン…「丘」。

パー…「森」「ジャングル」。

ナー…「田」。

町や都市を表す語

ムアン…国の領域を示す場合と、ある領域内の限られた集合体、都市部、郡部を指す場合があります。

シエン…チエンマーイ、チエンラーイなどに使われているタイ語のチエン（Chiang）と同じ意味で、城を中心とする共同体です。中国語の「城」と関係があります。雲南地方、北タイ、北部ラオスの山岳部に多くある地名で、中部以南ではあまりありません。

ビエン…「シエン」同様「城市」を意味する語で、ビエンチャンやビエンカムなど、環濠等で防備された町にこのビエンという名前が付けられたようです。ただし、ムアン、シエン、ビエンという名称は、その町が造られた時代とも深く関係していて、一定の条件によって決まっていたわけではなさそうです。

ルアン…「大きな」「偉大な」という意味があり、大きな町の名前に用いられています。ルアンパバーンは、「パバーン仏がある大きな都」という意味で、「ムアンルアン」とも言います。

その他、地名によく使われる語

ヌア…「北」。

タイ…「南」。

ニャイ…「大きい」。

ノーイ…「小さい」「少ない」。

マイ…「新しい」。新しくできた村に付けられることがあります。

カオ…「古い」。

ラック…「キロメートル」という意味で、大きな町などを基点として道路沿いに一キロ毎に設置されている距離指標を元に、「ラック〇〇」という名前として用いられています。たとえば「ラックホック」は六キロという意味です。

カム、トーン…「金」。

られています。

フア…「頭」。

サイ…「勝利」という意味で、かつて紛争があった土地や、革命後に改名した町などに付けられています。

ウドム…「豊かな」という意味です。

❖ラオス語のカタカナ表記について

ラオス語には発音が上がったり下がったりする「声調」があり、ラオス語の表記にもその印がついてきますが、カタカナで声調を表すことはできません。したがって、ラオス語のカタカナ表記といっても不完全なものにしかならないのですが、本書では発音ではなく、ラオス語表記に基づいてカタカナで表記してあります。地名など、主要な言葉については初出のページにローマ字とラオス語を載せておきました。

なお、川、山、滝、村は、ラオス語ではそれぞれ「ナム・○○」（あるいはセー・○○）、「プー・○○」、「タート・○○」、「バーン・○○」と書きます。したがって、ナム・グムは「グム川」、「プー・ビア」は「ビア山」、「タート・ファーン」は「ファーン滝」、「バーン・マイ」は「マイ村」でいいのですが、本書ではそれぞれ「ナム・グム川」「プー・ビア山」「タート・ファーン滝」「バーン・マイ村」と表記してあります。このように覚えたほうがラオスで実際に使いやすいからです（ナム・グム、プー・ビア、タート・ファーン、バーン・マイというように）。外国人がラオス語を正しい声調で発音するのはとても難しいので、あまり気にせず、カタカナ読みで発音してみてください。ラオスの人は親切なので、きっとわかってくれようとするはずです。

第一章

首都ビエンチャン

タートルアンの
前にある
セーターティラート王像。

ラオスの主食である
もち米（カオニャオ）を入れる
竹製の籠（ティップカオ）を売る女性。

仏教国ラオスでは
町なかを歩く
僧侶の姿をよく目にする。

メコンの夕暮れ。
夕日はメコンの向こう、
対岸のタイへと沈んでゆく。

黄金に輝く
タート・ルアンの仏塔。

カイソーン・ポムウィハーン博物館
南バスターミナル
N
S
ラオス人民軍
歴史博物館
国立サーカス
国会議事堂
タート・ルアン
タラート・タート・ルアン
ラート・トンカンカム
パトゥーサイ
タイ大使館
コリア・レストラン
アヌウォン・スタジアム
ラオプラザ
セターパレス
首相府
ベトナム大使館
タムナックラオ
日本大使館
入出国管理
事務所
都庁
ラーンサーン通り
パーソカム通り
タート・ダム
クアラオ
タラート・サオ
タラート・サオ・バスターミナル
タラート・
クアディン
ドンパラン通り
クービエン通り
グリーンパーク・ブティック
ワット・
シームアン
タードゥーア通り
ート
ケーオ
病院
ンチャンパレス
カンボジア大使館
ソークパールアン通り
第1友好橋方面
0 250m 500m 1000m 2000m
ビアラオ(ラオブルーワリー
カンパニーリミテッド)
中国大使館

ビエンチャン中心部

ホテル
ゲストハウス
レストラン
寺院
市場
その他
官庁舎
T2通り
北バスターミナル
中国市場
（タラート・レーン）
ワッタイ国際空港
サームセーンタイフライヌードル
キッチン東京
ル・シラパー
桜
国道13号線北方向・カオリアオ船着場
メルキューレ
ルアンパバーン通り
藤原
ワット・インペーン
ブンマーラー
ル・バンドーム
ラ・ゴンドラ
ナジム
ワット・オントゥー
ピライラック
ワット・ミーサイ
メコン川
タート・ダム
国立博物館
ラオプラザ
スック・ピアーン
サームセーンタイ通り
パーンカム通り
周華紀飯店
ナムプーカフェー
文化会館
マリナムプー
コープチャイドゥー
ル・カーブデシャトー
タージマハール
サバイディー GH
グリーン ディスカバリー
セーターティラート通り
ジョマ
ワット・ミーサイ
オペラ
ナムプー（噴水）
ル・バントン
ラ・テラス
大阪ハックチャオ
ラーンサーン
国家主席府
ファーグム通り

東南アジアで一番小さな首都と言われるビエンチャンですが、やはり一国の首都。ラオス国内においては最も物が豊富です。近年は急速に発展しつつあり、道路整備を含めた交通事情の改善、増える観光客に対応するために新しいホテルの建設ラッシュ、さらにショッピングモールや国営のデパートなどの建設と、徐々に近代化への道を歩んでいます。しかし、一歩路地に入ればそこには昔と変わらないラオス人の暮らしがあるのもこの町の魅力。新旧が混在するラオスの首都の町歩きを楽しんでください。

ビエンチャン

ビエンチャン（Vientiane ວຽງຈັນ）は細長いラオスの国土のほぼ中央に位置しています。メコン川を挟んだタイ側の町はシーチェンマイ（Si Chiangmai）。周辺諸国の都市から多くの旅客機が飛来するワッタイ国際空港（Wattay International Airport ສະໜາມບິນສາກົນວັດໄຕ）と、タイのノーンカーイ（Nongkhai）との間に架かる第一友好橋（Friendship Bridge 1 ຂົວມິດຕະພາບແຫ່ງທີ1）があるため、外国人旅行者にとってはラオスの玄関口となる都市です。

ビエンチャンという呼称は首都ビエンチャンとビエンチャン県の両方に使われます。首都ビエンチャンはラオス語ではナコーンルアーン・ビエンチャン（ນະຄອນຫຼວງວຽງຈັນ）と呼ばれています。ビエンチャン都の外側に広がっているのがビエンチャン県でラオス語ではクェーン・ビエンチャン（ແຂວງວຽງຈັນ）です。ビエンチャン県の県庁所在地はビエンカム（Vienkham ວຽງຄຳ）で、観光地として有名なバンビエンはビエンチャン県にあります。

このように首都ビエンチャンとビエンチャン県が接しているので、ちょっと紛らわしいのですが、通常ビエンチャンと言えば県ではなく首都を指すことが多く、特に旅行者が「ビエンチャン」と口にすれば、誰もが首都であるビエンチャンの町のことを言っているのだと理解してくれます。地元のラオス人たちはさらに省略し「ビエン」と言うこともあります。

ビエンチャンの歴史は古く、一二世紀頃には既にかなり大きな町ができていました。ラオスの最初の統一王国は一四世紀にファーグム王によって作られたラーンサーン王国で、その都はシエントーン（今のルアンパバーン）でしたが、一五六〇年にセーターティラート王がビエンチャンに遷都しました。ラーンサーン王国は一七世紀にルアンパバーン、ビエンチャン、チャムパーサックの三王国に分裂してしまいますが、ビエンチャンはずっとこの地方の中心都市でした。

ビエンチャンという名称の意味には諸説ありますが、紫檀の木がある城壁の町（ビエン・タイ・マイ・チャン）という旧名が省略されたものという説が有力です。ラオスにはほかにも「ビエン」という名前のついた町が多数ありますが、これは「濠がある町」という意味だそうです。ほかに町を表す語としては、ルアンパバーンのルアン、ムアンシンなどのムアン、シエンクアーンのシエンなどがあります（↓35ページ）。

ビエンチャンの中心部はメコン川に面したエリアで、旅行者が利用するホテルやゲストハウス、旅行代理店、レストランなどの多くがメコン川と並行するサームセーンタイ通り（Thanon Samsenethai ຖະໜົນສາມແສນໄທ）、セーターティラート通り（Thanon Sethathilat

ຖະໜົນເສດຖາທິລາດ）と、メコン川沿いのファーグム通り（Thanon Fa Ngum ຖະໜົນຟ້າງຸ່ມ）の間の狭い場所に集中しています。実際、このエリアでは外国人旅行者の姿を多く目にしますし、このエリアにあるほとんどの店では英語が通じます。

外国人がビエンチャンを評してよく言うのが、「見どころがない」、「物価が高い」というもの。見どころはないわけではないのですが、ルアンパバーンのような観光都市でないことは事実です。主要行政機関や商業施設が集中したラオス最大の都市であり、政治・経済・文化の中心であることは間違いないのですが、他の国の首都と比べると確かに規模は小さく、タイやベトナムの地方都市レベルと言われても仕方がないかもしれません。しかし、ここ数年で住宅地は一挙に郊外に拡大し、道路も整備されて、街なかは見違えるほどきれいになりました。そして、特筆すべきは、それでもビエンチャンはのんびりしたラオスらしい雰囲気を失わないということです。ラオスのほかの町と比べると物価は高いかもしれませんが、一度ビエンチャンに滞在してみれば、その心地よさを味わえるはずです。見どころがないと言われるここビエンチャンでビアラオ（ラオス産ビール）を片手にメコン川に沈む夕日を眺めてはいかがでしょうか。

ビエンチャン市内の交差点。

❖ 出入国

空路（ワッタイ国際空港）

ワッタイ国際空港はビエンチャンの中心部から西に三キロほど離れた13号線沿いにあります。空港のターミナル内には、出入国手続きをするイミグレーション・カウンターと税関があります。二〇〇七年の一月一日より、観光目的で入国する日本人旅行者は一五日間までの滞在であればビザの取得義務がなくなったので、入国カードへの記入とパスポートチェック、税関審査のみでここからラオスに入国できるようになりました。パスポートには入国した日時と滞在期限を示すスタンプが押されます。もし、この期限を超えてラオスに滞在する場合は、ビエンチャンやルアンパバーンにある出入国管理事務所に行き、滞在日数の延長手続きをする必要があります。滞在が一五日以上になることがわかっているのなら、ビザを取得しておくことをおすすめします。

ワッタイ空港の国際線ターミナルは、一九九九年六月に日本の援助により完成した三階建ての建物で、一階はチェックイン・カウンターと到着ロビー、二階が出発ロビーとなっています。一階にはラオ・エアラインのオフィスや免税店、銀行、郵便局、ホテルやタクシーの予約カウンター。二階の出発ロビー

❖ ビエンチャンからの国際線

タイ

▶バンコク

タイ国際航空、ラオ・エアライン

▶チェンマイ

ラオ・エアライン

ベトナム

▶ハノイ

ラオ・エアライン、ベトナム航空

▶ホーチミン

ベトナム航空

カンボジア

▶プノンペン

ラオ・エアライン、ベトナム航空

▶シェムリアップ

ラオ・エアライン

中国

▶昆明

ラオス国営航空、中国東方航空

▶広州

中国南方航空

マレーシア

▶クアラルンプール

エアアジア

内には売店やカフェ、インターネットサービスなどがあり、三階は展望デッキとレストランになっています。

入国の際は、ターミナルに入った正面にあるイミグレーション・カウンターで入国審査を行ない、カウンター左にある階段で一階に降りて、ターンテーブルにある自分の荷物を受け取ったら、税関へ行って税関申告書を提出するという流れで、空港から市内へはタクシーで向かうのが一般的です。タクシーは一階ロビーに申し込みカウンターがあり、市内までは一律六万キープです。事前にホテルなどを予約している場合はホテルによっては無料の送迎サービスをしているところがあるので、確認してみてください。タクシーの料金が高いというので、バックパッカーの中には空港から通り(国道13号線)まで出て、トゥクトゥクや路線バスを捕まえる人もいますが、トゥクトゥクは基本的にラオス語で交渉しなければならず、また一人で乗ると割高になります。路線バスはバスターミナル行きなので、自分が行きたい場所から遠くなる場合もあります。

出国の際は一階のチェックイン・カウンターで搭乗手続きをすませ、荷物を預けたのち、サービスカウンターで空港使用料の一〇ドルを支払います。それから二階の出国ロビーへと上がり、イミグレーションで出国審査をし、手荷物のX線検査を行なってから、搭乗待

合室で出発の案内を待つという流れになります。

❖ ビエンチャンからの国際バス

タラート・サオ・バスターミナル発

タイ

▶ノーンカーイ
Nong Khai
▶ウドンターニー
Udon Thani
▶コーンケン
Konkaen
▶バンコク
Bangkok

北ターミナル発

タイ

▶バンコク
▶コーラート
Korat
▶コーンケン

中国

▶昆明(クンミン)
Kunming
▶勐腊(ムンラー)
Meunglah

南バスターミナル発

ベトナム

▶ビン
Vinh
▶ハノイ
Hanoi
▶フエ
Hue
▶ダナン
Danang
▶サイゴン
Saigon
▶ハティン
Ha Ting
▶クアンナム
Quang Nam
▶クアンビン
Quang Bing

右:ワッタイ国際空港
左:第1友好橋の
ラオス側イミグレーション

陸路

陸路での出入国ポイントは、タイとの間のメコン川に架かる第一友好橋。「友好橋」はラオス語では「クア・ミッタパープ」、タイ語では「サパーン・ミッタパープ」と言います。オーストラリアの援助で一九九四年に完成したタイとラオスを結ぶ最初の橋で、現在では自動車用道路と国際列車の線路ができています。以前はタイのノーンカーイとラオスのタードゥーアを結ぶ渡し船で出入国をしていましたが、現在ではビエンチャンに入る外国人旅行者はすべて、この橋を使ってラオスに入国しなければならなくなりました(船での入国は廃止)。

タイから友好橋を通ってラオスへ入国する場合、歩いて渡ることはできません。橋の手前にあるバスターミナルでチケットを買い、橋の上を行き来するシャトルバスを使うか、ノーンカーイやウドンターニーのバスターミナルからビエンチャンのタラート・サオ・バスターミナル行きの国際バスに乗る、あるいはバンコクの旅行代理店などでビエンチャン行きのツアーバスのチケットを購入する、などということになります。

いずれのバスも出入国手続きの際は待っていてくれるので、あわてる必要はありません。タイの出国手続きが終わったら再びバスに乗り込み、橋を渡ってラオス側のイミグレーションまで行ってバスを降り、ラオスの入国手続きをします。イミグレーション・オフィスの業務時間は6:00〜22:00ですが、早朝の6:00〜8:00と夕方から夜(16:00〜22:00)にかけて、また土日祝日はオーバータイムフィーがかかります(ラオス出国時)。

また、ラオスに長期滞在したい場合、ここでビザを取得することも可能です。イミグレーション・オフィスでビザ申請書類に必要事項を記入し、顔写真を添えて提出します。出国時と同じく、通常の時間外に手続きをすると手数料がかかります。支払いはドルでもタイ・バーツでも可能です。

入国の手続きが終わったら橋とは反対方向に進みますが、この先の窓口ではビザの有り無しにかかわらず、エントリーフィーを支払わなくてはなりません。その先には税関もありますが、簡単な荷物チェックがあるだけです。

友好橋はビエンチャンよりメコン川のはるか下流の場所に位置しているため、ビエンチャンの中心部へは路線バスか、タクシー、トゥクトゥクなどを利用して移動することになります。入国手続きを終え、来た方向とは反対側に進んでいくと、何人ものタクシードライライバーが声をかけてきますが、現在、ここから市内まで、彼らの言い値は三〇〇バーツほど。けっこう高いですが、タクシーで行けば目的地までダイレクトに連れていってくれるので、バスよりは便利です。

　路線バスを利用する場合は、友好橋の駐車場を越え、左折して、橋入り口のゲートをくぐった先にある通りで待ちます。橋から出て右方向に行くバスがビエンチャン市内のタラート・サオ・バスターミナル行きです。タイと違ってラオスは右側通行なので勘違いしないようにしましょう。バスは日中であれば二〇〜三〇分おきに一本程度の運行があり、バスターミナルまでの所要時間時間は四〇分ほどです。

　この橋は完成当時から鉄道利用も計画されていて、二〇〇八年にようやくラオス側まで線路が延び、ラオスに初めての鉄道駅、ターナーレーン（Tha Na Laeng ທ່ານາແລ້ງ）駅が完成しました。タイ国鉄が所有するディーゼル列車が試験運用され、二〇〇九年三月五日にはタイのノーンカーイ駅との間で初めて乗客を乗せた列車が運行しました。ターナーレーン駅からビエンチャン市内方面への線路延長計画もあり、今後はタイから国際列車に乗ってラオスへ入国するということも可能になっていくと思われます。

　二〇〇九年四月現在、ターナーレーン発ノーンカーイ行きは11:00発、バンコク行きは15:45発ですが、今後ダイヤが変更される可能性もあります。

　ビエンチャンからタイ、ベトナム、中国へ向かう国際バスもあります。チケットはビエンチャン市内にある旅行代理店や一部のゲストハウスなどで販売しています。同じバンコク行きのバスでも代理店、運行するバス会社によって料金は違いますが、すべてエアコン付きのＶＩＰバスで、宿泊先からのピックアップサービスや食事などがついています。

歩いて国境を越えることはできませんが、ラオス側の橋のたもとにある入り口でチケットを購入すると、タイに向かって車道の右側に設けられた歩道を橋の中央付近まで歩いて行くことができます。

❖ 食事

ビエンチャンには、ラオス料理店はもちろん、中華、ベトナム、インド、フレンチ、イタリアンとレストランが揃っています。さらに、町なかにはたくさんの食堂や屋台があり、特にメコン川沿いの屋台は旅行者に人気があります。どこも英語のメニューなども揃っているので、気軽に注文することができます。また、タラート・サオ脇に建つタラート・サオ・モールの中には、お隣のタイでよく見かけるクーポン制のフードコートがあり、目で見て

❖ ビエンチャンの食事

1—ラオス料理

Tamnak Lao
タムナックラオ

ベトナム大使館の並びにあるルアンパバーン料理を提供するレストラン。夜にはショーがあります。

9:00 ～ 14:00、17:00 ～ 21:30。
日曜休

Salongxay
サロンサイ

ラーンサーン・ホテル内にあるレストランで、舞踊ショーを見ながら食事ができます。

6:00 ～ 24:00

Kua Lao
クアラオ

サームセーンタイ通りにある本格的ラオス料理レストラン。ラオス料理のセットメニューあり。こちらもショーがあります。

11:00 ～ 14:00、17:00 ～ 22:00

Vilayluc
ビライラック

ワット・オントゥーの裏にある落ち着いた雰囲気のレストラン。

7:00 ～ 22:30

Soukvimane
スックビマーン

タート・ダム脇の路地奥にある小さなレストラン。

11:00 ～ 14:00、18:00 ～ 21:00

Bounmala
ブンマーラー

クービエン通りのロータリー近くにあり、地元のラオス人に人気の高いレストラン。

10:00 ～ 22:30

Numphu Coffee
ナムプーカフェー

パーンカム通りで古くから営業する食堂。麺類や焼飯などのほかに、バゲット、コーヒー、目玉焼きのモーニングセットなどもあるので、朝はけっこう混み合っています。

6:00 ～ 21:00

(→p.55へ続く)

ビエンチャンの
ナイトマーケット。

好きな料理を注文することができます。

そのほか、サームセーンタイ通りから北に三本ほど入ったパイナーム通りには夕方から惣菜や果物、お菓子などを売る屋台が並び、さながらナイトマーケットのようになります。値段も比較的安いので、ここで好きな惣菜などを買って、宿に持って帰って食べるのもいいでしょう。

❖ 市内の見どころ

1―各国大使館など

ビエンチャン入出国管理事務所

ビザに記載された滞在期限を超えてラオスに滞在する場合、ここでビザの延長手続きをします。現在、観光目的でラオスに入国する日本人に対しては、二週間以内の滞在であればビザの取得を免除されていますが、長い滞在が予想される場合は、ここで滞在期間延長の手続きをします。また、入国以前に長期の滞在が予想される場合は、日本や周辺各国のラオス大使館や領事館、旅行代理店、国境にあるイミグレーション・オフィスなどで事前にビザを取得してからラオスに入国することをおすすめします。

事務所の場所はタラート・サオ近くのハットサディー通り。業務時間は土日を除く平日の8:00~11:30、13:00~16:00。手続きは事務所右奥の窓口で、必要事項を記入した申請書類に顔写真一枚を添えて提出し、一日あたり二$の料金を支払います。延長期限は、ビザなし入国で一五日まで。大使館や領事館で取得したビザや国境で取得したビザ(一ヵ月)

で三〇日まで。支払いは米ドル以外にタイバーツでもＯＫです。午前中の申請で午後、午後の申請で翌日の受け取りとなります。

ベトナム大使館

パトゥーサイ（凱旋門）の先、タート・ルアン通り沿い。8:00〜11:00、14:00〜16:15。（土日休み）。一ヵ月有効のビザで五〇$。申請書と顔写真一枚を提出。発給所要時間日数は三日。観光目的で一五日以内の滞在であればビザは不要。

中国大使館

ソークパールアン通りからタードゥーア通りへと入る路地にあります。9:00〜11:30（土日休み）。一ヵ月有効のビザで三二ドル。申請書と顔写真一枚を提出。発給所要時間日数は四日。観光目的で一五日以内の滞在であればビザは不要。

カンボジア大使館

市内から友好橋へと向かうタードゥーア通り沿い。7:30〜10:30（ビザ申請）、16:00〜16:

Mekong Deck
メコンデッキ

メコン川のすぐ近くにあり、ウェディングやさまざまなイベントなども行なうオープンバー&レストラン。メニューはラオス料理、タイ料理、中華など多国籍。どちらかというと食事よりもビールを飲むお客さんが多い店です。

16:30 〜 22:30

2—日本料理

キッチン東京

定食やランチセットなど、メニューが充実した日本料理店で、現地在住の日本人に人気。2階には座敷席があります。

10:00 〜 14:00、17:00 〜 22:00。

藤原

純和風の造りが特徴の日本食レストランで、寿司や刺身の盛り合わせ、焼き魚、うどんなどメニューが豊富。

10:00 〜 13:00、17:00 〜 22:00
（日曜は17:00 〜 22:00のみ営業）。

桜

ノボテルホテル近くにあるラオスで、革命後最初にできた日本食レストラン。

10:30 〜 14:00、17:30 〜 22:00
（月曜日は17:30 〜 22:00）。

大阪ハックチャオ

ラーメンやカレーライスなど、庶民的なメニューの日本人が経営する食堂。

10:00 〜 22:00。

Chantha
チャンター

同名のゲストハウスが併設するレストランで、日本人シェフが作る料理が人気。

8:00 〜 21:00（日曜休）。

Nang Vong
ナーンウォン

タート・ルアンと日本大使館の中間にあるラオス料理と日本食を提供する食堂。日本語のメニューもあります。

9:00 〜 21:00（日曜休）。

（→p.57へ続く）

30（ビザ受け取り。土日休み）。一ヵ月有効のビザで二〇$。申請書と顔写真二枚を提出。発給所要時間日数は一日。

タイ大使館領事部

パトゥーサイ（凱旋門）とタート・ルアンのちょうど中間あたり。8：30～12：00（ビザ申請）、13：00～15：00（ビザ受け取り）（土日休み）。二ヵ月間有効のビザで一〇〇〇バーツ。申請書と顔写真二枚を提出。発給所要日数は二日。観光目的で三〇日以内の滞在（空路入国の場合）であればビザは不要。陸路は一五日まで。

なお、それぞれの国のビザは市内にある旅行代理店でも手数料を払えば取得することができます。また、それぞれの国の事情によりビザの有効期限や料金、取得方法、開いている時間、取得にかかる時間などが変更になることがあるので、インターネットなどで直前の情報をチェックすることをおすすめします。

右：ラオスのシンボル。
タート・ルアン寺院。
左：市内のほぼ中心に位置する
パトゥーサイ。

2—インターネット

現在多くのホテルやカフェなどで無料のWi-Fiが利用できるようになっており、スタッフにパスワードを教えてもらえば、普段自分が使っているスマートフォンやタブレットなどでインターネットを楽しむことができます。カフェなどの一部では有料の場合もあるので要確認。

3—マッサージとサウナ

観光客の増加にあわせてマッサージ店やサウナも増えてきました。ラオスのマッサージはタイと違い、オイルを使ったマッサージが主流で、最近ではハーブを使用したマッサージや足裏マッサージなど、多様化しています。マッサージ店が多いのはパーンカム通り周辺。サウナはチャオアヌ通りの路地を入ったところに一軒、ソークパールアン通りなどビエンチャンの外れに数軒あります。

3—各国料理

Le Vendome
ル・バンドーム
ワット・インペーンの裏にある老舗のフレンチレストラン。フレンチのほかにピザなどのメニューもあります。
10:00～14:00、17:00～22:00
(土日は17:00～22::00)。

Le Silapa
ル・シラパー
セーターティラート通りのガソリンスタンドの近くにあるフレンチレストラン。ラオスの民家を改装した造りで、昼はランチセットメニューもあります。
11:30～14:00、18:00～22:00。

La Cave Des Chateaux
ル・カーブデシャトー
ナムプー広場に面した食事とワインを楽しむ店。鉄板焼きのセットメニューがあります。
12:00～22:00
(土日は18:00～22:00)。

Opera
オペラ
ル・カーブデシャトーの並びにあるビエンチャンで最初のイタリアンレストラン。
12:00～22:00。

Le Nadao
ル・ナーダオ
ビエンチャンで一番と言われるフレンチレストラン。場所はパトゥーサイの近く。
12:00～13:30、19:00～22:30
(土19:00～22:30、日曜休)。

That Dam Wine House
タート・ダム・ワインハウス
タート・ダムの近くにある、その名のとおりワインを楽しむ店。40種類以上のワインが揃えてあり、グラスでも注文することができます。食事はステーキなど洋食中心ですが、刺身もあります。
10:00～22:30(日曜休)。
(→p.59へ続く)

4―寺院・塔

パトゥーサイ　Patouxay ປະຕູໄຊ

かつてはアヌサワリー（記念塔）という呼ばれ方をしていましたが、近年ではパトゥーサイ（凱旋門）が一般的です。その名のとおり、フランスの凱旋門をモデルにした建物で、タラート・サオ前のラーンサーン通りからでもその姿を見ることができます。パトゥーサイのまわりはロータリーになっており、ロータリー内側には芝が敷かれて公園のようになっています。敷地内には噴水などもあり、夜はライトアップされています。入場料は三〇〇〇キープ。内部にある階段を登っていくと、上部にあるテラスから町を一望できます。最近はタイなどからの団体旅行客も多く、階段、テラスとも混み合うこともあるので、混雑状況を見ながら登るようにするといいでしょう。8：00～17：00。

タート・ルアン

ラオスの紙幣にも印刷されている黄金の仏塔で、ラオスのシンボルとも言われています。パトゥーサイから緩やかな坂が続くタート・ルアン通りを進んだ突き当たりにあります。広さがあるので普段はそれほど混雑しませんが、毎年一〇～一二月（年によって違う）に行なわれるタート・ルアン祭りの時だけは、ラオス全土から人が集まるため、ものすごく混雑します。有料。8：00～12：00、13：00～16：00。

右:ワット・シームアン寺院。
左:ひっそりと佇むタート・ダム。

ワット・ホーパケーオ　Wat Ho Pakeo　ວັດຫໍພະແກ້ວ

バンコクのワット・プラケーオにあるエメラルド・ブッダがかつて納められていました。ラオス全土の寺院の中心的存在です。内部にはかつて日本の皇室から送られた品など、貴重な展示物が並んでいますが、撮影は禁止です。有料。8:00〜12:00、13:00〜16:00。

ワット・シーサケート　Wat Sisaket　ວັດສີສະເກດ

ワット・ホーパケーオの向かいにある寺院で、黄色く塗られた壁や柱が特徴です。やはり内部は博物館になっていて、古い仏像などが並べられています。また、この寺院を取り巻く回廊にも無数の仏像があり、ラオスの歴史を感じることができる寺院です。本堂内は撮影禁止。有料。8:00〜12:00、13:00〜16:00。

ワット・シームアン　Wat Simuang　ວັດສີເມືອງ

サームセーンタイ通りとセーターティラート通りの分岐点に建つ寺院です。前出の二つの

La Gondola
ラ・ゴンドラ
チャオアヌ通りにあるカジュアルなイタリアンレストラン。自家製パスタやティラミスがおすすめ。
11:30〜22:30(月曜休)。

La Terrasse
ラ・テラス
メキシコやアジアなど、幅広いメニューが売りのインターナショナルレストラン。
11:00〜14:00、18:00〜22:00(日曜休)。

Blue Sky
ブルースカイ
日本人が経営するレストランで、ステーキなどが人気。
9:00〜22:00(第2、第4日曜休)。

Khob Chai Deu
コープチャイドゥー
ナムプー近くにあるオープンレストランで、生ビールやBBQメニューなどが人気。夜にはバンドによる生演奏があります。
8:00〜23:30。

周華紀飯店
サームセーンタイ通りにある老舗の中華食堂で、現地在住の日本人に人気の店。
9:00〜15:30、17:00〜21:00

Samsenthai Fried Noodle
サームセーンタイフライヌードル
日本語のメニューがある中華食堂。
10:00〜23:30

Nazim
ナジム
ラオス各地に展開する老舗のインド料理レストラン。
9:00〜22:30

Tajimahal
タージマハール
文化会館裏にある小さなインド料理レストラン。
10:00〜22:00

(→p.61へ続く)

寺院がやや観光的要素が強いのに対して、こちらは現在もなお信仰心の篤いラオス人が熱心にお祈りに通う現役の寺院で、寺の前には線香や花などお供え物を売る店も並んでいます。普通の寺院なので入場料などもありません。

タート・ダム　黒塔　That Dam　ທາດດຳ

アメリカ大使館の近くにある苔むした暗い色の仏塔で、龍が住んでいるという伝説があります。

ワット・ミーサイ　Wat Mixay　ວັດມີໄຊ

セーターティラート通りにある黄色い柱と赤い屋根が特徴の寺院。毎年一一月のオークパンサー（出安居《であんご》）の祭りの時は、フアファイと呼ばれるバナナの葉と幹で作った円形の船にろうそくを灯し、この寺院の境内に設置された船形にお供えします。

独特の世界観が広がる
ブッダパーク。

ブッダパーク　Buddha Park

正式名称は「ワット・シエンクアーン（Wat Xieng Khuan ວັດຊຽງຂວນ）」と言いますが、寺院というより公園に近く、敷地内には奇抜なスタイルをした仏塔やたくさんの仏像が置かれています。ここを建設した僧侶はその後タイに亡命し、対岸のノーンカーイ郊外にも同じようなスタイルの寺院（ワット・ケーク）を建造しました。しかし、メコン川沿いにあるこちらの寺院のほうがロケーションも良く、地元のラオス人たちがよく訪れています。園内では飲み物や食事を提供する店もあります。有料。カメラ、ビデオ持ち込み料それぞれ二〇〇〇キープ。7:00〜18:30。タラート・サオ・バスターミナルから14番もしくは45番のマイクロバスで一時間ほど。

ナショナル・エスニック・カルチュラル・パーク　National Ethnic Cultural Park

友好橋のすぐ脇のメコン川沿いにある公園で、園内にはラオス国内に住む少数民族の衣装や生活用品の展示や、児童公園、食堂、動物園などがあり、ビエンチャンに住む人が週末

PVO
ピーブイオー
老舗のベトナム料理のレストランで、以前はサームセーンタイ通りにありましたが、今はメコン川の側で営業。朝から売っているサンドイッチが人気。レンタバイクの貸し出しなども行なっています。
6:30〜20:00（土日は6:30〜14:00、毎月最終日曜休）。

Cafe Indochine
カフェ・インドチン
サバイディー・ゲストハウスの並びにあるベトナム料理のレストラン。
9:00〜22:30（土曜休）。

Korea Restaurant
コリア・レストラン
歌謡ショーなどがある北朝鮮料理のレストラン。場所はタート・ルアンの近く。支払いは米ドルのみ。
11:30〜14:00、17:30〜22:30。

4—カフェ

Joma
ジョマ
ルアンパバーンにも支店がある雰囲気の良いカフェ。店内は禁煙。
7:00〜21:00。

Scandinavian Bakery
スカンジナビアン・ベーカリー
ナムプー近くで古くから営業する旅行者に人気のベーカリー。
7:00〜21:00。

Le Banneton
ル・バントン
大阪ハックチャオの並びにあるフレンチカフェ。
7:00〜19:00（日曜7:00〜13:00）。

にピクニックに訪れる場所としても有名です。有料。8：00〜18：00。

5—市場

タラート・サオ　Talat Sao　ຕະຫຼາດເຊົ້າ

お土産物や電化製品、文房具、貴金属、雑貨など、ラオスで最も多くの品が揃うビエンチャン最大規模の市場。タラート・サオは「朝市」という意味ですが、毎朝八時から夕方六時ごろまで開いています。コの字型の建物は二階建てで、一階では衣料品や金などの貴金属、時計、骨董品などを扱う店が並んでいます。また、二階へと上がる階段付近には各銀行の両替窓口があるので、ドルやタイバーツなどからの両替が可能です。

タラート・サオと隣接するタラート・サオ・モールは二〇〇七年に完成したラオス最先端のファッションスポット。エアコンが効いたモール内には服や雑貨、CDなどを販売する店がテナントとして入っていて、三階にはクーポン制のセルフサービス・フードコートがあります。

タラート・クアディン　Talat Khuadin　ຕະຫຼາດຂົວດິນ

タラート・サオの裏にある昔

市場で売られるラオスの
民族衣裳シン（女性用の巻きスカート）

ながらのスタイルの市場で、こちらは衣料品と雑貨に加え、タラート・サオにはない生鮮食料品なども扱っています。入り口は二ヵ所あって、一つはタラート・サオ・バスターミナル（中央バスターミナル）の左側、金を扱う店の脇にありますが、狭いのでのちょっとわかりづらいかもしれません。もう一つはバスターミナルの裏側、クービエン通りにあります。市場内部も中央の通路以外は細い迷路のようになっています。

タラート・トンカンカム

Talat Thongkhankham　ຕະຫຼາດທົ່ງຂັນຄຳ

こちらは主に肉や魚、野菜などの食料品が中心の市場です。

タラート・レーン

Talat Laeng　ຕະຫຼາດແລງ

中国資本のマーケットで、館内には中華料理店や中国の電化製品などを売る店が並んでいます。「タラート・レーン（夕市）」という名前は中国のマーケットができる前の古い名前で、現在では中国市場とも呼ばれています。

タラート・タート・ルアン　Talat That Luang　ຕະຫຼາດທາດຫຼວງ

タート・ルアンから東に少し行ったところにある市場で、蛇やモグラなど珍しい食材が並んでいます。

6—その他

ビアラオ　Beer Lao

ラオスを代表するビール「ビアラオ」の本社工場で、内部の見学ができます。ビールの製造工程や試飲、オリジナルグッズの購入ができるほか、コースター、灰皿などのノベルティーグッズをもらえます。見学は無料。9:00～11:30、13:30～15:30（土日休み）。タラート・サオ・バスターミナルから14番、45番のバスで所要時間三〇分。

カイソーン・ポムウィハーン博物館　Kaysone Phomvihan Museum　ຫໍພິພິທະພັນ ໄກສອນ ພົມວິຫານ

ラオス初代大統領（国家主席）カイソーン・ポムウィハーンの博物館で、カイソーンゆかりの物やラオスの歴史を紐解く貴重な写真などが展示されています。ただし説明文のほとんどはラオス語。入り口脇のショップではオリジナルTシャツなど、ここでしか手に入らないものが売っています。8:00～12:00、13:00～16:00（月曜休み）。タラート・サオ・バスターミナルから25番、29番のバスで所要時間一五分。

ラオス人民軍歴史博物館　Lao People's Army History Museum

元国防省の建物を改装した博物館で、戦闘機や戦車、ヘリコプター、軍が使用していた銃や無線機などを展示しています。館内は撮影禁止。8:00～16:00（土日休み）。

❖ビエンチャン郊外の見どころ（第二章地図73ページ参照）

1—ターゴーン（Tha Ngon　ທ່າງ່ອນ）

ターゴーンは市内から二四キロ。バスで一時間ほど行ったナム・グム川（Nam Ngum ນ້ຳງື່ມ）

ターゴーンのレストラン。
奥に見える小さな家のような舟で
1時間ほど川をクルーズしながら
食事を楽しめる。

に架かる橋のたもと、川の両岸にフローティングレストランが並んでいます。週末はラオス人の家族連れなどで混み合いますが、平日であれば人も少ないのでゆっくり食事を楽しむことができます。レストランで船をチャーターし、その船の中で食事を楽しむこともできます。タラート・サオのバスターミナルからターゴーン行きのバス（23番）に乗り、終点で下車。橋の手前が終点なので、川の反対側に行く場合は歩いて橋を渡るか、渡しの船を頼みます。レストランの営業時間は朝八時から夜八時ぐらいまで。英語のメニューも用意されています。

バーン・クーン動物園　Ban Keun Zoo ສວນສັດບ້ານເກິນ

ビエンチャンの北、約五〇キロのところにあるラオス唯一の動物園。白い象が有名です。また、この動物園のすぐ近くには塩を作る工場があります。塩分を含んだ地下水を汲み上げ、ラオス伝統の巨大な竹製のザルを使って塩を精製している様子を見ることができます。動物園の開園時間は8：00～17：00。バーン・クーンへはタラート・サオ・バスターミナルからバスが出ていますが、通常は車をチャーターするか、ツアーで行く人が多いようです。

バンサーン　Vang Sang ວັງຊ້າງ

ビエンチャンから国道13号線を北上し六二キロほど行ったところにある古い遺跡。一三号線から脇道を入ったところにある岩山に一〇体あまりの仏像が彫刻されています。バンサーンの「バン」はバンビエンと同じく、川が深くなった所を指し、「サーン」は象という意味です。かつてはこの付近にも数多くの野生の象が生息し、近くを流れるナム・リック川（ນ້ຳລຶກ）の最も深い場所の近くであったことから、その名前がついたと思われます。大小さまざまな仏像は、大きなもので三メートルほど。一部の仏像は金色に塗られています。一六世紀ごろに造られたという説が有力ですが、はっきりしたことはわかっていません。普段は訪れる人も少なく、静寂と自然に包まれた空間です。

2—プー・カオクアーイ国立自然保護区（Phu Khao Khouay ພູເຂົາຄວາຍ）

ラオス全土には約二〇の国立保護区がありますが、ビエンチャンから最も近い国立保護区がこのプー・カオクアーイです。ビエンチャンの北東、ナム・グム湖の南東に位置し、ビエンチャン県と隣のボーリカムサイ県に跨がる二〇〇〇平方キロの広大な土地です。

バーン・ナー村　Ban Na ບ້ານນາ

もしくは

バーン・ハートカイ村　Ban Hat Khai ບ້ານຫາດໄຄ້

という村がこの公園の入り口となるのですが、公共の乗り物は少なく、ほとんどの旅行者

❖ビエンチャンからの飛行機

ラオ・エアライン

▶ルアンパバーン

Luang Prabang　ຫຼວງພະບາງ

▶シエンクアーン

Xieng Khuang　ຊຽງຂວາງ

▶パークセー

Pakse　ປາກເຊ

▶ウドムサイ

Udomxay　ອຸດົມໄຊ

▶フアイサーイ

Huay Xay　ຫ້ວຍຊາຍ

▶サワンナケート

Savannakhet　ສະຫວັນນະເຂດ

ラオ・エアー

▶ポンサーリー

Phongsaly　ຜົ້ງສາລີ

▶サムヌア

Sam Neua　ຊຳເໜືອ

▶サイニャブーリー

Xayaboury　ໄຊຍະບູລີ

❖ビエンチャンからのバス

北バスターミナル
North Bus Terminal
ອາຄານລົດເມສາຍເໜືອ

空港へと向かうT2通りにあり、市内中心部からトゥクトゥクで行くことになります。（第2章の「ビエンチャンのバスターミナルからスタート」参照）

▶ルアンパバーン

所要時間9～10時間

▶ウドムサイ

所要時間14～15時間

▶ルアンナムター

Luangnamtha　ຫຼວງນ້ຳທາ

所要時間17～18時間

▶ポンサーリー

▶サムヌア

ルアンパバーン経由

所要時間27時間

▶ポーンサワン

Phonsavan　ໂພນສະຫວັນ

所要時間9～10時間

▶サイニャブーリー

Xayaboury　ໄຊຍະບູລີ

所要時間12時間

（→p.69へ続く）

はツアーに申し込んで来ているようです。この二つの村を拠点にして、日帰り、一泊二日、二泊三日などのツアーが設定されており、村人がガイドをして、公園内に作られた遊歩道を通って周辺の滝や動植物などを見て回ります。公園内にはビジターセンターや野生の象を観察するタワーなどもあります。宿泊はそれらの場所か、民家でのホームステイとなります。ビエンチャン市内にあるグリーンディスカバリーなどの旅行会社ではさまざまなパッケージツアーが用意されています。

❖公園内の主な見どころ

タート・パーサイ滝　Tad Pha Xai　ຕາດຜາໄຊ

バーン・ハートカイ村から六キロほどのところにある、プー・カオクアーイ国立自然保護区では最も落差のある滝で、固い岩盤の上を流れて来た水が四〇メートルの落差を一気に流れ落ちる光景はとても迫力があります。ただし乾季には水量がなくなるので、水の多い時期のほうがおすすめです。

タート・サーイ滝　Tad Xai　ຕາດຊາຍ

タート・パーサイ滝のあるナム・サーイ川のさらに上流一キロほどのところにある滝で、こちらは一気に流れ落ちるのではなく、七段になっています。滝を正面から眺めることができる上、滝壺で泳ぐことも可能なため、ラオス人には人気の滝です。

タート・ルーク滝　Tad Leuk　ຕາດເລີກ

上記二つとは別のナム・ルークという川にある滝で、バーン・ハートカイ村からは西に一〇キロほど離れたところにあります。こちらは滝のすぐ脇に食堂があり、そこから滝を眺めることができます。またビジターセンターもここにあります。

❖交通

ビエンチャンからラオス国内にある他の町などに移動するには飛行機、船、バスの三つの方法があります。

1—飛行機

ワッタイ国際空港の国際線ターミナルの右側に国内線のターミナルが隣接しています。国内線は、ラオ・エアライン（ラオス国営航空）とラオ・エアーの二社が運行していますが、ダイヤや料金は時々変わるので、注意してください。また四月のピーマイ・ラオ（ラオス正月）の時期や、祭りなどが多い一一月〜一二月にかけては大変混み合い、チケットの入手が困難になることもあります。この時期の移動を考えている方は早めにチケットの予約をする

▶パークラーイ
Paklai ປາກລາຍ
▶フアイサーイ
所要時間22～23時間
▶パークセー
（以上は主要都市のみ）

タラート・サオ・バスターミナル
Morning Market Bus Station
ຄິວລົດຕະຫຼາດເຊົ້າ

市内の中心部に位置するバスターミナルで、主にビエンチャン近郊の町や村に行くバスが発着しています。正式な名称はクアディン・バスステーション（Khua Din Bus Station ສະຖານີລົດເມຂົວດິນ）で、タイのノーンカーイやコーンケンに行くバスもここから出ています。

▶バンビエン
Vangvieng ເມືອງວັງວຽງ
所要時間4時間
▶カーシー
Kasy ເມືອງກາສີ
所要時間6時間
▶タードゥーア
Thadua ທ່າເດື່ອ
（友好橋、ブッダパーク方面）
朝7時から夕方5時頃まで20分おき。所要時間時間はそれぞれ30分、40分。終点のタードゥーアまでは所要時間50分
▶ターゴーン
朝6時半より夕方4時半まで1時間に1～2本。所要時間1時間
▶ワッタイ国際空港
所要時間30分
▶バーン・クーン
所要時間1時間半

南バスターミナル
Southern Bus station
ສະຖານີລົດໂດຍສານສາຍໃຕ້

▶パークサン
Pak San ເມືອງປາກຊັນ
所要時間2時間半
（→p.71へ続く）

ことをおすすめします。チケットはそれぞれの会社のチケット購入窓口ほか、市内にある旅行代理店でも購入可能です。

2―船

船は現在ビエンチャン→サナカーム（Xanakham ຊະນະຄາມ）→パークラーイ（Paklai ເມືອງປາກລາຍ）間のみ定期運行しています。カオリアオ船着場（Kao Liaw ທ່າເຮືອເກົ້າລ້ຽວ）は空港の先にあり、バスはないのでトゥクトゥクなどを利用して行くことになります。船はルアンパバーンなどで見かけるロングボート（スローボート）、終点はサイニャブーリー県のパークラーイで、所要時間一二時間。サナカー

ムまでは所要時間約六時間ですが、変更になることがあるので、要確認。

3―バス

ビエンチャンのバスターミナルは、北バスターミナル（北部への長距離バス）、タラート・サオ・バスターミナル（ビエンチャン近郊へのバス）、南バスターミナル（南部への長距離バス）の三ヵ所で、行き先によって乗り場が違います。市内を循環するバスも運行を始めましたが、まだまだ運行するルートや本数が少なく、料金は高くても行きたいところまで行ってくれるトゥクトゥクのほうが利用率は高いようです。

▶ターケーク
Thakhek　ທ່າແຂກ
所要時間5～6時間

▶ラックサーオ
Lak20　ຫຼັກຊາວ
所要時間約7時間

▶サワンナケート
Savannakhet　ສະຫວັນນະເຂດ
所要時間9～10時間

▶パークセー
Pakse　ປາກເຊ
所要時間10～11時間

▶アッタプー
Attapeu　ອັດຕະປື
所要時間15～16時間

▶サーラーワン
Salavan　ສາລະວັນ
所要時間12～13時間

▶セーコーン
Sekong　ເຊກອງ
所要時間14～15時間

▶ドーンコーン
Don Khong　ດອນໂຂງ
所要時間13～14時間

▶ウーンカーム
Veun Kham　ເວີນຄາມ
（カンボジア国境）
所要時間15～16時間

▶ドーンタラート
Don Talat　ດອນຕະລາດ
（チャムパーサック、ワットプー方面）所要時間12～13時間

右：ビエンチャンのカオリアオ船着場。
左：北バスターミナル。

第二章

古都ルアンパバーンを訪ねて
——国道13号線の旅

カーシーの町から
バンビエン方面を望む。

ナムグム湖の
中に建てられた
展望台。

ナムウーン・リゾートの
バンガロー室内。

澄んだ水が流れる
タート・セーの滝。

ビエンチャンのバスターミナルからスタート

首都ビエンチャンから北上するすべてのバスが通るのが、ラオスを南北に縦断する国道13号線です。ビエンチャンからは、多くの外国人旅行者が訪れるバンビエン、ルアンパバーンといった観光地はもちろんのこと、ラオス全県の県庁所在地行きバスが出ていますが、そのうち、ビエンチャン以北の町に行くバスはすべてこの13号線を北上します。

国道13号はラオスを訪れる外国人旅行者にとって最もポピュラーなルートで、一気に移動すればビエンチャンから九～一〇時間ほどでルアンパバーンに行くことができます。もちろん飛行機で飛べばあっという間ですし、日本の交通事情に慣れた人はこの一〇時間のバスの旅を苦痛に感じるかもしれません。しかし、このルートは車窓から見る風景の雄大さ、人々の生活圏との近さから、私は最もラオスという国を感じることができるルートだと思っています。

現在、ビエンチャンにはいくつかのバスターミナルが存在しますが、市内を迂回するバイパス「T2通り」にできた「北バスターミナル」は、ルアンパバーン方面行きのVIPバスと、北部各都市行きバスの発着場になっています。外国人の利用者が多いVIPバスのチケットは、ビエンチャン市内にある旅行代理店やゲストハウスなどで手配することができますが、値段は利用するバス会社やチケットを購入する場所によっても異なります。もちろん直接この北バスターミナルのチケット窓口でも購入することができます。

しかし、北ターミナルそのものが市内から離れた場所にあるため、宿でのピックアップサービスが付いたチケットを買う旅行者が増えています。チケット購入時に宿の名前を伝えれば、指定された時間に宿の前で待っているだけで、目的地まで特に難しい手続きもなく移動することができます。自分で北バスターミナルに行くのはトゥクトゥクなどを使うしかありません。しかし、トゥクトゥクは一人で乗ると割高なので、他の旅行者とシェアして行くか、ピックアップサービス付きのチケット利用をおすすめします。

ビエンチャンには北バスターミナル以外にもバスが発着するターミナルがいくつかあります。同じく北部へ行くバスとビエンチャン近郊へ行くバスが発着しているのが市内のほぼ中心に位置する「タラート・サオ・バスターミナル」です。ここからはタイのノーンカーイ、ウドンターニー行きの国際バスも出ていますが、基本的には比較的近距離の路線バスが発着していて、長距離路線は徐々にではありますが他のバスターミナルからの発着に切り替わっていっているようです。しかし、町のど真ん中にあって旅行者には利用しやすいので、バンビエン（↓89ページ）やパークサン（↓259ページ）といったビエンチャンから比較的近い町へ行く場合、あるいは一気に遠くまで行くのではなく、順番にゆっくり移動していくような場合は、ここから旅を始めるのも悪くないと思います。

タラート・サオのバスターミナルに行くと、すぐに客引きのバスのスタッフが声をかけてきます。「バンビエン？」「ルアンパバーン？」

これらの町に行く外国人旅行者が多いことを知っている彼らは、外国人と見ればまずこのように声をかけてきます。しかし、バスターミナル内は行き先別に番号も振ってあり、多くのバスはフロントガラス内に英語で行き先が書いてあるので、自分で目的のバスを見つけるのはそんなに難しくありません。もちろん、まわりの人に目的地を言えば、そこは親切なラオス人、「ああ、あっちだよ」と教えてくれたりするので、ここで迷うことはあまりないでしょう。

バスは行き先にもよりますが、ビエンチャン近郊へ行くバスであれば日中、一時間に一本程度は出ています。乗り場には番号が振ってありますが、終点まで行くもの、途中までしか行かないもの、微妙に目的地が違うものなどがあります。乗り込む前に行き先を確認しなければなりませんが、ラオスのバスには必ず車掌（女性が多い）が乗っていて、乗客がどこに行くのか聞いてくれます。

長距離バスでは途中下車ももちろん可能ですが、バスのスタッフはできるだけ長距離のお客さんを乗せたいので、混み合っている時などは乗車を拒否されることもあります。「そこへ行くならあっちのバスに乗ってくれ」と言われたら、おとなしく従うしかありません。逆にお客さんが少ない場合は、少しでも乗客が欲しいので、途中下車でも「いいよ」と言われます。ただ、その場合の料金は正規の運賃と同額の場合もあれば、多少ふっかけられている場合もあり、注意が必要です。

タラート・サオを出て北へ向かうバスは、寄り道がなければ（時々、頼んであった人の家の前まで迎えに行ったりすることがある）、ビエンチャンの町のど真ん中にあるサームセーンタイ通りを進みます。私は外国人旅行者の姿も多いこの通りを走るといつも、ビエンチャンを離れるという実感があって、旅をしてるなという気になります。
やがてバスは対面通行のルアンパバーン通りに入りますが、この通りが既に国道13号線。以前は舗装状態も悪く凸凹でしたが、近年整備され、片側二車線の立派な道になりました。しばらく行くと右手にラオスの空の玄関口、ワッタイ国際空港が見えてきます。白く塗装されたラオ・エアラインの大小さまざまな飛行機に混じって、ラオス空軍の緑色のヘリコプターが見えることもあります。

空港の前を過ぎてしばらく行くと、13号線は右へとカーブを切ります。曲がらずまっすぐ行けばビエンチャンの船着場（カオリアオ船着場）で、以前はルアンパバーン行きのスローボートなどが出ていたところです。
13号線の右手には大きな市場があり、いつも大勢の人や車でごった返しています。この市場を過ぎると途端にのどかな田園風景が広がってきます。通過する村々や橋には名前が書いてあるので、地図と照らし合わせたりするのもなかなか楽しいものです。

ドアを開け、
行先を連呼するバスの車掌。

KM52

バスはビエンチャンを出て約一時間半でKM52（ラック・ハーシップソーンຫຼັກ52）に到着します。KM52は国道13号線を北上していくと、最初に出会う大きな集落で、北へ向かうバスが必ず通過するポイントです。「キロメートル52（ラックはラオス語でキロメートルの意味）」とはなんとも不思議な名前ですが、ラオスではあちこちにこういう距離の名前がついた町や村が存在します。だいたいは大きな町を起点に○○キロ離れたところにある町（村）ということでそのような名前がつけられるのですが、後でその村や町の特色により全く違う名前になるところもあります。つまりは町ができた時につけた仮の名前なのですが、このKM52のようにその名前が定着するところもあります。

村の歴史を紐解くと、一九七〇年頃、ラオスの少数民族であるモン族の家族七家族が移住してきて村を作ったのが始まりだということです。その後、ベトナム戦争におけるアメリカの敗戦、撤退（一九七五年）、ラオス国内の高地に生活していたモン族に対するベトナム軍の迫害などがあって、モン族が多数山を下りて来て七家族に加わったため、さらに人口は拡大しました。現在は四〇〇〇人ほどのモン族と、同じく高地に住むカム族、元々低地に暮らすラオ族の計六〇〇〇人ほどの人が定住しています。

KM52の中心部。

ゲストハウスの看板

さて、初めて訪れた町で宿泊する場合、旅行者が真っ先にやらなくてはいけないのは宿の確保です。ラオスの場合、英語でGuest Houseという看板を掲げている場合が多い(なぜか黄色と青の看板が多い)ので、自分で見つけられますが、わからない場合は人に聞くしかありません。一般の人よりバスの運転手やトゥクトゥク、バイクタクシーの運転手などに聞いたほうが知っている確率は高いと思います。地元の人は宿泊施設を利用しないので意外と知らないのです。

ラオス語での聞き方は「バーン・パック・ユー・サイ?(ゲストハウスはどこ?)です。

最近は外国人旅行者が増えたせいか、宿に泊まるぐらいの簡単な英語であれば対応できるゲストハウスも増えてきました。ゲストハウスでは空いていればいくつかの部屋を見せてくれるので、気に入った部屋を選ぶことが可能です(案内された部屋に必ず泊まらなくてはいけないということはありません)。泊まる際にはロケーションや部屋のつくり、値段はもちろんですが、鍵がちゃんとかかるかなど安全面でのチェックも重要で、宿の鍵とは別に南京錠などもかけられるようになっていればベストです。

料金は前払いで払うのが一般的ですが、何日分かをまとめて前払いするよりもday by day(一日分ずつ)で払ったほうが間違いがなく、ラオス人のスタッフにとってもやりやすいようです。

一部の高級な宿を除いて、ラオスでは「予約」というシステムがあまり一般的ではなく、空いていれば泊まれますし、満室だと「テム」(いっぱいという意味)と言って断られてしまうこともあります。

ＫＭ52の町は市場を中心に国道13号線に沿って南北へと延びています。乗り合いのトラック、バス乗り場はこの市場脇を入ってすぐのところにあって、そこが本来の乗り場なのですが、市場の前で乗り降りする人のほうが圧倒的に多いようです。ただ、本来のトラック乗り場には運転手をはじめ、チケット販売の窓口、料金表や時刻表などもあるので、移動する前の日に立ち寄って情報を得ておくという手もあります。いずれにせよ、国道13号線を移動するトラックやバスは頻繁にこの町を通過するので、車が来るのを延々と待ち続けるといったことはありません。

両替商は市場内と市場の向かいに数軒。食堂は市場周辺と市場からバンビエン（Vangvieng ເມືອງວັງວຽງ）方面（北）に少し歩いたところにあります。

町の観光はこれと言ってありませんが、国道13号線から三キロほど入ったところにタート・ドン・ドゥー（Tad Dong Do ຕາດດົງດູ່）という滝があります。滝（タート）という名前はついていますが、日本人が想像する落差のある滝とは違って岩の上をゆるやかに流れ落ちるといった感じです。ＫＭ52からは気軽に訪れることができるピクニックの場所として、地元のモン族の若者たちがバイクに乗って来ることが多いようです。流れの両側にはあずまやが建ち並び、簡素ですが飲み物を売る売店があって、敷地内にはなぜか猿も飼われていました。乾季だと水がなくなってしまうので、訪れるなら雨季のほうがおすすめです。

❖ すぐ役に立つラオス語1

「ゲストハウスはどこ？」
バーン・パック・ジュー・サイ？
ບ້ານພັກຢູ່ໃສ
「いっぱいです」
テム・レーオ　ເຕັມແລ້ວ
キウロット＝バスやソーンテーウの発着場
ຄິວລົດ

KM52▼ポーンホーン▼ターラート▼ナム・グム湖

KM52からは、ラオス最大の湖、ナム・グム湖（Ang Nam Ngum ອ່າງນ້ຳງື່ມ）に行くことができます。ナム・グム湖は細長いラオスのほぼ中央に位置する巨大な湖で、面積は日本の琵琶湖の半分ほど。日本の技術援助と世界一二ヵ国の資金援助で、メコン川の主要な支流の一つナム・グム川（Nam Ngum ນ້ຳງື່ມ）を堰き止めて造られた発電用ダムによって誕生した人造湖です。

KM52のバスターミナルから出るのはビエンチャン方面行きのバスが多いのですが、国道13号線沿いで待っていると、ここを北上するバスやソーンテーウが次々とやってきます。ナム・グム湖へ向かうにはターラート（Thalat ທ່າລາດ）行きに乗るのが理想なのですが、バンビエンやルアンパバーン行きのバスに乗っても、途中のポーンホーン（Phonhong ເມືອງໂພນໂຮງ）の町で乗り換えれば行けます。

国道13号線を三〇分ほど走るとポーンホーンの町に着きます。この町は国道13号線と、ここからナム・グム湖、トゥラコム（Thoulakhom ເມືອງທຸລະຄົມ）方面へと向かう道路が分岐する三叉路（ロータリー）を中心に展開していて、食堂や商店が主に13号線沿いに並んでいます。なおビエンチャンの中心地からKM52まではビエンチャン都、KM52から先はビエンチャン県で、ポーンホーンは以前ビエンチャン県の県庁所在地でした（現在はビエンカム）。

ポーンホーンの中心にある小さなロータリーを右に折れると、どこか懐かしい田んぼや畑の風景が広がります。平坦で、正直言って飽きが来る景色ですが、草を食む牛や農作業をする人々の様子をのんびり眺めてみるのもいいでしょう。

ポーンホーンからターラートまでは所要約三〇分。ターラートはそこそこの規模の町で、やはり市場が中心になっています。キウロット（バスやトラックの発着場）もありますが、そこは車の待機場になっているようで、車はほとんど市場脇で発着しています。

バスが他の町から到着すると、すぐに他の車のスタッフが「どこに行くのか？」と、駆け寄ってきます。ここで「ナム・グム」と言えば、ちゃんとナム・グム方面行きの車に案内してくれます。

ちなみに「ナム・グム」というのは湖と川の名前で、ダムは正確にはアーン・ナム・グム（Ang Nam Ngum ອ່າງນ້ຳງື່ມ）と言います。アーンというのはサラダなどを入れる「ボウル」という意味です。湖の畔の集落の名前も正確にはバーン・クーン・ナム・グム（Ban Kern Nam Ngum ບ້ານເກີນນ້ຳງື່ມ）というのだそうですが、とりあえずナム・グムで問題なく通じます。

ターラートの町からナム・グム湖までは二〇分ほどで到着します。ナム・グム湖手前は小高い丘になっていて、丘を越えるとすぐナム・グム湖の真っ青な湖面が眼下に広がります。車はナム・グム湖を見下ろす急カーブ脇のキウロットで停車。小さな集落なのでバイクタクシーなどはいませんが、ここから坂を下れば湖畔まではすぐです。道沿いには食堂や雑貨屋などが建ち並び、先端の湖畔まで下っていくと、比較的大きなレストランが数軒並んでいます。週末にはビエンチャンからの日帰り客で混み合うようですが、平日は観光客も少なく静かなものです。

❖ すぐ役に立つラオス語2

「どこへ行くの？」
パイ・サイ　ໄປໃສ

私
コーイ　ຂ້ອຍ

あなた
チャオ　ເຈົ້າ

観光、旅行
トーン・ティアオ　ທ່ອງທ່ຽວ

観光に行きます
パイ・ティアオ　ໄປທ່ຽວ

ナム・グム湖

ナム・グム湖の観光の目玉はボートトリップ。ここを訪れるラオス人たちも必ずと言っていいほど、ボートを借り切って観光に出かけています。しかし、燃料費の高騰から年々料金は上がり、長時間チャーターするとかなりの金額になってしまうので、一人ではなく他の旅行者とシェアするのが得策です。

ナム・グム湖の観光船ガイドは現在四人ほどいて、「観光に行かないか?」と旅行者に声をかけてくることもありますが、看板を掲げているわけではないので、見つからない場合は宿や食堂の人に言って呼んでもらいます。

ボートトリップで回るところは、プー・ウワン(Phu Uwan ພູອວນ)、プー・ターオ(Phu Tao ພູເທົາ)という岩でできた島、ナム・グム湖の対岸にあるフアイプーン(Huay Phun ຫ້ວຍພູນ)という村、白砂のビーチがある島、刑務所になっている島(上陸はできません)、水中に沈んだ木々を伐採しているところ、湖の中に建てられた展望台などで、所要五時間。もっと短い時間であれば上記の中で近いところだ右:水中伐採をしている船。
左:晴れた日のナムグム湖畔。

け回ることになり、当然料金も安くなりますが、船のガイドはより多くの料金が欲しいので長いツアーを勧めてきます。粘り強く交渉しましょう。

ナム・グムから13号線方面に戻るには、まずターラートまで戻らなければなりませんが、乗り物はソーンテーウとトゥクトゥクがあります。チャーターをしない限り、乗り合いになります。人が集まり次第出発ですが、出る順番が決まっていて、荷物を持って乗り場に行けばラオス人がこれから出る車を教えてくれます。ターラートの市場脇には13号線方面へと向かうバスやトラックが待機しているので、行き先を言えば乗る車を指示してくれます。ただ、ターラートからバンビエンやルアンパバーンなど北方面へ向かう車はないので、ポーンホーンで乗り換えとなります。ビエンチャン行きのバスも必ずポーンホーンを通過します。車はけっこう頻繁に出ています。

ダムの側には小さな食堂とレストランがあります。ここでのメインはナム・グム湖で獲れる魚料理ですが、メニューのない店もあるので、事前に料理の名前を覚えておくと良いかもしれません。

❖ すぐ役に立つラオス語3

魚
パー　ປາ

料理
アーハーン　ອາຫານ

魚料理
アーハーン・パペート・パー
ອາຫານປະເພດປາ

食べる
キン　ກິນ

飲む
ドゥーム　ດື່ມ

水
ナム　ນ້ຳ

お湯
ナム・ホーン　ນ້ຳຮ້ອນ

冷たい水
ナム・ジェン　ນ້ຳເຢັນ

「いくらですか？」
タオ・ダイ　ເທົ່າໃດ

ヒンフープの集落と
ナム・リック川に架かる橋。
現在は日本の援助により
新しい橋が架けられています。

ポーンホーン▼ヒンフープ▼ターフーア

ポーンホーンからさらに13号線を北上していくと、すぐ急な坂の峠越えがあり、車はここでガクンとスピードを落とし、ギアをローに入れ、喘ぐように坂を上っていきます。頂上近くの道路の左側には道祖神があります。いつも花が供えられていて車の中から手を合わすラオス人も多いところです。ビエンチャンからほぼまっすぐ平坦な道を北上してきた13号線はこの峠から先、徐々に山間部へと分け入っていくのですが、ここを越えるとカーブが続くようになります。

VIPなど一部のバスを除いて、多くの車が休憩を取るのが、この峠を越えて三〇分ほど行ったところにあるヒンフープ（Hinhup ຫີນເຫີບ）という町。ここにはナム・リック川を越えるための橋が架かっていて、橋の先が北ヒンフープ、橋の手前が南ヒンフープ。橋が狭く一車線しかないので譲り合って通行しています。ビエンチャン方面から来た車も、この橋の手前（南村）で停まるのですが、長い休憩を取る車とさっさと行ってしまう車があります。

車が停まると、手に手に食べ物や飲み物を持った大勢の人が駆け寄ってきます。どうやらバスやトラックの運転手たちは休憩ではなく、ここで買い物をするために停車するようです。

橋の手前は三叉路になっていて、左に行くとビエンチャン県のサナカーム（Xanakham ເມືອງຊະນະຄາມ→183ページ）を経由してサイニャブーリー県（Xayaboury ໄຊຍະບູລີ）のパークラーイ（Paklai ເມືອງປາກລາຍ→177ページ）まで行くことができます。

ヒンフープを出た車はナム・リック川の橋を渡り、およそ四〇分ほどでナム・グム湖の北端近くに差しかかります。13号線から湖が見えるのはここだけです。ここにあるのがターフーア村（Thahua ບ້ານທ່າເຮືອ）。北ターフーア村と南ターフーア村からなり、商店や食堂などは南村のほうに集中しています。13号線沿いにはここの名物、パー・ヘーン（魚の燻製）、パー・ソム（魚を発酵させたもの）、貝などを売る店が並んでいて、乗用車で来たラオス人たちもここでお土産を買い込んでいます。

ターフーア

ターフーア村は北村に二〇〇家族以上、南村には一七五家族が住んでいます。学校はそれぞれの村に一校ずつありますが、寺はワット・ターフーア一つだけ、ちょうど二つの村の中間にある丘の上に建っています。ワット・ターフーアへは13号線沿いから続く石の階段を登っていきますが、ここから村を一望することができます。現在も寄付により建設中の寺には子供も含め一〇人あまりの僧が暮らしていて、境内にはなぜか携帯電話用の電波塔も建っています。市場は北村の先にありますが、たいていのものは南村の商店でも手に入ります。また、中華料理店をはじめ、数軒の食堂が13号線沿いにあります。

ターフーア▼バンビエン

ターフーアからバンビエンまでは車でわずか二〇分ほど。他の町と同じように13号線で待っていれば、北へと向かう車が頻繁に通るので、適当に手を挙げるなりして捕まえましょう。ターフーアを出るとすぐフアイモーという小さな川を渡りますが、その先の三叉路が13号線とサイソムブーン（Xaysomboon ໄຊສົມບູນ）方面へと続く5号線との分岐点です。ここを過ぎるとちょっとした山道ですが、すぐに視界が開け、バンビエン名物の岩山が見えてきます。町に着く少し前、右側の山の手前にはラオスの紙幣（五〇〇〇キープ札）にも印刷されているセメント工場が見えます。昔はバンビエンの町中までバスやトラックが入っていきましたが、現在は13号線の旧アメリカ軍飛行場跡地脇でほとんどの車が停車します。町の中心はこの飛行場跡地のむこう、進行方向左側に広がっています。頑張って歩いていきましょう。

バンビエン

バンビエンはビエンチャンから最も近い観光地で、外国人旅行者の人気ということでは北部のルアンパバーンと双璧をなします。一九九五年には簡素な宿が三軒しかなかった田舎町が大きく変わったのは一九九九~二〇〇〇年のラオス観光年あたりからで、新しいゲストハウスやリゾートホテル、レストラン、インターネットカフェ、ツアーオフィスなど、外国人旅行者を対象とした施設が次々とでき、その建設ラッシュは今もなお続いています。ルアンパバーンも大きく変わった町の一つですが、一九九五年にユネスコの世界文化遺産に町全体が登録されたルアンパバーンは、人々がこの町の魅力を十分理解した上で商売をしているので、町の風景になじ

❖ バンビエンへのバス

▶ ターフーアから所要時間20分、ポーンホーンから2時間弱。

▶ ビエンチャンからはツーリスト向けのミニバスや普通のバスが頻繁に出ていて、ルアンパバーン行きのVIPバスも停車します。
所要時間3時間〜3時間半。

❖ バンビエンの食事

Sanaxay Restaurant
サナーサイ・レストラン
夜、バンビエンで最も賑わうレストラン。店の前で焼かれる鶏、魚、豚肉などが人気。タイ、ラオス料理の他にピザなどのメニューもあります。
8:00 〜 23:30。

Ngeunphanith Restaurant
ゲンパニット・レストラン
同名のゲストハウス併設のレストラン。VCDの上映があり、欧米人旅行者を中心にいつも混んでいます。

Luang Prabang Bakery
ルアンパバーン・ベーカリー
自家製フランスパンのバゲットを使用したサンドイッチやケーキなどが人気の店。コーヒーはラオスコーヒーのほかにカプチーノやカフェオレも。紅茶も種類があります。食事はピザ、スパゲティー、ステーキ、ラオフードなどがあり、料金は高めですが、その分洗練されています。
6:00 〜 22:00。
ラオス正月の時期以外は休みなし。

Nazim & Nisha
ナジム&ニーシャ
ラオス国内に展開するインドレストラン。ラオスの味に飽きたら。

旧市場跡地にある野外レストラン
3軒が並んで営業していて、朝は混んでいます。朝食のセットメニューなどもあります。
(→p.91へ続く)

上:外国人観光客向けのオープンカフェ。
下:対岸のゲストハウスへと
渡るための木の橋。

ゲストハウスや
インターネットカフェが
建ち並ぶバンビエン中心部。

まないような突飛な建物の建設などは自粛しています。一方、バンビエンにはそういう縛りがない分、なんでも自由勝手にやっているという感じで、建築物に関しても調和や一貫性はありません。そうしたことから、バンビエンは旅行者の間でもここが好きという人と嫌いという人、意見が真っぷたつに分かれる町です。

バンビエンには「Happy Pizza」や「Happy Shake」というメニューを掲げているレストランがあります。これはマリファナの葉っぱが入ったもので、市場や一部のゲストハウス、レストランでも入手が可能で、実際それが目的でバンビエンを訪れる旅行者でもいます。しかし、ラオスでもマリファナの所持および服用は規制されているので十分な注意が必要です。

人気の観光地なので、競争の原理も働き、ゲストハウスの宿泊料金やレンタバイクの利用料金はラオスの他の町と比べても安価です。日本人旅行者でここに長期滞在する人も珍しくありません。特にゲストハウスは、近年改装されたり新しく建てられたものが多く、設備も整っていてきれいなところがたくさんあります。宿泊エリアは大別すると三つ。

1—飛行場跡地と平行して走る道路沿いと周辺の路地で、最もゲストハウスが多い。

2—ナム・ソーン川（Nam Song ນ້ຳຊອງ）沿いのエリア。こちらは高級な宿とリゾートホテルが建ち並ぶ。

3—ナム・ソーン川を渡った町の反対側のエリア。バンガローや外国人オーナーの宿があり、欧米人旅行者に人気。

13号線沿いにもいくつか宿はありますが、食事やインターネットをする度に滑走路を越えていかなければならないので、旅行者にとってはあまり宿泊するメリットはないでしょう。宿泊客も外国人よりラオス人のほうが多いようです。

バンビエンでの決まった過ごし方はありませんが、誰でもやるのは町のすぐ側を流れるナム・ソーン川での川遊び。人気は「タイヤチュービング」と言われる大きなタイヤを浮輪代わりにした川下りです。多くの宿やツアー会社などで受け付けをしていて、ある程度人数が集まると浮輪と共にトラックで上流まで運んでくれます。あとはこのチューブを川に浮かべてそれに乗り川を下ってくるだけなのですが、雄大な岩山の風景とラオスの自然を低い目線で楽しめるとあって、ここに来た外国人の多くが体験しています。他にもカヤックやボートをチャーターしてのツアーも人気です。また、川沿いのバー、レストランには自然の木を利用した飛び込み台があって、ターザンよろしくそこに結び付けたロープを使って川に飛び込む遊びなども流行っています。川だけではなく、レンタサイクルやレン

Organic Cafe
オーガニック・カフェ
桑の葉を使った自家製のラオティーを販売するカフェ。レストランがあり食事も楽しめます。町からは4kmほど離れたところにあり、自転車やバイクで行くのもいいですが、タイヤチュービングの際に立ち寄る旅行者も多い。

ナム・ソーン川の中州にあるバー
竹の橋で渡るナム・ソーン川の中州には小さな東屋風の建物が並び、足を川の水に浸けながらビールやジュースを飲むことができます。夕方はここで岩山に沈む夕日を眺めながらビールを飲む人で混雑します。値段はどこも変わりませんが、数軒あるので気に入った店で飲むと良いでしょう。

✣ インターネットカフェ
町中には数多くのインターネットカフェがあります。料金はどこもビエンチャンより高いが、設備の揃ったところが増えてきました。中でもきれいなところは

Magnet
マグネット
8:00～24:00。
WiFi可。i-podの音楽ダウンロードサービスなどもあります。VISA、MASTERカード使用可。バンビエンでは一番接続スピードが速いとオーナー氏。

Wonderland Internet
ワンダーランド・インターネット
8:30～23:30。

✣ マッサージ店
バンビエンにはいくつかラオマッサージをする店があります。お世辞にも洗練されているとは言えませんが、ビエンチャンやルアンパバーンと比べて安価です。

米軍の滑走路跡地には最近、服やCDを売る屋台が出現。地元の若者がよく買いに来ています。
(→p.93へ続く)

タバイクを借りて近郊の村や洞窟へ遊びに行く人もたくさんいます。

市場は数年前に町の北四キロのところに移動してしまったため、町なかにはありませんが、旅行者が必要なものは雑貨屋やゲストハウス併設の売店などで入手可能です。Tシャツなどを売るお土産物屋さんもいっぱいあります。

上：整備されたタム・チャン洞窟内部。
下：岩山と川の風景が美しいパー・タン村。

❖ レンタバイク

レンタバイクやレンタサイクルはラオス国内で最も安いようです。ただしガソリンは自分で入れなくてはならないのと、あまり整備していない車も多いので借りる時は要チェック。短い時間であればディスカウント交渉も可。

❖ 両替

旧滑走路の入り口に銀行がありますが、それ以外にもEXCHANGEと書いてあるところならどこでも両替ができます。ただし、トラベラーズチェックや日本円には対応していないのと、店によってレートが違うのでこれもチェックが必要です。対応通貨は基本的に米ドル、タイバーツ、中国元。

❖ 見どころ

タム・チャン　Chang Cave = Tham Chang　ຖ້ຳຈັງ

ラオスでは最も有名な自然洞窟（タム）の一つ。バンビエンリゾートの敷地内にある橋を渡り、下流方向に少し歩いたところにあります。急な階段を登った先に入り口があり、内部はライトアップされています。8:00〜11:30、13:00〜16:30。時間を過ぎると鉄製の柵を閉めるので注意。

パー・タン　Pha Tang　ຜາຕັ້ງ

バンビエンからルアンパバーン方向に一二キロほど行ったところにある景勝地。13号線とナム・ソーン川が交わるポイントで、橋のたもとでナム・ソーン川は流れの方向をぐるりと一八〇度変えています。川のすぐ近くには地面から生えたような岩山があり、子供たちが川で遊んでいます。

タム・チャン以外の洞窟

ナム・ソーン川にかかるコンクリート橋を渡った先にある進行方向右側の岩山にもいくつかの洞窟があります。ただ、いずれもあまり整備されていない自然の洞窟なので、懐中電灯を持参し、一人ではなく数人で行くのがいいでしょう。くれぐれも無理はしないように。

橋をくぐりながら行く
ナム・ソーン川のボートトリップ。

バンビエン▼カーシー

バンビエンを出て13号線を北上すると、次に差しかかる大きな町がカーシー（Kasy ເມືອງກາສີ）です。ビエンチャン・ルアンパバーン間を走る長距離バスのほとんどがこの町で休憩をとるので、宿は少ないのにやたらと食堂が多く、バスが着いている時だけ多くの外国人旅行者の姿がある不思議な町です。

カーシーで食事休憩を取る長距離バス。

カーシー

カーシーで食事できるゲストハウスは二軒だけ。しかし、Kasy Guesthouse（カーシー・ゲストハウス）は町の中心から遠くルアンパバーン方面に離れた場所にあり、周辺には食堂などもないので、旅行者が利用しやすいのはVanphist Guesthouse（ワンピシット・ゲストハウス）のみです。Vanphist Guesthouseの食堂は長距離バスもよく利用する大型店舗で、トレイに並べられたおかずとご飯という組み合わせの他に、焼飯や麺類などもあります。Vanphistの斜め向かいに湘菜館という中華食堂があります。Lao-Chinaというクリニックが併設されていて、ここの中国人先生の家族が経営しています。メニューはなく、ラオス語、英語も通じませんが、家族は皆フレンドリーで、言葉が通じないとみると、客を厨房に連れていき直接食材を見せ選ばせてくれます。料理は基本的に辛いので注意。

カーシーの周辺には特に観光地らしきところもなく、強いて言えば町外れで見ることができる紙漉き作業の現場や、13号線から二キロの距離にあるナーモーンマイ（Namon mai ນາມອນໃໝ່）というモン族の村ぐらい。夜ともなると寂しい限りで、この町に宿泊する外国人旅行者も稀です。しかし、町には私設の英語教室もあって英語を勉強している若い人も多いようです。

すぐ役に立つラオス語4

自転車
ロット・ティープ　ລົດຖີບ

バイク
ロット・チャック　ລົດຈັກ

自動車
ロット・ニャイ　ລົດໃຫຍ່

レンタルする
サオ　ເຊົ່າ

カーシー▼ナムウーン

カーシーから先は本格的な山岳地帯で、町を出ると右手に連なる岩山群を見ながら、バスはどんどん標高を上げていきます。面白い風景としては、カーシーを出てほどなくすると目に入る小さな双子の山があります。山と山の間には鉄塔が建てられ、送電線が走っています。ここを過ぎるとカーブが続くようになります。進行方向右側が開けているので、もし空いていれば右側の席を確保したほうが景色を楽しむことができます。

13号線を行くバスから
見える風景。

ナムウーン

カーシーから二キロ行った13号線沿いに温泉があります。温泉はラオス語でナムホーン（ホーンは「暑い」または「熱い」）とかナムウーン（ウーンは「あたたかい」）とか言います。お湯の温度が違うからではなく、場所によって呼び方が違うだけのようです。この温泉は正確にはカーシーの温泉、「ナムウーン・カーシー」ですが、このあたりには温泉はここしかないので、ナムウーンと言えばだれでもわかります。温泉は山から湧き出ているのですが、二〇〇五年にこの温泉のお湯を溜めるコンクリート製のプールが完成し、翌年二〇〇六年にはこのプールを見下ろす高台にリゾートバンガローが完成しました。外国人旅行者はまだあまり来ませんが、長距離トラックの運転手などにはよく知られていて、荷物を運ぶ途中で立ち寄って湯を楽しんでいます。目の前に見える不思議な形をした山はプー・パーチャオ（Phu Pha Chao ພູຜາເຈົ້າ）。大自然の中の温泉です。

カーシーから所要時間三〇分。ナムウーン行きの車はないので、北部へ行くバスなどで途中下車するのが一般的。カーシーの市場脇にあるトラック乗り場からも比較的近い村などへ行くトラックが出ていますが、出発時間や目的地がわかりづらいので、13号線の食堂前などに停まるルアンパバーン行きのバスを狙ったほうが楽です。バスはビエンチャン発のものが多く、朝早い時間にビエンチャンを出発してきたバスなら一〇時から一一時ぐらいにカーシーに到着します。日中いっぱいは交通量も

✣ すぐ役に立つラオス語5

右

クワー　ຂວາ

左

サーイ　ຊ້າຍ

「ありがとう」

コープチャイ　ຂອບໃຈ

「ごめんなさい」

コートート　ຂໍໂທດ

多いのですが、夕方になると極端に車が減るので、遅くとも昼過ぎにはここを出る車を捕まえておいたほうがいいでしょう。バスに乗る時には行き先を聞かれるので、車掌に「ナムウーン」と伝えます。

ナムウーンにある宿はNamoun Resort（ナムウーン・リゾート）一軒だけです。バンガローとゲストハウスがあります。バンガローは全部で五つ。温泉プールの先に入り口があり、部屋はすべてトイレ付き。一つだけエアコンが付いた部屋があります。ゲストハウスは温泉プールの手前すぐ脇にありますが、こちらはあまりきれいではありません。いずれも宿泊の時は道路を挟んで温泉の反対（谷側）にある食堂で申し込んで、鍵をもらいます。バンガローはスタッフが新しいタオルや石鹸を持って部屋まで案内してくれます。部屋にはシャワーも付いていますが、こちらからは熱いお湯が出ません。スタッフによれば部屋のシャワーも温泉なのだそうですが、一度バンガローの上の方にあるタンクまでポンプで汲み上げているので、どうしてもぬるくなってしまうのだそうです。

温泉は二四時間入ることができますが、ラオス人が入るのはだいたい夕方頃が多いようです。トラックなどの運転手をはじめ、近隣に住む住人、リゾートの目の前にある駐在の警察官も入りに来ます。温度は日本人にとってはぬるく、ラオス人にとっては熱いようです。ラオス人は道路に近い、最も下流のところか、その下の川で体を洗ったりしていますが、お湯が流れ出てくる小さな橋のあたりが一番温度が高いので、温泉に浸かるにはその付近がおすすめです。体は皆、温泉の中で洗っています。入浴料は無料です。

食事ができる場所も、ここの食堂一軒しかありません。食堂には英語のメニューもあり、

気温が下がった早朝、
湯気があがる温泉プール。

ビールやジュースなどの飲み物、お菓子、タバコなども売られています。食事は出前してもらい、バンガローで食べることも可能です。

ナムウーン▼サーラープークーン

ナムウーン発の車はないので、他の町に移動する場合はここを通過する車を国道13号線に出て捕まえます。ルアンパバーン方面行きのバスは、一一時過ぎぐらいからやってくるので、その ぐらいをめどに荷物をまとめ、食堂の前で待つようにしましょう。バスは次々とやってくるので、もし乗り損なっても次のを待てばいいでしょう。焦る必要はありません。

ナムウーンからサーラープークーンまでは三四キロ。ずっと山岳地帯で、サーラープークーンまではほとんどが上りのため、バスは右へ左へとハンドルを切りながらゆっくりと登っていきます。

最も険しい
ナムウーン▶プークーン間。

村で採れた野菜を売るモン族の女性たち。

サーラープークーン

サーラープークーン（Sala Phoukhoune ສາລາພູຄູນ）は、13号線とシエンクアーン県（Xiengkhuang ແຂວງຊຽງຂວາງ）方面へ行く7号線の分岐点にある集落で、多くの地図やガイドブックには「プークーン（Phou Khoune）」と表記されていますが、サーラープークーンと「サーラー」を付けたほうが通じやすいようです。サーラーというのは「集会所」とか「休憩所」という意味です。かつては交通の便が悪く、ビエンチャンからルアンパバーンに行くまでとても時間がかかったので、プークーンで休憩を取るのが普通でした。それで「サーラープークーン」と呼ぶようになったということです。

ここの住民の七〇％はカム族で、ラオス語の他に彼らの言語であるカム語が話されています。また三叉路付近で野菜を売っているおばさんたちはモン族。通常ラオス人と呼ばれるラオ族の人はほとんどいないそうです。

標高が高いので乾季ともなると夜はかなり気温が下がります。ここに宿泊する場合はフリースや長袖など、防寒対策をしていったほうがいいでしょう。ナムウンからサーラープークーンまでは所要時間四〇分。サーラープークーンにある宿はいずれも昔ながらの簡素な宿でホットシャワーやエアコンなどはありません。

❖見どころ

三叉路からシエンクアーン方面に二キロ行ったところに自然洞窟があり、案内板も出ています。また、ビエンチャン方面に一・五キロほど行ったあたりに左に入る道があり、その先にある市場跡を過ぎてさらに進むと、戦勝記念の白い塔がある丘の上まで登れます。ここからはサーラープークーンの風景をパノラマで見ることができます。

サーラープークーン▼ルアンパバーン

サーラープークーンからルアンパバーンに行くにはいくつか方法がありますが、他の町から来たバスを捕まえるのが一番です。ソーンテーウも出ていますが、ルアンパバーンまで行くものはあまり多くありません。途中止まりのソーンテーウに乗ると、結局はあとから来たバスに乗り換えることになるからです。

バスに乗る場合も行き先確認は必要です。ビエンチャン方面から来たバスでも7号線でポーンサワン（Phonsavan ເມືອງໂພນສະຫວັນ→132ページ）方面へ行くバスがあるからです。ルアンパバーン以北の町へ行くバスは、サムヌア（Xamneua ເມືອງຊຳເໜືອ→150ページ）行きのみ、ルアンパバーン経由とポーンサワン経由の二系統があるので要注意。他のウドムサイ県（Oudomxay ແຂວງອຸດົມໄຊ）、ポンサーリー県（Phongsaly ແຂວງຜົ້ງສາລີ）行きなどはルアンパバーンを通ります。

サーラープークーンからルアンパバーンまでの道は相変わらず山道ですが、ここからはしばらく急な下りが続きます。バスによってはかなりスピードを出す運転手もいるので、車に弱い人はあらかじめ薬を飲んでおくことをおすすめします。道路周辺にはモン族やカム族の村があり、お正月や結婚式の時などは民族衣装で着飾った姿を見ることができます。

サーラープークーン↓ルアンパバーン間でバスが停車、休憩を取る場所はナム・カーン川（Nam Khan ນ້ຳຄານ）に架かる橋を越えたところにあるバンパン（Vang Pang ວັງປັງ）と、サイニャブーリー（Xayaboury ໄຊຍະບູລີ）方面へ行く4号線の分岐点にあるシエングン（Xiengngeun ເມືອງຊຽງເງິນ）の二ヵ所。ただし、VIPバスだとほとんど停まりませんし、普通のバスでも乗客の乗り降りや運転手の休憩するタイミングによるので、必ず停まるというわけではありません。

シエングンまで来ると、道はかなり平坦でカーブもゆるやかになります。山の上からナム・カーン川の流れる雄大な景色を見ることもできます（右側の席）。

シエングンを出ると一時間弱でルアンパバーンの南バスターミナルに到着します。ターミナルから町の中心地まではトゥクトゥクなどを利用し行くことになりますが、一人で乗ると割高になるので、他の旅行者とシェアして行くほうがいいでしょう。また、ルアンパバーンは有名な観光地なので、ゲストハウスのスタッフが客引きに来ていることもあります。彼らの勧めるゲストハウスに宿泊する場合は、無料で連れていってくれますので、そういう選択肢もあります。

メコン川に停泊するラオス伝統のロングボート（スローボート）。

シエンメーン村
ワット・シエンメーン
ワット・チョーンペット
↖シエンメーン村
船着場
国立博物館
ワット・チョムコーン
ワット・シエンムアン
パークウー →
船着場
ワット・シエントーン
サッカリン通り
セーンスックGH
ワット・シーブンフアン
サワーンウォン通り
サイナムカーンGH
ナム・カーン川
ラーサウォン通り
コールドリバーGH
空港・北バスターミナル →

ホテル
ゲストハウス
レストラン
寺院
市場
その他
メコン川
ポマチャン・コーヒー
ル・タム・タム・ガーデン
郵便局
チャオファーグム通り
ワット・パマハータート
チャオトーンカム通り
タラート・ポーシー
ワット・タートルアン
スワンナプーム通り
キッサラート通り
中国飯店
ポンドビュー・テラス・レストラン
ワット・マノロム
マノーマイ通り
南バスターミナル

ルアンパバーン

ルアンパバーンのメインストリート。
シーサワーンウォン通り。

ルアンパバーン

ルアンパバーン（Luangprabang ເມືອງຫຼວງພະບາງ）は一九九五年にユネスコの世界文化遺産に登録された町で、メコン川とナム・カーン川が交わるあたりに広がる旧ラーンサーン王国の王都です。ラーンは一〇〇万、サーンは象、つまりラーンサーン王国は「一〇〇万の象」の国という意味です。

ルアンパバーンはその昔、「ムアン・スワー」と呼ばれていましたが、七五七年に伝説の王クンローがここにラーンサーン王国を樹立し、「ムアン・シエントーン（トーンは黄金の意味。黄金の都）」と名づけました。その後、クンローの子孫、ファーグム王がメコン川沿いのいくつかの小国を統一して、一三五三年、ラーンサーン王国をラオス最初の統一国家とし、その中心地のムアン・シエントーンを王都に定めました。ラーンサーン王国はその後、領土を拡大して繁栄し、一五六〇年に王都をムアン・シエントーンからビエンチャンに移します。この時、ムアン・シエントーンがルアンパバーンと改名されました。しかし、一八世紀にはルアンパバーン王国、ビエンチャン王国、南部のチャムパーサック王国の三つに分裂してしまい、いずれもシャム（今のタイ）の支配下に入ります。その後、フランスが現在のベトナム、ラオス、カンボジアを「インドシナ連邦」として植民地化しますが、第二次世界大戦終結後、三国の独立運動が盛んになって、フランスのあとを引き継いだアメリカをベトナムが打ち破り（一九七五年）、ラオスもカンボジアも相次いで独立して現在に至っているわけですが、ルアンパバーンはこの間ずっと「王都」としての繁栄を維持してきました。

近年の観光客の増加に対応するように町の整備も進み、宿泊施設や旅行代理店、カフェやレストラン、ベーカリーなど、旅行者が必要とするものはほとんど揃っていることから、ラオスで最も過ごしやすく居心地の良い町と言われています。町の中心となるのはシーサワーンウォン通り（Sisavangvong ຖະໜົນສີສະຫວ່າງວົງ）です。先に進むとサッカリン通り（Sakkarine ຖະໜົນສັກກະລິນ）と名前を変えるこの目抜き通りには、多くのレストラン、ブティック、カフェなどが集中しています。また、国立博物館やプーシー（Phou Si ພູສີ）、ワット・マイ寺院（Vat Mai ວັດໃໝ່）、ワット・シエントーン寺院（Vat Xiengthong ວັດຊຽງທອງ）など、観光の対象もたくさんあり、朝の托鉢風景から夜のナイトマーケットまで旅行者の姿が絶えません。毎年四月、ピーマイ・ラオ（ラオス正月）の時には、この通りでパレードが行なわれ、大混雑します。

❖ ルアンパバーンの食事

ルアンパバーンにはたくさんのレストランやカフェがあります。ここでは旅行者に人気のある店を中心に主要なものだけ紹介します。

カオソーイ屋

セーンスック・ゲストハウスの並びにある日本人の間では有名な店。カオソーイとはラオス北部でよく食べられている辛子味噌を乗せた坦々麺風のもので、麺は少し平たいきしめん状。お隣のタイにもチェンマーイ名物で同名のものがありますが、ラオスのものは全くの別物です。

カオピアック屋

こちらも日本人に大人気の店で、場所はワット・シエントーンの近く。日本語のメニューがあります。正確には「カオピアック・セン」と言い、日本のうどんに近い鶏の出汁の効いた麺です。

Thao Teng ＆ Nang Lea
ターオテン＆ナーンレー

ワットマイ近くで営業する5000キープで食べ放題のビュッフェ。焼飯や焼きそば、サラダ、生野菜、野菜炒め、果物などプレートに乗せられるだけ乗せてこの値段。ベジタリアンと書いてあるので、それ以外のものは別料金になってしまいますが、それでも安い。路地に沿ってテーブルと椅子が出ています。

Pomachan Coffee
ポマチャン・コーヒー

郵便局からメコン川に向かい、川に突き当たった左側2軒目にあるコーヒー屋台。たくさんのファンを持つこの店は1992年開業で、当時この店の主だったポマチャンの人柄が多くの旅行者を惹きつけました。2004年にポマチャンが亡くなったあとは、彼の妻と家族が店を引き継ぎ切り盛りしています。日本人の間でも有名な店で、日本語のメッセージが書かれたノートや鶴の折り紙などが大事に保管されています。

（→p.109へ続く）

黄金の仏塔が輝くプーシー。

ルアンパバーンが旅行者、特に外国人に人気が高いのは、「世界遺産」に登録されたということもあって、古い町並みを大事にしているからでしょう。日本の京都と同じように、古都としての雰囲気を崩さず、開発を行なっているのです。町なかにある店の多くはフランス統治下時代に作られた古い建物の雰囲気を壊さずに改装したアンティークな造りに仕上げられていて、それが歴史を感じさせる古都としての統一感を生み出しています。

　また、郊外に特徴のある観光地を多く持つのもルアンパバーンの魅力の一つです。酒造りや焼き物、機織り、紙漉き、川海苔作りなど、それぞれ異なる特産品を持った村々。タート・クアンシー滝（Tad Kuangsi ຕາດກວາງຊີ）やタート・セー滝（Tad Sae ຕາດແຊ້）、無数の仏像を安置した川沿いの洞窟など、遊びに行けるスポットは豊富です。

　さて、まずは宿泊先を決めなくてはなりません。ルアンパバーンには高級ホテルからゲストハウスまで多くの宿泊施設がありますが、外国人旅行者の急増により、けっして十分な数の宿があるとは言えません。多くの旅行者がメコン川沿いや、メインストリートのシーサワーンウォン&サッカリン通り周辺の宿を選ぶため、いいところは常に満室に近い状態で、新年のお祭りの時期などになると宿泊は大変難しくなります。
　問題なのは、ルアンパバーンに来るバスや船の多くが夕方に着くということです。同じ時間に大量の旅行者がこの町にやってきて宿泊先を探すので、メコン川沿いなど、良いロケーションにある宿はすぐに満室になってしまい、重いバッグを背負って空室を探す旅行者が道にあふれるということになります。したがって、ルアンパバーンで宿泊する際はあらかじめ自分が宿泊したい場所を決めておき、町に到着したらすぐに目的の宿へ向かうのが理想です。さらに、そこが満室だった時のことも考え、第二希望、第三希望の宿も考えておいたほうがいいでしょう。トゥクトゥクなどを利用する場合は、ドライバーに「もし満室だったら違う宿へ連れて行ってほしい」と伝えておいたほうが確実です。

Le Tam Tam Garden
ル・タム・タム・ガーデン
エインシャント・ルアンパバーン・ホテルの並びにある大型レストラン。スパゲティーやステーキなどのメニューがあり、大型店には珍しくスタッフはフレンドリーです。

シンダート・レストラン
ラオス風焼き肉「シンダート」を食べさせる店。場所は、郵便局からメコン川に向かいメコン川沿いの道を右折した右側。地元のラオス人でいつも混んでいます。

中国飯店
タラート・ダーラー向かいの角にある老舗の食堂。午前中はコーヒーとフランスパンのサンドイッチを食べるラオス人で混み合います。ここのサンドイッチはパテを挟み、辛いタレをかけたラオスタイルのサンドイッチです。

Pondview Terrace Restaurant
ポンドビュー・テラス・レストラン
キッサラート通りにある、敷地内に池を持ったタイ料理のレストラン。緑に囲まれた中で食事をすることができますが、蚊が多いので注意。

フランスパンのバゲットサンドはここでも定番。

❖宿の特徴

1―メインストリート周辺

シーサワーンウォン＆サッカリン通り周辺は、中級から高級のホテルと、ゲストハウスでも値段の高い宿があるエリアです。客層も、若い人より、年配の方が多く宿泊するエリアで、個人客よりも団体やツアーで来た人の姿が目立ちます。

2―メコン川沿い

リバーサイドレストランも多く、欧米のバックパッカーに最も人気があるエリア。スローボートを降りた旅行者が真っ先に向かうエリアでもあります。

3―ナム・カーン川＆スイカ寺（ワット・ビスンナラート）周辺。

ナム・カーン川に出る路地には安宿が集中し、日本人や韓国人バックパッカーに人気の高いエリアです。また、川からまっすぐに延びるマノーマイ通りにもゲストハウスが点在しています。

4―郵便局裏側のエリア

チャオファァーグム通り（Chao Fa Ngum ຖະໜົນເຈົ້າຟ້າງຸ່ມ）の郵便局から噴水までの間からメコ

上：フランス領時代に作られた建物をリノベーションしたレストラン。
下：メコン川沿いの道とトゥクトゥク。

外国人に人気の食べ放題ビュッフェ

ン川に出る路地には、低価格の小さなゲストハウスがたくさんあります。混む時期で宿が取りにくい場合は、このエリアにあるゲストハウスを回ってみることをおすすめします。

5—チャオトーンカム通り

郵便局のある交差点からタラート・ダーラー（ダーラー・マーケット）方向に向かい、右手の学校の脇を入る道がチャオトーンカム通り。ここには、コストパフォーマンスの高い宿が数軒並んでいます。

❖見どころ

町なか

ワット・シエントーン

ルアンパバーンの古い名前「シエントーン」の名前が付いたお寺。セーターティラート王が一五六〇年に建設したこの寺は、幾重にも重なったなだらかな屋根が特徴のルアンパバーン様式で、ラオスで最も美しい寺とされています。ナム・カーン川がメコン川に流れ込む河口の近くに位置していて、メインの入り口はサッカリン通りではなく、スワンナプーム通りに面しています。通りから階段を昇っていくとすぐ、横を向いた本堂と広い境内が姿を現します。美しい本堂はもちろんですが、本堂の斜め向かいにある建物内には、「最後の王」

❖ すぐ役に立つラオス語6

連れていく
パー・パイ　ພາໄປ

美しい
ガーム　ງາມ

珍しい
ハー・ニャーク／ペーク
ຫາຍາກ, ແປກ

大切
サムカン　ສຳຄັນ

上：ワット・シエントーンに保管されている霊柩車。
下：ピーマイ・ラオ（ラオス新年）、
対岸のバーン・シエンメーン村に渡って
砂の山（タート・サイ）を作る人々。

シーサワーンウォン王の葬儀で使用した霊柩車が納められています。竜を象った金色に輝く霊柩車は必見です。また、本堂裏側の壁にある黄金の木のモザイクや、そのすぐ脇にある、ピンクの壁にモザイクが施されたレッドチャペルも大変美しいものです。四月のピーマイ・ラオ（ラオス正月）の時には、この境内で「プーニュー、ニャーニュー（ルアンパバーンの祖先の霊）」による奉納の舞いが行なわれます。

ワット・マイ

博物館の近く、シーサワーンウォン通り沿いに建つ赤い五重の屋根が特徴のお寺。一八二一年に作られた比較的新しいお寺で、正式名称はワット・マイ・スワンナプーム・アハーム（「美しい黄金の地の新しい寺」の意）。本堂の壁にあるインドの叙事詩「ラーマーヤナ」をモチーフとした黄金のレリーフは大変美しく、ほとんどの旅行者が写真を撮ります。本堂内には装飾を施した二隻のボートがあり、年に二回、四月の「ピーマイ・ラオ」と一〇月の「ブン・スアン・フア（ボートレース）」の時に表に出します。ピーマイ・ラオには、ふだん博物館内に安置されている、ルアンパバーンの名前の由来ともなっている「パバーン仏」

がこのお寺まで運ばれてくるので、聖水をかけるラオス人でいっぱいになります。8：00～17：00。

国立博物館 ຫໍພິພິທະພັນແຫ່ງຊາດ

元々は王宮であった建物を利用して造られた歴史博物館。かつての王族たちの暮らしを偲ばせる絢爛たる装飾品や家具、海外の国々からの王家への贈答品など、貴重な品々を見ることができます。博物館の敷地内では、ラオスの伝統舞踊のショーも開催されています。8：00～11：30、13：30～16：00（閉館間際だと入場できないことがあります）。入場料 二万キープ。火曜日は閉館。短パンやミニスカートなど、肌の露出が高い服装では入れません。伝統舞踊のショーは別料金。プログラムなどが配られています。

プーシー

国立博物館の前にある小高い山。三二八段ある階段を登っていくと、頂上からルアンパバーンの町を一望することができます。頂上にはタート・チョームシー（That Chom Si ທາດຈອມສີ）という小さな白と金色の仏塔が建っています。ここもピーマイ・ラオの時

❖ ルアンパバーンの飛行機

空港はナム・カーン川を渡った町の北側にあります。ナム・カーン川に架かる古い橋は現在通行不能のため、空港に行くにはニューロードに架かる新しい橋を通って行きます。町の中心部から空港へは乗り合いのトゥクトゥクで15 ～ 20分。値段は要交渉です。空港から市内へは、空港ターミナル内にある販売所でチケットを買い、タクシーを利用するのが一般的ですが、少し高め。国道13号線まで出れば、流しのトゥクトゥクや北の町から来るバスを捕まえて乗ることもできますが、少し歩かなくてならないのと、タイミングによってはなかなか車が来ないこともあるので、待たなければならないかもしれません。

国際線

タイ

▶**バンコク**

▶**チエンマーイ**

カンボジア

▶**シェムリアップ**

ベトナム

▶**ハノイ**

国内線

▶**ビエンチャン**

▶**ポーンサワン**

▶**パークセー**

▶**フアイサーイ**

（→p.115へ続く）

には大勢のラオス人がろうそくを手にお参りに来ます。

ワット・ビスンナラート

ずんぐりとした独特の形をした仏塔を持つ寺院。この仏塔の形から別名ワット・マックモー（スイカ寺）とも呼ばれています。7：00〜17：00。

ワット・タートルアン　Wat Thatluang ວັດທາດຫຼວງ

スイカ寺とは対照的に鋭角でシャープな形の仏塔を持つ寺院。境内にシーサワーンウォン王の墓があります。7：00〜17：00。

タラート・ダーラー　Talat Dala ຕະຫຼາດດາລາ

以前はルアンパバーンの中心的市場でしたが、改装を行ない、ブティックなどが入るショッピングモールへと変身しました。

タラート・ポーシー　Talat Phosy ຕະຫຼາດໂພສີ

タラート・ダーラーの改装、閉鎖に伴い、ルアンパバーンのメインマーケットになった市場。生鮮食品や雑貨など、ありとあらゆるものが揃う大型マーケットで、地元のラオス人でいつも混んでいます。郵便局あたりから歩いて三〇分ほど。トゥクトゥクに乗れば五分ぐらいで到着します。5：00〜17：00

路上の朝市で
メコンで獲れた魚を売る女性たち。

ナイトマーケット

メインストリートであるシーサワーンウォン通りとキッサラート通りとの交差点から国立博物館までの間で毎日開かれます。モン族の人が多く、カラフルな刺繍が入った布や鞄、クッション、スリッパ、テーブルクロスなど、さまざまなものが売られています。タイ・ダム（黒タイ）族の人も大勢いますが、なぜか彼女たちはメインストリート脇の歩道に固まっています。また、エインシャント・ルアンパバーン・ホテルの脇から入る路地には、夕方からたくさんの食べ物屋台が営業を開始します。簡素な椅子とテーブル、裸電球の下で食べるラオスフードもたまには悪くないでしょう。

郊外

タム・パークウー洞窟　Pak Ou Cave　ຖ້ຳປາກອູ

ルアンパバーンの町からメコン川を二五キロ遡ったところにある洞窟で、タムティン、タムブンという二つの洞窟から成ります。メコン川に向いて口を開いたタムティ

❖ ルアンパバーンの船

スピードボートとスローボートの乗り場は違うので注意。スピードボートの乗り場は、北バスターミナルから13号線をさらに北に行った、町からだと5キロほど離れたところにあります。朝9時ぐらいから、人が集まり次第出発しているようです。

スローボートの乗り場は国立博物館の裏側あたりで、ブースでチケットを買い、出発時間になったら船に乗り込みます。各地で道路建設が進み、長距離バスのサービスもよくなったので、船を使うラオス人は減ったようです。ビエンチャンまでの定期便ももう運行していません。

スピードボート

▶タースアン

Thasuang　ທ່າຊວງ

＝サイニャブリー県のホーンサー（Hongsa　ຫົງສາ）への入り口にある村

所要時間2時間半

▶パークベーン

Pakbeng　ປາກແບງ

所要時間3時間

▶フアイサーイ

Huayxai　ຫ້ວຍຊາຍ

所要時間6時間

途中パークベーンやパークター（Paktha ປາກທາ）で給油、あるいはボートの乗り換えあり。

スローボート

▶タースアン

所要時間7時間

▶パークベーン

所要時間8時間

▶フアイサーイ

所要時間2日。

途中パークベーンで1泊

▶ノーンキアウ

所要時間5時間

（→p.117へ続く）

メコン川から見たパークウー洞窟。

ンの中には数えきれないほどの像が並び、訪れる人を圧倒します。タムブンはタムティンからさらに一五分ほど山を登ったところにあり、中には同じく仏像が幾つか安置されていますが、洞窟内は真っ暗のため懐中電灯などの照明が必要です。二つの洞窟近くでは鳥籠を抱えた子供たちを目にします。彼らから鳥を買って逃がしてやると、鳥に自由を与え、徳を積んだことになります（「タムブン」と言います）。パークウーの「パーク」は「口」の意味で、ナム・ウー川がメコン川に合流する河口に位置しているので、この名がつきました。メコン川を挟んで対岸に見える村はバーン・パークウー村です。

バーン・パークウー村

Ban Pak Ou　ບ້ານປາກອູ

メコンを隔ててタム・パークウー洞窟の

反対側、ナム・ウー川とメコン川が合流する地点にある村で、村民が仕掛けや網を使って魚を獲っています。この村で獲れた魚はルアンパバーンの市場で売られています。村の中では仕掛けや網の補修作業などを見ることができ、運が良ければ漁の様子なども見学できるでしょう。

バーン・サーンハイ村　Xanghai　ບ້ານຊ່າງໄຫ

ラオスの焼酎「ラオラーオ」造りで有名な村。酒造りの工程を見られます。酒やみやげ物の販売所もあります。

バーン・ムアンカム村　Muangkham　ບ້ານມ່ວງຄຳ

ルアンパバーン名物の川海苔（カイペーン）を作っている村。サーンハイ村、パーク・ウー洞窟と同じくメコン川をさかのぼったところにあります。サーンハイ村とは反対側。船でしか行けません。ルアンパバーンから片道三〇分。川海苔はナム・スアン川というメコンの支流で採取してきて、この村で型に入れ、紙漉きの要領で板状の海苔にします。

❖ ルアンパバーンのバス

ルアンパバーンには、目的地別に北バスターミナルと南バスターミナルの2つのバスターミナルがあります。また、タラート・ポーシーとニュースタジアムの間には、主にソーンテーウが発着する乗り場があります。

ベトナム各地へのバスもルアンパバーンから発着しているようですが、バスターミナルには案内がなく、市内にある旅行代理店などで取り扱っているようです。

南バスターミナル
Ban Na Luang South Bus Terminal

▶ビエンチャン

所要時間9～10時間

▶バンビエン

所要時間6～7時間

▶カーシー

ビエンチャン、バンビエン行きに乗り途中下車。

所要時間5時間半

▶ポーンサワン

Phonsavan　ໂພນສະຫວັນ

所要時間8時間

▶ルアンナムター

Luangnamtha　ຫຼວງນ້ຳທາ

所要時間8～9時間

▶サイニャブリー

Xayaboury　ໄຊຍະບູລີ

所要時間4時間

北バスターミナル
North Bus Terminal

ビエンチャン発ルアンパバーン以北の町行きのバスは、この北バスターミナルに立ち寄ります。以下はビエンチャン発のバスのため、明確な出発時間は決まっていません。

▶ポンサーリー

Phongsaly　ຜົ້ງສາລີ

所要時間15時間

▶サムヌア

Xamneua　ຊຳເໜືອ

所要時間16時間

（→p.119へ続く）

上:船のガソリンスタンドもやっぱり船。
下:酒造りの村の子供たち。

バーン・サーンコーン村 Xangkhong ບ້ານຊ່າງຄ້ອງ

バーン・シエンレック村 Xienglek ບ້ານຊຽງເຫຼັກ

ルアンパバーンからナム・カーン川を渡った先にある村。二つの村は隣接していて、織物の工房やショップが点在しています。

バーン・パーノム村 Phanom ບ້ານພານົມ

かつては機織りの村としてラオスで最も有名だった村。布の大型展示販売場、多くのショップがありますが、村ではあまり機織りの姿を見かけなくなってしまいました。

ワット・ポーンパオ寺院 Wat Phonhphao ວັດໂພນເພົາ

プーシーの丘からメコン川の反対側を見ると山の中腹に見える金色の仏塔を持つお寺。位置はバーン・パーノム村へ行く途中。

アンリ・ムオの墓

カンボジアのアンコールワットやタイ、ラオスの遺跡などを探検したフランス人アンリ・ムオ(Henri Mouhot 一八二六～六一年)は、探検途中でマラリアにかかりラオスのジャングルで亡くなっています。彼の墓と記念碑はルアンパバーンに建てられましたが、ナム・カーン川の氾濫によって行方不明となり、一九九〇年に発見されました。場所はバーン・パーノム村からナム・カーン川沿いの道を進んだ先で、彼の名前が刻まれた白い柩状の墓を見ることができます。

バーン・ヌーンサワート村　Noonsavath　ບ້ານນູນສະຫວາດ

アンリ・ムオの墓から同じ道をさらに進んだところにある、タバコの栽培を行なっている村です。

バーン・シエンメーン村　Xiengmen　ບ້ານຊຽງແມນ

ルアンパバーンの町のメコン対岸に広がる村。村の中にあるワット・シエンメーン寺院（Wat Xiengmen ວັດຊຽງແມນ）には、椰子の葉に文字を刻んだ「バイラーン」（貝葉）と呼ばれる古い貴重な書物が保管されています。ルアンパバーンから気軽に渡れることから、最近は観光客向けのカフェなどもできてきました。ピーマイ・ラオの時は大勢の人がこのシエンメーン村に渡り、「タート・サイ」という砂山（「勝利の仏塔」の意）を作り、家族の発展と健康を祈願します。

バーン・ムアンカム村で海苔を作る女性。

▶フアイサーイ

Huayxay　ຫ້ວຍຊາຍ

所要時間17時間

以下のバスはルアンパバーン始発

▶ポンサーリー

所要時間15時間

▶フアイサーイ。

行き先表示はボーケーオ

Bokeo　ບໍ່ແກ້ວ

所要時間17時間

▶ルアンナムター

所要時間9時間

▶ウドムサイ

Oudomxay　ອຸດົມໄຊ

所要時間5時間

▶パークモーン

Pakmong　ປາກມອງ

所要時間2時間

▶ナムバーク

Nambark　ເມືອງນ້ຳບາກ

所要時間2時間半

▶ノーンキアウ

Nongkhiaw　ໜອງຂຽວ

所要時間4時間

▶ビエンカム

Viengkham ວຽງຄຳ

所要時間4時間

▶パークセーン

Pakxeng ປາກແຊງ

所要時間2時間半

▶ポーンサイ

Phonxay ໂພນໄຊ

所要時間2時間

整備される前のクアンシーの滝。

バーン・チャーン村　Ban Chan　ບ້ານຈານ

ルアンパバーンからボートで一五分ほどメコン川を下った、メコンの対岸にある村。素焼きの焼物作りで有名です。天日で乾かしているので、雨季よりも乾季のほうが楽しめます。

タート・クアンシー滝　Tad Kuangsi　ຕາດກວາງຊີ

ルアンパバーンから三二キロ行ったところにある滝。以前はラオスで最も美しいと言われ、幾重にも重なった白い石灰質の岩の上を流れるライトブルーの水が見事でしたが、一番下の部分が崩落し、今は普通に流れ落ちる滝になっています。周辺は整備が進み、簡単な食事や飲み物を提供する店や、みやげ物店、虎や熊がいる動物園があります。滝に向かって右側から続く細い道を登っていくと滝の上に出ることができ、周辺には小さな自然のプールがあります。9:00～18:00。

タート・セー滝　Tad Sae　ຕາດແສ້

石灰岩でできた沢山のプールがある落差のない滝で、13号線をビエンチャン方面に一三キロほど行ったバーン・エーン村（Aen ບ້ານແອນ）から、舟に乗って五分ほどのところにあります。近くに象のキャンプがあり、ショーやエレファント・ライドを楽しむこともできます。

カム・ロッジ　Kamu Lodge

ルアンパバーンからメコン川を四四キロ遡ったところにあるエコ・ロッジです。少数民族カム族の集落に隣接し、敷地内には二〇あまりの宿泊棟とレストラン、バーなどが用意されています。ヘッドオフィスはビエンチャンにありますが、EXOTISSIMO（エキソティッシモ）という旅行代理店でも申し込みを受け付けています。ルアンパバーンからは専用の船で行きます。

これらの村や滝などへは、カムロッジを除いて、トゥクトゥクなどと交渉し自力で行くこ

ラオス定番の朝ごはん、
カオピアック（麺）と
カオピアックカオ（お粥）。

ともできます。メコン川沿いの通りなどでは「ツアーに行かないか？」と、トゥクトゥクのドライバーや船の船頭などが旅行者に声をかけてきますが、基本的に料金は交渉制です。料金表を持っているドライバーもいるので、自分の行きたいところを伝え、それらを回るといくらになるのか、時間はどのくらいかかるかを事前に確認しておいたほうがいいでしょう。また、トゥクトゥク、船、いずれの場合も、料金は一台、一隻のチャーター料金となるので、一人で行くよりも他の旅行者や友達を誘って大勢で行ったほうがお得です。市内の旅行代理店でも上記の場所を巡るツアーの申し込みを受け付けています。店により料金、コースが違うので、確認してから申し込むと良いでしょう。

緑色の水を湛えるタート・セー。

第三章

壺の平原とラオス愛国戦線の故地へ
——国道7号線と6号線の旅

大人用の自転車を押すラオスの女の子たち。

カム族の伝統家屋。

竹の浮力を利用した
フローティングブリッジ
を渡る人たち。

サムヌアの市場。

サーラープークーン▼ムアンスイ

国道7号線はサーラープークーン（Sala Phoukhoune ສາລາພູຄູນ）からポーンサワン（Phonsavan ເມືອງໂພນສະຫວັນ）を経由し、ベトナム国境のナムカン（Namkan ນ້ຳກັ່ນ）まで延びる道です。以前は道の状態が悪く、車の通行が困難だったため、ビエンチャンやルアンパバーンからポーンサワンへと向かうバスは国道1号線を使い、大きく迂回していましたが、整備が進んだことによって、現在はこの7号線がポーンサワンへと向かうメインルートとなり、時間も大幅に短縮されました。

ビエンチャンやルアンパバーンから来たバスはサーラープークーンで休憩を取ったあと、この7号線を通ってポーンサワンへと向かいます。サーラープークーンからは始発のトラックも出ていますが、明確な出発時間は決まっておらず、人が集まったら出発となります。出発時間が近くなると、トラックの運転手やスタッフが客を探して声をかけて歩くのですが、大きな荷物を持った外国人旅行者は目立つので、だいたい彼らのほうから声をかけてきます。車は三叉路からポーンサワン方面に少し行ったところに進行方向を向いて停車しているので、もし誰も声をかけてこなかったら、自分から行ってポーンサワンに行きたいと伝えてみるといいでしょう。

サーラープークーンをスタートするとなだらかな下りの道が続き、しばらくは後方に

サーラプークーンの
集落をあとにする
ソーンテーウの中から

サーラプークーンの町並みを見ながらの旅となります。その後、徐々に山間に分け入り、カーブもきつくなってきます。7号線周辺には少数民族の集落が多く、車はその村々に立ち寄りながら進んでいきます。

サーラプークーンを出て三時間ほどで、川沿いにあるバーン・ナムチャット（Nam Chat ບ້ານນ້ຳຈັດ）という村で食事休憩を取ります。ただし、これはサーラプークーン始発のローカルトラックの場合で、長距離バスの場合は素通りすることもあります。食事休憩で停まる場所は運転手の土地勘などにもよるので、どのバスも同じところで食事とは限りません。

バーン・ナムチャットはナム・チャット川の橋のたもとにある小さな村ですが、二〜三軒の食堂があります。こういう場合、好みの問題もありますが、運転手たちが行く店が一番食材が豊かだったりするので、彼らについていくのが間違いないと思います。しかし、もちろん、他の店を覗いて、そちらのほうが良ければ違う店に行っても構いません。ただその時は、自分はこの店にいるんだよと運転手たちに言っておくといいでしょう。どの店もメニューはありませんが、ガラスケースの中に焼き魚や揚げ魚、鹿の肉を焼いたものなどがあるので、指させば注文できます。鹿はこの辺で捕れるもののようで、なかなか美味です。休憩はだいたい一時間弱。皆の食事が終わると出発です。トラックでもバスでも基本的には自分が座っていた場所に戻りますが、たまにちゃっかりしている人がいて、いい席に勝手に座ったりするので、その時はちゃんと言いましょう。

ナム・チャットを出ると再び険しい山道が続きますが、現在では7号線は全線舗装してあるので激しくバウンドしたりするようなことはありません。一時間ほど走ると急に視界が開け、まっすぐな道になりますが、ここがムアンスイ(Muang Soui ເມືອງສູ້ຍ)の町です。ムアンスイにはムアンプークート(Muang Phukhod ເມືອງພູກູດ)という別名もありますが、ムアンスイのほうが通じやすいようです。

ソーンテーウの場合はここで別の車に乗り換えることもありますが、料金は運転手同士できちんとやり取りするので、別料金を払う必要はありません。

ムアンスイ

ムアンスイ（Muang Soui ເມືອງສຸ້ຍ）は広い町ですが、全体的にがらーんとしていて、お世辞にも旅行者向きの町とは言えません。ノーン・タン（Nong Tang ໜອງຕັ່ງ）という池の畔に一軒だけゲストハウスがあり、ここは悪くないロケーションです。ただ、他の外国人旅行者と会うのはかなり稀なことだと思うので、一人でも大丈夫な人や、ラオス人とコミュニケーションを取れる人におすすめです。

ノーン・タン近くの三叉路をポーンサワンに向かって右に折れる道を進んだ先には、有名なタム・パ洞窟（Tham Pa ຖ້ຳພະ = Budda Cave）があります。タム・パ洞窟はベトナム戦争からラオス内戦時にかけて、八〇〇人余りの人が暮らしていた自然洞窟で、洞窟内には病院があり、隣にある別の洞窟で作った薬を持ってきて使っていたということです（こちらの洞窟も見学可。薬草をすり潰した臼の跡を見ることができます）。パは仏さまの意味で、洞窟の名前の由来ともなっている仏像は、洞窟入り口を入ってすぐのところにあります。以前は色が塗られていませんでしたが、戦後に塗装が施され、今の色になったそうです。

この洞窟は戦争当時に病院、避難所として使われる以前から、人々の信仰場所となっていたようで、洞窟内にはたくさんの小さな仏像があるほか、マハーラテという高僧が描いたとされるいくつかの絵（壁画）が残されています。洞窟内の主な見どころには英文の案内もあり、

❖ 役に立つラオス語7

これ

アン・ニー　ອນນີ້

あれ

アン・ナン　ອັນນັ້ນ

「どれ？」

アン・ダイ　ອັນໃດ

「〜をください」

コー〜デー　ຂໍ〜ແດ່

アオ・ハイ・デー　ເອົາໃຫ້ແດ

人々を招集する時に叩いたとされる鍾乳石のつらら石(stalactite 天井から垂れている)にはBudda Gong、亀の形をした石筍《せきじゅん》(stalagmites 床面から上に伸びている)にはThe Turtlesと書いたプレートがつけられています。

洞窟内にはこのほかに、女性の形や警察官の形をした鍾乳石、二〇〇〇体もの仏像を隠していたとされる小さな横穴、米軍が飛行場で使用していた機械(戦後この洞窟に運び込まれたそうですが、近々撤去予定)などがあり、専門のガイドが案内してくれます。タム・パ洞窟とその周辺一〇〇ヘクタールの土地は政府によって管理されていて、今後数年かけて整備される予定だそうです。周辺に宿泊施設やレストランなどを建設し、崩落のため一八〇メートル付近から先に進めなくなっている洞窟も、石などを撤去し、二・五キロ先まで行けるようになるという話です。

現在、この洞窟へ行くには車をチャーターするか、オートバイを頼むか、てくてく歩いていくしか方法がありません。歩くとなると、この三叉路からでも三キロ以上あり、あたりには民家もない山道なので、おそらくかなり不安になると思います。なるべく町から車やオートバイを頼んで行ったほうがいいでしょう。ポーンサワンの町にあるツアー会社に頼んでも行くことができます。

タム・パ洞窟の入口に
祀られた仏像。

ムアンスイ▼ポーンサワン

ムアンスイからポーンサワンまでは深い山はなく、幾つものなだらかな丘を越えて行きます。距離にして約四九キロ。車で一時間ほどの行程です。ムアンスイの近くには最近、お土産物としてラオス国内でよく売られている番傘を作るバーン・ミーサイ（Mixay ບ້ານມີໄຊ）という村がありますが、公共の乗り物で行くことはできないので、ポーンサワンの旅行会社で車をチャーターして行くしかありません。

ポーンサワンにはバスやトラックが発着する場所が四ヵ所ほどあり、大型のバスは町の南にあるポーンサワン・バスターミナルに到着します。ここから町の中心部までは四キロほどあるので、トゥクトゥクなどを利用して宿へ向かうといいでしょう。サーラープークーンやムアンスイから来たトラックは、ここのバスターミナルを通過し、町中にある新しい市場、Dry Marketまで行きます。

ポーンサワンのメインストリート。

ポーンサワン

ポーンサワン（Phonsavan ໂພນສະຫວັນ）はとても広い町で、宿も広範囲に点在しています。高級ホテルは町の外れや山の上など、旧市場や郵便局がある町の中心部から歩いていくのは不可能なところにあるものが多く、逆にゲストハウスや中級ホテルは、郵便局から先の国道7号線沿いに固まっています。レストランやインターネットカフェ、旅行代理店などもこのエリアに集中しているので、特にお目当てのホテルがある人以外はこのエリアで宿を取ることをおすすめします。

ポーンサワンは近年になって町の整備が急速に進み、中心部のほとんどの道は舗装され、メインストリートの国道7号線にいたっては歩行者用の歩道までできました。電力も今は二四時間供給されるようになり、観光客の増加を受けて、ツアー会社や宿泊施設も質の高いものが増え、ポーンサワンと他の町を結ぶバスも以前と比べると驚くぐらい多くの本数が出ています。古くからある市場が町のほぼ中心ですが、7号線沿いには新しい市場が建設され、人の流れも以前より広範囲に広がったような気がします。

なお、ポーンサワンの市場の呼び方は、英語表記と地元の人の言い方が異なっています。ツーリスト・インフォメーション作成の地図には、その特徴からか、新しい市場がDry Market、以前からある古い市場がWet Marketと表記されていますが、ラオス人はそれぞれ単純に「タラート・マイ（新市場）」、「タラート・カオ（旧市場）」と呼んでおり、実際、そのほうが通じやすいようです。

さて、ポーンサワンに行く旅行者の一番の目的と言えば、ジャール平原の観光だと思いますが、実はこれがけっして安くありません。町なかには多くのツアー会社があって、それぞれのオフィスの前にはジャール平原へのツアー案内を書いたホワイトボードなどが立っているのですが、この料金がすべてドル立てでラオスの物価を考えると本当に高いのです。しかし、だからといって、ここまで来てジャール平原の観光に行かないというのはもったいない話です。ポーンサワンの町自体はこれといって見るところもない普通の田舎町なのですから。

なぜ料金が高いのかというと、ツアーに申し込んだ場合、必ずガイドと車をチャーターしなければいけないシステムになっているからなのです。人数が多ければ一人当たりの負担は減るので問題ないのですが、少人数や一人旅の場合は個人の負担が相当大きくなってしまいます。そこで、何か良い方法はないかと、調べてみました。

❖ ポーンサワンの飛行機

シエンクアーン空港は町の中心からは離れた場所にあるので、トゥクトゥクなどで移動するのが一般的です。町の中心部（旧市場付近）から約15分。

▶ビエンチャン

所要時間30分

（ルアンパバーン経由は所要時間1時間50分）

▶ルアンパバーン

所要時間30分

❖ ポーンサワンのバス

長距離バスは町の南にあるポーンサワン・バスターミナルから発着しますが、比較的短い距離を走る乗り合いのトラックなどはナムグム・マーケット内の発着場、ドライマーケットの発着場、郵便局の斜め向かいのオールドバスターミナルなどから出ています。

ポーンサワン・バスターミナル

▶ビエンチャン

所要時間9～10時間

▶バンビエン、KM52

所要時間6～7時間

▶サムヌア

Xamneua ເມືອງຊຳເໜືອ

所要時間9時間

▶サイソムブーン

Saysomboon ໄຊສົມບູນ

所要時間不明

▶タービエン

Thavieng ທ່າວຽງ

所要時間3時間半～4時間

▶ムアンスイ

Muang Soui ເມືອງສຸ້ຍ

所要時間1時間弱

▶サーラープークーン

所要時間4～5時間

▶ルアンパバーン

所要時間8～9時間

▶パークサン

Paksan ປາກຊັນ

所要時間11時間

▶ビン（ベトナム）

Vinh

所要時間10～11時間

（→p.135へ続く）

まず、おすすめなのは、Dokkhoune Guesthouse（ドックーン・ゲストハウス）が毎日やっているツアーに申し込むことです。多くのバックパッカーが宿泊するこの老舗のゲストハウスでは、チャーターではなく、旅行者同士の乗り合いでジャール平原へ行く観光ツアーが用意されています。宿にはツアー用のワゴン車があり、専用の運転手とガイドもいるので、料金も他のツアーと比べるとリーズナブルです。もちろん他の宿に泊まっていても参加できます。

この他には自力で行くという方法もあります。ただし、一番近いサイト1まででも一〇キロほどの距離があり、歩いては行けないので、レンタバイクを借りて行きます。これなら自分の好きな時間にジャール平原に行き、好きなだけ観光を楽しむことができます。バイクはメインストリートにあるOudomphone（ウドムポーン）というレストランで貸しています。一日（二四時間ではなく夜、店が閉まるまで）一〇ドルでガソリン代は別と他の町よりは割高で、バイクの数もそう多くはないのですが、借りる時間が短ければ多少のディスカウントも可能で、バイク返却時にはお茶と肉まんのサービスもあります。

❖見どころ

ジャール平原（トンハイヒン） Thong hai hin ທົ່ງໄຫຫີນ

石で造られた巨大な壺がごろごろ転がるジャール平原はシエンクアーン観光の目玉です。壺の右：壺の数が一番多いジャール平原サイト1。
下：戦争中に使われた戦車の残骸。

ある場所は「サイト」と呼ばれ、ポーンサワンの町から一番近いサイト1（トンハイヒン・ヌン。町から一〇キロほど）が最も規模が大きく、ジャール平原最大の壺を含む大小さまざまの壺が点在しています。町から二二キロのところにあるサイト2（トンハイヒン・ソーン）は、小高い丘を登った森の中にあり、森の木々（自然）と壺（人工物）の調和が見事です。サイト3（トンハイヒン・サーム）は町から三五キロと、さらに離れた場所にあり、道の両側にある左右の丘の上に壺がありますが、壊れているものや横倒しになっているものも多いのがここの特徴です。

ノーンペット　Nongpet　ໜອງເປັດ

毎週日曜日に市が立つ村。ポーンサワンからムアンカム、あるいはノーンヘート、サムヌア行きのバスかソーンテーウに乗り途中下車。

バーン・ムアン　Ban Muang　ບ້ານເມືອງ

ノーンペットの先にあるモン族の村で、アメリカ軍が落とした爆弾の殻を村の建物の建材に利用しています。

ナムグム・マーケット

▶ムアンクーン

Muang Khoune　ເມືອງຄູນ

所要時間40分

タラート・マイ（ドライマーケット）

▶ノーンヘート

Nonghed　ເມືອງໜອງແຮດ

所要時間2時間半

▶ムアンカム

Muang Kham　ເມືອງຄຳ

所要時間1時間

▶ノーンペット

Nongpet　ໜອງເປັດ

所要時間40分

❖ ポーンサワンの食事

Sanga

サンガー

ラオス料理のレストランで、メニューが豊富。ステーキなどが人気。

Nisha

ニーシャ

ラオス全土に展開するインド料理のレストラン。

Phongkeo

ポーンケオ

サンガーの向かいにある庶民的なラオス料理のレストラン。

Nang Ae

ナーンエー

おかゆと豆乳が有名な店。午後にはなくなることもあるので注意。

Vietnam Cafe

ポーンサワン・ホテルの向かいにあるベトナム人経営のコーヒーショップ。

上：ジャール平原サイト1。
下：ポーンサワンから
ムアンクーン方面へと延びる国道1D号線。

タート・カー滝　Tad Kha　ຕາດຄາ

高低差はありませんが、雨季にはかなりの水量があります。滝の近くには多くのポットホール（自然の石が水の流れで削られた穴）があります。

「見どころ」ではありませんが、シエンクアーンはクワガタとマツタケの宝庫です。ラオス人には元々興味のないものでしたが、日本人に人気があるとわかってから商売で山に取りに行く人が増えました。雨季に取りに行くので、興味がある人は地元の人に聞いてみるとよいでしょう。もちろんマツタケは食べることができます。

柱と仏像だけが残るワット・ピアワット。

ムアンクーン

ムアンクーン（Muang Khoune ເມືອງຄູນ）は戦前までシエンクアーン県の県庁所在地だった町で、ツアーにも組み込まれています。ポーンサワンのナムグム市場から一時間に一本ほど、ソーンテーウが出ています。

けっして大きな町ではなく、歩いて回れる範囲に仏塔や米軍の攻撃で破壊された寺院、病院などの見どころが点在しています。これらの場所を個人で観光するにはチケットを購入しなくてはならないのですが、このチケットの売り場が目立ちません。町に一軒だけあるムアンシエン・ゲストハウスの隣にある小さな小屋です。

❖見どころ

チケットを買えばすべて見てまわれます。

ワット・ピアワット　Wat Phiawat　ວັດເພຍວັດ

戦争中にアメリカ軍の爆撃を受けた寺院で、

仏像と寺院を支えていた柱が残っています。

タート・フン　That Foun　ທາດຝຸ່ນ

レンガでできた古い仏塔で、盗掘のために開けられたとされる穴から内部に入ることもできます。

タート・チョームペット

That Chomphet　ທາດຈອມເພັດ

電波塔近くの丘の上に建つ古い仏塔で、崩れた石の外壁からは木が生えています。この仏塔のある丘からタート・フンやムアンクーンの町を見下ろすことができます。

オールドホスピタル　Old Hospital

フランスが建てた病院跡。こちらも爆撃により破壊されています。

ワット・シープーム　Wat Sy Phom　ວັດສີພົມ

ムアンクーンにある唯一の寺院で、境内には古い仏塔があります。

❖ ムアンクーンのバス

ポーンサワンのナムグム市場から所要時間40分。ポーンサワンへ帰る便も1時間に1本程度あり、最終便は16:00ぐらいですが、夕方になって人が少なくなると運休になってしまいます。

❖ ムアンクーンの宿と食事

Mueang Xieng Guesthouse＆Restaurant
ムアンシエン・ゲストハウス

ムアンクーン唯一の宿で、併設のレストランはツアー客もよく利用しています。

食堂は市場近くの国道1D号線沿いに数軒あります。

サイト4（トンハイヒン・シー） ທົ່ງໄຫຫີນ 4

ムアンクーンの町から五キロほどのところにあるジャール平原の新しいサイト。ムアンクーンから公共の乗り物はなく、歩いていくか、ポーンサワンからのツアーで行くのが一般的です。丘の上の木々の間に、半分土に埋まったままの壺や壊れた壺など、約二五個の壺が転がっています。

右：丘の上からの眺望。
左上：タート・チョームペットの上から見たタート・フン。
左下：タート・フン。

ポーンサワン▼パークサン

ポーンサワンからビエンチャンを通過せず、国道1D号線を下るのがこのルートです。現在、ポーンサワンのバスターミナルから一日一便、パークサン行きのバスがあります。バスターミナルを出たバスはすぐに市内にあるナムグム市場前で停車し、そこから乗り込む人もいますが、ポーンサワン・バスターミナルから乗ったほうが席の確保もしやすいので、ここから乗るのはあまりおすすめしません。このルートを運行しているのは中国製のマイクロバスですが、外国人旅行者は少なく、乗客はほぼ一〇〇%ラオス人です。さすがに席がないほど混むといったことはありません。

ポーンサワンの町を出たバスは空港脇の道を東に進み、およそ三五分ほどでムアンクーンの市場前に到着。ここでも短い時間停車しますが、何かを買いに出たりするほどの時間はないので、食料や水はポーンサワンでバスに乗り込む前に用意しておいたほうがいいでしょう。

ポーンサワンからムアンクーンにかけては完全舗装ですが、この先は未舗装の道になります。バスはワット・ピアワットのところで右に曲がり、川を越えると赤土の道が始まり、あとは延々、砂埃を巻き上げる未舗装の道を進むことになります。ナム・ギアップ川（Nam Ngiap ນ້ຳງຽບ）に沿って走っているので、カーブも多く険しい道です。ただ、路面状況は極端にひどくはないので、バスもそこそこのペースで走っていきます。ムアンクーンから近い所

国道1D号線を行くバス。

では小さな村がいくつかあり、多少の人の乗り降りと荷物の積み下ろしなどがあったりしますが、いずれも長時間停車することは少ないようです。

国道1D号線は将来的には整備が進むものと思いますが、現在は未舗装で道路の幅がないため、他の車とすれ違う時は苦労します。材木を運ぶ大型のトラックが多く、すれ違いの際はどちらかが停車しなければなりません。だいたいはバスのほうが安全な場所に停車してトラックを通過させています。運転手はこのすれ違いの際に、お互いに行き先の道の状態を確認し合います。こういう道なので状況が刻々と変わるからなのでしょう。

バスはポーンサワンを出ておよそ五時間半でナムパン（Nam Phang ນ້ຳພັງ）という村に到着し、ここで食事休憩のため停車します。この周辺の川には橋がないので、乾季はバスでそのまま川を渡りますが、雨季になるとバス自体の運行が怪しくなります。ラオス人たちの話では、ナムパンより手前にあるタービアン（Thaviang ທາວຽງ）という村からパークサンまで下る船があるということでしたが、バスの運転手に聞くと「ない」という返事なので、このルートの雨季の移動は困難なのかもしれません。

ナムパン村の規模はそこそこ大きく、ポーンサワンからバスに乗ってきたラオス人の多くもこの村で降りることが多いようです。バスが停車するのは小さな食堂兼雑貨屋の店先で、ここでフーなどの簡単な食事や水、お菓子といったものを買うことができます。トイレも店の裏にあり、

店の人に言うと場所を教えてくれます。停車時間は四〇分ぐらいですが、バスのスタッフもここで一緒に食事をするので、特に焦る必要はありません。

国道1D号線はここから先のほうが道が悪く、急な坂や大きな岩が転がっている場所が何ヵ所かあります。視界が開けるのは、ムアンボー（Muang Bo ເມືອງບໍ່）というサイソムブーン方面にある町へと向かう道と交差するムアンフアン（Muang Fuang ເມືອງເຟືອງ）という町。赤茶けた町の向こうにはバンビエンと同じような不思議な形をした岩山がそびえています。

ここから先は道の整備も進み、一部では舗装化の準備もされているようで、カーブもそれほどきつくないため、バスはスピードを上げていきます。

次に差しかかる大きな町はボーリカムサイ県（Borikhamxay ແຂວງບໍລິຄຳໄຊ）、ボーリカン郡の郡都、ボーリカン（Bolikhanh ເມືອງບໍລິຄັນ）で、ここから先はほとんど舗装道路ですが、終点のパークサンまではまだ一時間以上あります。ボーリカムサイ県に入るあたりでだいたい夕暮れとなるので、ボーリカンからパークサンにかけては真っ暗な中を行くことになり、あまり風景は楽しめないでしょう。

バスは夜七時ぐらいに国道13号線沿いにあるパークサンのバスターミナルに到着。トゥクトゥクなどはいないことが多いので、バスを降りたら歩いて宿に向かうことになります。パークサンの町の中心部は国道13号線を左に行き、ナム・サン川（Nam San ນ້ຳຊັນ）に架かる橋を渡った先なので、少々距離があります。

バスの情報はポーンサワンの項を、パークサンの情報については第6章を参照してください。このルート（国道1D号線）は、今後舗装や橋の建設が進めば、ラオス南部からビエンチャンやバンビエンを経由せず、直接ポーンサワン、ジャール平原へのアクセスが可能になる新ルートとして魅力があります。しかし、現在の状態を考えると、ラオスの旅に不慣れな旅行者にはあまりおすすめできるルートではありません。整備されていない分、周辺には素朴な村や雄大な自然が広がっていますが、ここを旅する外国人旅行者はきわめて少なく、ラオス人とのコミュニケーションは基本的にラオス語になります。自然の景観を楽しむなどの目的を持たず、ただ移動するためだけだとしたら、けっして快適なルートではないでしょう。

右：赤土の未舗装路が続くパークサンへのルート。
左：ナム・パンの集落

ムアンカムの中心部

ポーンサワン▼ノーンヘート

ムアンカム

ムアンカム（Muang Kham ເມືອງຄຳ）はポーンサワンの北東に位置する小さな町で、ベトナム国境へと続く国道7号線と、ここから始まりサムヌアへと延びる国道6号線が交わるジャンクションを中心に広がっています。二つの国道が交わる三叉路の脇にはソーンテーウが発着する広場があり、その先には市場があります。また、民家や商店、食堂もこの三叉路付近に固まっていますが、規模は小さく、町自体にさほど面白みはありません。

ただ、ポーンサワンからサムヌアへと移動する場合、行程のほとんどが深い山道なので元々すごく時間がかかる上、このルートを運行する車両が古いせいか、かなりの確率でパンクやエンジントラブルが起き、その場合は何もない山の中で立ち往生。さらに時間がかかります。ムアンカムで一休みというのもいいかもしれません。また、ベトナム国境、ノーンヘート（Nonghed ໜອງແຮດ）方面からサムヌアへと向かう場合もムアンカムを通るので、気が向いたらちょっと泊まってみてはどうでしょうか。

❖見どころ

タム・ピウ洞窟　Tam Piu　ຖ້ຳປິວ

ムアンカムの三叉路からサムヌア方面に五キロ程行ったところにある洞窟。戦争当時は大勢の人が洞窟の中で避難生活をしていて、学校や病院まであったのですが、一九六八年一一月二四日、米軍が洞窟内にロケット弾による攻撃を仕掛け、四〇〇人あまりの人が亡くなっています。洞窟のまわりは整備されていて、入り口には犠牲者追悼の碑が立ち、料金所には当時の生活用品や人骨などが並べられています。洞窟へはポーンサワンからのツアーで行くのが一般的ですが、ムアンカムにいるトゥクトゥクやトラックをチャーターして行くこともできます。

ナムホーン・ニャイ　Nam Hon Nyai　ນ້ຳຮ້ອນໃຫຍ່

ムアンカムからノーンヘート方面に一八キロほど行ったところにある、ラオスで最も有名な温泉&リゾート。

ナムホーン・ノーイ　Nam Hon Noi　ນ້ຳຮ້ອນນ້ອຍ

リゾートよりムアンカム寄りにある温泉。こちらは宿泊施設などはなく、川から沸き出した温泉をコンクリートのプールで塞き止めていて、誰でも無料で入ることができます。温泉近くの村では織物が盛んで、村の女性が休憩所に売りに来ることもあります。

❖ ムアンカムのバス

▶**ポーンサワン**から所要時間1時間。

▶**ノーンペット**（**Nongpet** ໜອງເປັດ）から所要時間20分。

▶**ノーンヘート**から所要時間1時間半。

▶**ナム・ヌーン**（**Namneun** ນ້ຳເນີນ）から所要時間約4時間。

▶**サムヌア**から所要時間約8時間。

❖ ムアンカムの宿と食事

昔ながらのゲストハウスが2軒ありますが、いずれもホットシャワー、エアコンはありません。食堂は三叉路のところにあります。鍋にいろんな種類のおかずが入っているので指を差して注文します。ここは味付けがよくどれもおすすめです。ご飯も大盛りでくれます。

ノーンヘート

ノーンヘート（Nonghed ໜອງແຮດ）は国道7号線の終点近く、ベトナム国境のナム・カン（Namkan ນ້ຳກັນ）から一五キロほどのところにある田舎町です。町の中心には大きな市場があり、近隣で取れた山菜や野菜、果物などが並んでいます。周辺にモン族が多いせいか、彼らの作る刺繍や民族音楽のテープなどを売る店も目立ちます。

ノーンヘートの先にある国境は外国人旅行者にも開放されていて、ここからベトナムのビン（Vinh）方面へ抜けることができます。国境はラオス側がNamkan（ナムカン）、ベトナム側もNam Can（ナムカン）と読み方は同じですが、綴りが異なります。最も手軽なのはポーンサワンとビンを結ぶ国際バスに乗ることですが、ローカルバスやソーンテーウを乗り継いで行くこともできます。ただし、ラオス側での出入国手続きは特に問題ありませんが、ベトナム側は入国時にベトナムを出国する航空券かベトナムのビザを持っていないと入国を拒否されることがあります。

国境から最も近いベトナム側の町はムンセン（Moung Sen）で、国境付近にいるバイクタクシーを利用します。交渉制なので、タイミングやドライバーによっては差が出るかもしれません。ムンセンからは午前中に数本、ビン行きのバスが出ていて、ビンまで約六時間。料金はこちらも交渉です。ムンセンには宿も数軒あります。いずれにしてもこのルートをローカルバスなどで行く場合には、ある程度の語学力と交渉術を身につけた人でないと苦労すると思います。

ナム・ヌーン▼サムヌア

ナム・ヌーン

ナム・ヌーン川という小さな川の畔にある小さな村（Nam Neun ນ້ຳເນີນ）。何もない田舎の村といった風情ですが、ポーンサワンとサムヌアを結ぶバスがこの村で食事休憩を取るので、中心にある広場には何軒か食堂があるほか、この川で取れる川海苔や、近隣で取れた山菜や果物なども売られています。広場の店先では女性が機を織っていたり、村の脇を流れる川では子供たちが海苔や魚を取っていたりして、のどかな風景を楽しむことができます。

ムアンカムから6号線をサムヌア方面へと行く場合、ムアンカム発の車はないので、ポーンサワン発のバスを捕まえます。バスは広場には入ってこず、三叉路付近に停まるので注意が必要です。また、ポーンサワン発ノーンヘート行き

ナム・ヌーンの食堂に置かれた
ベトナム戦争時に落とされた爆弾

❖ ノーンヘートのバス

▶**ムアンカム**から所要時間1時間半。

▶**ポーンサワン**から所要時間2時間半。

▶国境のナムカンへは乗り合いのトラックが発着していますが、人が集まったら出発となります。

❖ ノーンヘートの宿と食事

市場の近くに数軒のゲストハウスと食堂があります。ゲストハウスはどこも簡素な造り。市場内の屋台で麺などを食べることもできます。

山野の上から見た
ナム・ヌーンの集落

も同型のバスを使っているので間違えないように。それぞれ目的地の方向に向いて停まるので、それを目安に、必ず行き先の確認をして乗り込みましょう。ムアンカムから所要時間四時間です。

ナム・ヌーンを出た車は再び橋のたもとに出ると、左手に橋と学校を見ながら直進。一気に高度を上げていきます。木々や草が覆い繁っているので見晴らしはあまりよくありませんが、出発してすぐに先ほどまでいたナム・ヌーンの村を遥か眼下に眺めることができます。ここから先は再び険しい山道でカーブの連続ですが、出発して一〇分から一五分ほどで国道1C号線との分岐となるプーラオ(Phulao ພູເລົ້າ)に到着。人の乗り降りがあるとここで停まります。ちなみにサムヌアからルアンパバーン方面に行くバスは、このプーラオから国道1C号線へ直進するため、ナム・ヌーン方面へは行きません。サムヌアとビエンチャンを結ぶバスもポーンサワンを経由するものと、ルアンパバーンを経由するものの二系統があり、このプーラオで分かれます。プーラオとナム・ヌーンはそう遠くはないのですが、この二つを行き来する車はないので、ここで降りてしまうと、目的地によっては相当な時間ここで待たなければなりません。特にサムヌア方面から来る場合は注意が必要です。

　このプーラオからサムヌア方面に少し行ったところには、ジャール平原のような謎の遺跡スワンヒンタン（Suan Hin Tang ສວນຫີນຕັ້ງ）があります。ここにあるのはジャール平原とは違って壺ではなく、円盤状の大きな丸い石や、地面から生える幾つもの楯状の石柱群で、6号線の入り口のところにはこの遺跡への案内板が建てられています。この入り口付近でバスを降りて歩いて行くことも可能ですが、この付近は交通量がないので、帰りはここで長い時間、バスを待つ覚悟が必要です。特に午後遅い時間だと移動は困難になります。ポーンサワンの旅行会社ではこのスワンヒンタン遺跡へのツアーも扱っているので、最も安心なのはツアーで訪れることでしょう。

　プーラオを出て一時間半ほどでファムアン（Huamuang ເມືອງຫົວເມືອງ）という町を通りますが、ここがこのルート上では最も大きな町で、あとはすべて小さな村ばかりです。ファムアンからさらに進むとサルーイ（Saleuy ບ້ານສະເລີຍ）という村があり、この村の近くにある「サルーイの滝」が観光ツアーに組み込まれているので、この村を訪れる外国人観光客を時々目にしますが、わざわざここでバスを降りて見に行くほどの滝ではありません。バスに乗っていると右手に見ることができます。

　ナム・ヌーンを出て約四時間でサムヌア（Xamneua ຊຳເໜືອ）のバスターミナルに到着。バスターミナルはサムヌアの町を見下ろす高台にあって、ここから町までは約一キロ。町まではトゥクトゥクなどで移動します。

サムヌア

サムヌア（Xamneua ຊຳເໜືອ）はラオス北東部に位置するフアパン県（Huaphane ແຂວງຫົວພັນ）の県都で、織物の産地として有名なところです。町は標高約一二〇〇メートルの高地にあり、夏の時期でも朝夕は冷え込み、冬ともなれば長袖が必要なほど気温が下がります。サムヌアの名前は町のすぐ脇を流れるナム・サム（Nam Sam ນ້ຳຊຳ）という川から来ています。ナム・サム川の上流（北＝ヌア）にあるので、サムヌアという名前が付けられました。また、フアパン県はフア（頭＝山）、パン（一〇〇〇）で、一〇〇〇の山々という意味だと言われています。確かにこのフアパン県は山が多く、他の町からここを目指すと、とにかく移動に時間がかかります。サムヌアは周囲をぐるっと山々に囲まれた盆地にあるため、霧が発生しやすく、飛行機の着陸が難しいという話です。

町の中心はナム・サム川のすぐ脇にある市場で、この市場と空港、ビエンサイ（Viengxay ເມືອງວຽງໄຊ）方面に向かう道の

間に商店やゲストハウス、食堂などが固まっています。町なかでの見どころと言うとこの市場ぐらいなのですが、町から北に一・五キロほど行ったところにはプーサイ（Phouxay ບ້ານພູໄຊ）という織物の村があって、村の女性たちが機を織る様子を見ることができます。町にはツーリズムオフィスもあるので、詳しい地図や情報などはここで入手できます。

南バスターミナルから見た
サムヌアの町

❖ サムヌアの飛行機

サムヌアへはラオ・エアーの飛行機が週に3便、ビエンチャンから就航しています。サムヌアのナートン（Nathong ນາທົ່ງ）空港は町の東、2kmのところにあり、市内からはトゥクトゥクで10分。

▶ビエンチャン

所要時間1時間20分

❖ サムヌアのバス

南バスターミナル

町の南1kmの高台にあり、ゲストハウスや売店なども併設。市内からトゥクトゥクで10分。

▶ビエンチャン

ポーンサワン経由。所要時間21時間
ルアンパバーン経由。所要時間27時間

▶ポーンサワン

所要時間9時間

▶ナム・ヌーン

所要時間4時間

▶ルアンパバーン

所要時間16時間

▶ビエントーン

Viengthong ເມືອງວຽງທອງ

ルアンパバーン方面行きのバスで途中下車も可能。所要時間5時間

▶サルーイ

南部へ向かうバスで途中下車も可能。
所要時間1時間

東バスターミナル

市内から3km。橋を渡ってビエンサイ方面に行き、空港を通り過ぎた左側の高台にあります。

▶ビエンサイ

Viengxay ເມືອງວຽງໄຊ

所要時間1時間

▶ナム・ソーイ

Namsoy ນ້ຳສອ້ຍ

所要時間3時間

▶サムタイ

Xamtai ຊຳໃຕ້

所要時間6時間

▶ソップハーオ

Sophao ສົບຮາວ

（→153ページに続く）

サムヌア▼ベトナム

サムヌアからベトナムへは現在二ヵ所の国境が開いています。一つはナム・ソーイ（Namsoy ນ້ຳສອຍ）（ラオス）→ナーメーオ（Na Meo）（ベトナム）で、サムヌアの東バスターミナルからベトナムのタインホア（Thanh Hoa）行きの国際バス（ベトナム製マイクロバス）が毎週土曜日の朝七時に出ています。タインホアからサムヌアへ来るバスはタインホアのバスターミナルを毎週金曜日の朝八時発。しかし、このルートはラオスではなくベトナムのバス会社による運行なので、人が集まらない、故障など、ベトナム側の状況次第で運休になる可能性もあります。国境の開放時間は毎日7:30〜11:30、13:30〜16:30。ベトナムのナーメーオにはゲストハウスがあります。タインホアからは6:30にナーメーオ行きが出ていますが、外国人だと料金は吹っかけられるようです。

ビエンチャン、ルアンパバーンなど、
ラオスの主要都市と
サムヌアを結ぶバスが発着する
南バスターミナル。

もう一つはラオス側のパーハーン（Pahang ເພາຮາງ）からベトナムのモクチャウ（Moc Chau）へと抜けるルートです。サムヌアの東バスターミナルからシエンコー方面へ行く車に乗って、途中のムアンホーン（Muang Hong ເມືອງຮອງ）で降り、国境方面への車に乗り換えることになるのだと思いますが、ここを越える旅行者には会ったことがないのと、ラオス政府が発表している国境情報にも載っていないので情報が全くありません。国境まではなんとか行くことができても、その先の交通事情が読めないので、相当苦労することと思います。

ナム・ソーイ↔ナーメーオのルートもそうですが、ベトナム側のイミグレでベトナムを出国する航空券の提示やベトナムビザの提示を求められることがあり、場合によっては入国を拒否される恐れもあります。

ベトナム・ラオス間の国境は今後もあちこちで開放されていくと思いますが、新しく開いた国境や旅行者があまり利用しない国境では不確定要素も多く、トラブルに巻き込まれる恐れもあるので、実際にその国境を通過してきた旅行者から情報をもらうなどして、事前に要件を確認することが必要です。

▶シエンコー
Xiengkhaw ເມືອງຊຽງຄໍ້
所要時間3時間半

▶ムアンエート
Muang Et ເມືອງແອດ
所要時間4時間半

▶タインホア（ベトナム）
Thanh Hoa
所要時間不明

❖ サムヌアの食事その他

Dan Nao Restaurant
ダンナオ
外国人旅行者とラオスの若者が多い小さなレストラン。

Chittavanh Restaurant
チッタワン
ケムサム・ゲストハウスの並びにある家族経営のレストラン。

インターネットカフェ
サムヌア・ホテルから空港方面に300m程行った左側。

ツーリズムオフィス
メインストリートから市場へ入る角付近。サムヌア、ビエンサイの無料地図やラオス各地の小冊子があり、職員も丁寧に応対してくれます。土日休み。

トゥクトゥク乗り場
郵便局前にある小さな広場が以前のバスターミナルで、今でもトゥクトゥクはここで待機することが多いので捕まえやすい。

サムヌア▼ビエンサイ▼サムタイ

サムヌアからビエンサイ（Vieng Xay ເມືອງວຽງໄຊ）までは約三〇キロ。朝七時ぐらいからソーンテーウが一時間おきに出ています。所要時間は一時間で、最終は一七時ですが、人が集まらないと運休するので要注意です。

サムヌアを出てすぐは峠道になりますが、あとは全線舗装のなだらかな道となります。棚田などのある田園風景が続き、途中には金属製のテーブルなどを作っている村もあります。ビエンサイ近くになるとバンビエンのように険しい岩山が現れます。周辺にはモン族の姿も多く、結婚式やお正月には民族衣装で着飾った姿を沿道に見ることができます。

ビエンサイ

ビエンサイは、ラオスの現政権の基盤となったラオス愛国戦線（パテート・ラーオ）が結成された場所で、周囲の岩山には自然洞窟をダイナマイトなどを使って拡張した作戦司令室などが多数あり、現在では観光客はもちろん、ラオスの学生がラオスの歴史を知る意味でも重要な場所となっています。町は歩いて回れるほどの広さで、多数の岩山と大小さまざ

❖ ビエンサイの洞窟ツアー

洞窟へのツアーはビジターセンターで申し込み、ガイドと一緒に行きます。

The Kayson Phomvihane Memorial Tour Cave Office
ザ・カイソーン・ポムビハーン・メモリアル・ツアー・ケーブ・オフィス
8:30 ～ 12:00、13:30 ～ 16:30。

以下はツアーで回る洞窟の名前です。すべて歩いて見て回ると3時間近くかかります。

Tham Than Kayson Phomvihane
カイソーン・ポムビハーン洞窟
Tham Than Nuhak
ヌーハック洞窟
Tham Than Souphanuvong
スパーヌウォン洞窟
Tham Than Phoumivongvichit
プーミー・ボンビチット洞窟
Tham Than Khamtay
カムタイ洞窟
Tham Xan Lot
サンロット洞窟

右:ビエンサイの朝
左:コンクリート製の部屋や階段が残る洞窟内部。

まの池が織りなすコントラストが美しい自然豊かな町です。

洞窟への観光は町なかにある洞窟ビジターセンターで申し込み、ガイドと共に歩いて回ります。鍵はこのビジターセンターで管理しているので勝手に行っても中に入ることはできません。ガイドは数人しかいないので、ツアーで出払っている時はしばらく待たなくてはなりません。ビジターセンター内にはたくさんの資料があって、お茶やパンフレットの無料サービスがあります。ガイドは英語ができます。

サムタイ

サムヌアから一四二キロのところに位置するサムタイ（Xamtai ເມືອງຊຳໃຕ້）は、ラオスでも有数の織物の産地で、ここで織られた織物は遠くビエンチャンやルアンパバーンなどまで車で運ばれ売られています。サムタイの「タイ」は「南」という意味で、ナム・サム川の南（下流）に位置することからサムタイという名前が付けられています。

サムタイへはサムヌアから一日に一本だけバスが出ています。途中にあるビエンサイからもこのバスを捕まえて乗ることができますが、バスはビエンサイの市場のところまでは入ってこないので、町の入り口となっている三叉路のところまで出てバスを待つ必要があります。バスがビエンサイを通過するのは一〇時ぐらいですので、それより少し前にはここに行って待っていたほうがいいでしょう。

サムヌアからビエンサイまでは比較的問題のない道ですが、ビエンサイを過ぎると道路の舗装が痛んでいるところが数ヵ所あり、バスは徐行を余儀なくされます。この道をまっすぐ行くとベトナム国境

❖ サムタイのバス

▶**サムヌア**から所要時間約6時間。

▶**ビエンサイ**から所要時間約5時間。

▶**サムタイ**から**サムヌア**、**ビエンサイ**方面へは毎日1便、朝9時頃にバスが出ています。また、ここから先の**バーン・サムタイ**（Ban Xamtai ບ້ານຊຳໃຕ້）、**バーン・パーオ**（Ban Pao ບ້ານພ້າວ）方面へも午前中を中心にソーンテーウが出ています。

のナム・ソーイなのですが、サムタイへはナム・ソーイの手前一一キロのところで右折、ここからは急勾配の山道を上っていきます。ここまでサムヌアからは約三時間ほどです。ここよりしばらくは厳しい山道が続きます。大きな山を二つ越えると川沿いにある小さな村、ドーンクーン（Donekhoun ດອນຄູນ）で食事休憩となり、三〇分ほどここで停まります。村には売店と食堂などがあり、路上では村の人が野菜などを売っています。

この村を出ると再びカーブが連続する厳しい山道となりますが、やがて道がナム・サム川沿いを走るようになると（サムタイの四〇キロほど手前です）、比較的高低差とカーブのない穏やかな道となります。途中でナム・サム川を越える大きなコンクリート製の橋は二〇〇七年に造られたもので、サムタイを襲った洪水で前の橋が流されてしまったため、新しくこの橋が建造されました。サムタイはまわりを山で囲まれた標高の低い土地なので、その分温暖ではありますが、過去幾度も洪水や崖崩れなどの被害にあっていて、サムヌアとを結ぶこのルートも雨季になると崖崩れなどで通行が困難になることもあります。

サム・タイの市場とバスの発着場。

サムタイの町は蛇行するナム・サム川の西側に広がっていて、かなりの広さがあります。ほとんどが平坦ですが、町の西側は高台になっていて、この高台の上にも民家やお寺などがあります。町の中心は市場で、市場に入る道の角に小さな広場があり、そこがバスとトラックの発着場です。食堂や商店なども、この市場のまわりに固まっています。この町を訪れる外国人旅行者はきわめて少ないのですが、町の人はフレンドリーで、写真なども比較的撮りやすい町です。

❖見どころ

フローティングブリッジ

競技場とプーサイ・ゲストハウス

の間の道を進むと、やがてナム・サム川にぶつかりますが、以前ここに架かっていたコンクリート製の橋が洪水で壊されたため、現在はここに近隣住民が竹製の橋を架けています。橋は長い竹を何本も束ねて川に浮かべた上に板などを渡した浮き橋で、オートバイでも渡れるぐらいの浮力と強度があります。

竹製の水車

サムタイ近郊では竹で作った巨大な水車を見ることができます。水車の直径は優に三メートル以上あり、雨季にナム・サム川から灌漑用の水を汲み上げるために使用されています。乾季で水が少なくなると解体し、雨季の前になると再び組み立てるようで

右:モン正月に行なわれる玉投げの様子。
左:草木染めで染色した糸を干す女性。

サムタイの巨大な竹製の水車。

す。三連や四連のものもあり、近くで見ると大変迫力があります。

サムタイの町から最も近い水車がある村はポーンサワン（Phone savanh ໂພນສະຫວັນ）で、フローティングブリッジ手前、右側の細い道を入った突き当たりです。フローティングブリッジを渡り、右に歩いて行った対岸からも見ることができます。浮き橋もそうですが、いずれも他の地方ではあまり見ることができないものです。

織物

バス乗り場から見て市場の先の並びにある民家では生糸の染色を行なっていて、見せてもらうことができます。看板などはありませんが、ここで織物を買うこともできます。

国道1C号線の旅　サムヌア▼パークモーン

サムヌアから西部へ向かうルートは二つあります。一つは、国道6号線でポーンサワンへ向かい、そこから国道7号線と国道13号線を使って、バンビエンやビエンチャンへと抜けるルート。もう一つはプーラオから国道1C線に入り、ビエントーン、ビエンカム、ノーンキヤウ、ナムバークなどを通って、ルアンパバーン方面へと向かうルートです。

かつてはポーンサワンとサーラープークーンを結ぶ国道7号線が整備されていなかったこともあり、ビエンチャンやルアンパバーンからポーンサワンへと向かうバスも、迂回ルートである国道1C号線を使っていましたが、国道7号線が整備された現在、路面状況の悪い国道1C号線を使うのは、サムヌアへ向かうバスだけとなっています。

国道1C号線の始まりはプーラオですが、ここを始発とする乗り物はなく、サムヌアから出たバスが通過するだけです。6号線と1C号線の分岐地点は大きな集落ではなく、乗り降りする人がいれば停車することもあるようですが、誰もなければバスやトラックは素通りしてしまいます。宿があるナム・ヌーン（Namneun ນ້ຳເນີນ）（ポーンサワン方面）までは七キロほど離れているので、歩いて行くと二時間近くかかります。

❖ すぐ役に立つラオス語8

休憩する
パック・ポーン　ພັກຜ່ອນ

ちょっと
ノーイ・ヌン　ໜ້ອຍໜຶ່ງ

いま
ディオ・ニー　ດຽວນີ້

何時ですか？
チャック・モーン　ຈັກໂມງ

何時間？
チャック・スワモーン　ຈັກຊົ່ວໂມງ

ここから先の国道1C号線は舗装されているところも多いのですが、舗装されてからかなりの時間が経過しているため、全体的に路面状況は悪く、一部未舗装の部分もあります。道は深い山の中、あるいは川沿いを走っていて、途中にある集落付近以外では見通しもあまり良くありません。

この区間の交通は、サムヌアとルアンパバーン、ビエンチャンを結ぶ長距離バスが、旅行者にとって最も信頼できるもので、途中の集落で宿泊する場合も、この長距離バスを待って乗車するのが一番確かな方法だと思います。各集落間を結ぶソーンテーウもありますが、それぞれの集落に出発時間を記した時刻表などはなく、現地の人にラオス語で聞いて確認しなくてはなりません。長距離バスの出発時間も、荷物の積み下ろしや人の乗り降り、車のパンクや故障などの関係で遅れることもあります。この区間を旅する日本人旅行者はきわめて少ないようですが、欧米人のサイクリストなどには人気のあるコースです。以下はこの区間にある主な集落です。

ビエントーン

ビエントーン（Viengthong ເມືອງວຽງທອງ）はプーラオから国道1C号線に入って一番初めに目にする大きな集落で、フアパン県ビエントーン郡の郡都です。ナム・カーン川の近くに位置していますが、町の規模はけっして大きくありません。市場を中心とした、ラオスのどこにでもある集落といった趣です。

市場から北へ向かい、橋を渡った先を右折すると温泉があります。源泉は木々に囲まれた原っぱの中にあり、熱くて触ることもできません。ラオス人はここで玉子を茹でたりしていますが、これとは別に鉄のパイプでお湯を引いて体を洗えるようにした場所がこの下流にあるので、お湯を浴びる場合はそちらへ。ただし、日本人にはぬるめです。

パークセーン

ビエントーンから1C号線をさらに西に進むと、次の大きな集落がパークセーン（Pakxeng ເມືອງປາກແຊງ）という町です。ルアンパバーン県パークセーン郡の郡都です。こちらにもゲストハウスや食堂はあるようですが、最近の情報を知らないので、本書には記載しません。町の真ん中は広場のようになっていて市場があります。町中は比較的整備されています。

ビエンカム

ビエンカム（Viengkham ເມືອງວຽງຄຳ）はパークセーンの次にある大きな集落です。パークセーンからバスで四時間。

パークセーンとビエンカムの間には他にも集落がありますが、いずれも小さな村で、あまり旅行者向きではありません。ビエンカムはルアンパバーン県ビエンカム郡の郡都で、町なかの道路は舗装されています。

ノーンキヤウ

ノーンキヤウ（Nongkhiaw ໜອງຂຽວ）は ナム・ウー川と国道１C号線が交差するポイントにある町で、その景観と素朴さで古くから旅行者に人気があり、ここからナム・ウー川上流にある景勝地ムアンゴーイ（Muang Ngoi ເມືອງງອຍ）への船も出ています。（→229ページ）

ナムバーク

ナムバーク（Nam Bark ເມືອງນ້ຳບາກ）はノーンキヤウから一時間。ルアンパバーン県ナムバーク郡の郡都で、ナム・バーク川の近くにあり、この辺では比較的大きな町です。中心には市場があり、季節によってはナムバーク郡の名産でもあるミカンが山積みになっています。トラックやバスの乗り場もこの市場の脇にあり、町には警察署や銀行もあるのですが、この町は東西に長く伸びており、店などは広く散らばっている感じです。ゲストハウスや食堂も簡素ですが国道1C号線沿いに数軒ずつあります。

パークモーン

パークモーン（Pakmong ປາກມອງ）はプーラオからウドムサイ、ルアンナムター方面まで続く国道1C号線と、ルアンパバーン方面への道が交わる三叉路にある村。多くのバスやトラックが食事休憩で停まるため、三叉路付近には商店や食堂が数軒あります。また、ゲストハウスも簡素なものですが数軒あるので、乗り継ぎが悪い時などはここで宿泊し、翌日のバスなどを待つことも可能です。(↓227ページ)

以上の国道1C号線上の集落へはルアンパバーン方面からのアクセスが一般的なため、詳しいことは第六章「中国に接する最北部——ポンサーリーへ」を参照してください。

第四章

ルアンパバーンからメコン西岸を南下する
——サイニャブーリーへ

サナカームから
対岸のタイを望む。

メコン川を渡るバージ船。
バスを載せるために
かなりの大きさがある。

サナカームの
リバーサイドレストラン。

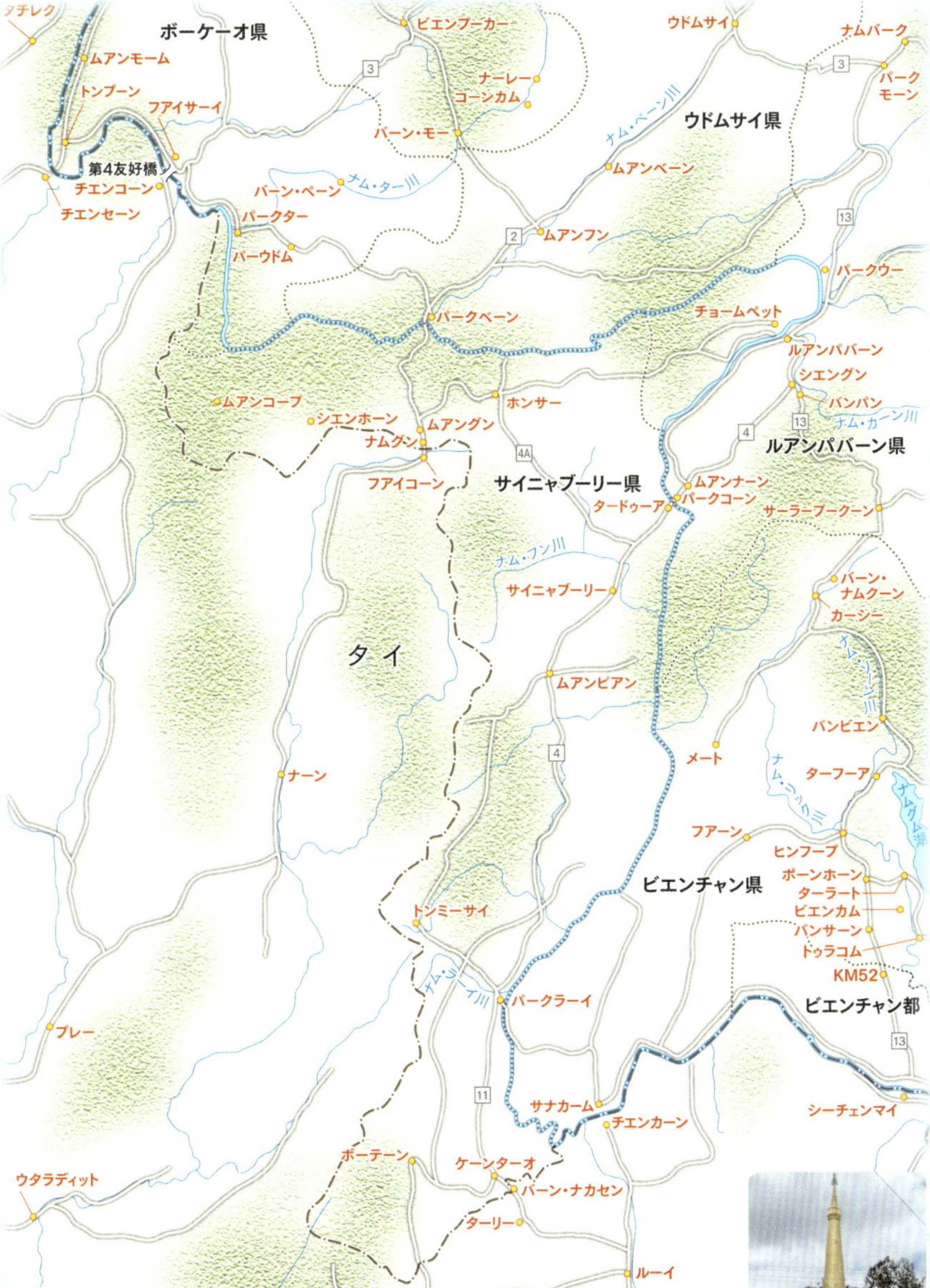

サナカームの
寺院に建てられた仏塔。

ルアンパバーン▶サイニャブーリー

ルアンパバーン（Luangprabang ແຂວງຫຼວງພະບາງ）を起点とするラオス北部の旅はバラエティに富み、特に欧米の観光客に非常に人気があります。しかし、ルアンパバーンからサイニャブーリー県（Xayabury ແຂວງໄຊຍະບູລີ）をメコン川に沿って南下するルートは、まだあまりポピュラーではなく、それだけに新鮮な出会いが期待できます。

ルアンパバーンを出たバスは国道13号線をビエンチャン方面へと進み、三〇分ほどでシエングン（Xiengngeun ເມືອງຊຽງເງິນ）の町に到着。ここから13号線を離れ、メコン川方面へと進んでいきます。シエングンからメコン川のほとりにあるパークコーン（Pakkhon ປາກຄອນ）までの道は一部を除き未舗装路ですが、路面は平坦で固く締まっているため、雨季でなければそこそこのスピードで走ることができます。人の乗り降りや天候によって多少違ってきますが、シエングンからは一時間半ほどでパークコーンに到着します。パークコーンには橋がないので、対岸まではバスごとフェリーに乗って移動します。フェリーがすぐ来ない時は、持ってきたご飯を食べたりしながら待ちます。パークコーンには宿はありませんが、パークコーンの手前のムアンナーン（Muang Nan ເມືອງນານ）には数軒のゲストハウスがあります。

フェリーの代金はバス代に含まれているので個々に払う必要はありません。フェリーとい

右:シエングンから
メコン川方面へと
向かう道。
左:メコンを渡る
フェリー(バージ船)。

うとある程度大きな船を想像されるかもしれませんが、川の対岸へ渡るだけのフェリーは大部分が車を搭載する板張りのスペースで、客席などはありません。対岸へと渡る間は、バスに乗ったままか、外へ出てこの板張りのスペースに立っているか、どちらかしかありません。フェリーには屋根もないので、雨が降っていればもう選択肢はありません。なお、バスはフェリーを降りてから必ず人を乗せるために停まるので、おいていかれることはありません。

メコン川を渡った反対側は既にサイニャブーリー県のタードゥーア(Thadua ທ່າເດື່ອ)という町です。フェリーの着く場所は雨季と乾季で違います。パークコーンから正面に見える舗装路のある船着場が雨季に利用される船着場で、ここからの道がサイニャブーリー県を南北に貫き、タイのルーイ県まで続く幹線道路の国道4号線です。乾季は少し下流にある仮設の船着場に接岸し、すぐ先でこの道路に合流します。サイニャブーリー側の道はほとんど舗装されていて、タードゥーアからサイニャブーリーの町までは所要時間一時間ほど。ただ、途中で一ヵ所、警察の検問所があり、外国人旅行者の場合はパスポートを提示しなくてはなりません。バスはその間ちゃんと待っていてくれますが、混んでいる場合だとバスの乗り降りに苦労します。

サイニャブーリーのバスターミナルは二ヵ所あり、ルアンパバーンから来たバスは、町の三キロほど手前にある北バスターミナルに到着します。町なかへはここからトゥクトゥクで移動します。トゥクトゥクの料金は一万キープぐらいが相場ですが、今後、徐々に値上げされていくと思います。他の町でもそうですが、一人で乗るともう少し割高になります。

サイニャブーリー県

サイニャブーリー県はラオスでただ一つ、全体がメコン川の西岸、タイ側に張り出している県です。かつてはタイのナーン王国に属していたこともあって、文化的にもタイ北西部に近いと言われています。サイニャブーリーのアルファベット表記はXainyaburi（Sainyaburi）と、Xayabury（Sayabury）の二種類があり、最近ではXayabury（Sayabury）と表記することが多いようです。また、ラオス人は略して「サニャ」と言うことも多く、サイニャブーリーへ行くことを「パイ・サニャ」と言ったりもします。

タイとの国境（出入国ポイント）は北から以下の四つです。

▼パーンモーン（Pang Mone ປາງມອນ）→フアック（Huak）（タイ、パヤオ県）
▼ムアングン（Muang Ngeun ເມືອງເງິນ）→フアイコーン（Huaykon）（タイ、ナーン県）
▼プードゥー（Phoudou ພູດູ່）→バーンコック（Ban Khok）（タイ、ウッタラディット県）
▼ケーンターオ（Kanethao ເມືອງແກ່ນທ້າວ）→ターリー（Tha Li）（タイ、ルーイ県）

このうちムアングンとケーンターオの二ヵ所の国境が外国人旅行者の出入国を認めています（ムアングンの国境は二〇〇八年に開放された新しい出入国ポイントです）。ケーンターオからサイニャブーリー県を南北に貫く道が舗装されれば、タイ東北部とラオスの古都ルアンパバーンを繋ぐ最短ルートとなります。唯一の難所であるメコン川に架かる橋の建設計画もあるようです。

道路や観光施設の整備の遅れもあって、サイニャブーリーを訪れる外国人旅行者はあまり多くありませんが、エレファント・フェスティバル（象祭り）の時は、外国人を含め多くの人がサイニャブーリーにやってきます。エレファント・フェスティバルは、毎年二月にサイニャブーリー県内で行なわれるのですが、開催場所は毎回変わり、二〇〇七年はホンサー、二〇〇八年はパークラーイで行なわれました。開催時期が近づくとビエンチャンやルアンパバーンの旅行代理店などにポスターやパンフレットが置かれるので、場所と日時を確認して行くといいでしょう。開催期間は三日間ですが、サイニャブーリー県内の町はいずれも宿泊施設が多くないため、この時期は一般家庭へのホームステイなども行なわれるようです。

❖見どころ

サイニャブーリー県は観光開発が遅れていることもあって、お世辞にも旅行がしやすいとは言えませんが、実は滝や洞窟、温泉といった自然、古い仏教寺院や仏塔などの見どころが豊富にあります。個人で行くには苦労しますが、サイニャブーリーにある旅行代理店で依頼するか、他県から車やガイドをチャーターすれば、ある程度のところへは行くことが可能です。以下、県内の主な観光地をあげます。

タム・パーサーン洞窟　Pha Xang Cave　ຖ້ຳຜາຊ້າງ
サイニャブーリー郡のメコン川の近くにある自然洞窟。

タート・チャオ滝　Chao Waterfall　ຕາດເຈົ້າ
タードゥーアからメコン川を上流方面に行ったところにある滝。

タート・メットカム　Matkham Stupa　ທາດເມັດຄຳ
グン郡にある古い仏塔。

タート・シエンロム　Xiang Lom Stupa　ທາດຊຽງລົມ

シエンホーン郡にある仏塔。この仏塔のまわりはきれいに整備されています。

タート・プアック　Thatpourk Stupa　ທາດປວກ

コープ郡にある古い仏塔。

バーン・ムアンパー村　Ban Mouang Pa　ບ້ານເມືອງປາ

パークラーイ郡北部にある村で、近くに温泉があります。

タート・ナーンサームピウ

Nan Samphew Stupa　ທາດນານສາມປິວ

トンミーサイ郡にある古い仏塔遺跡で、かなり倒壊しています。

パーボン洞窟　Pha Bon Cave

パークラーイ郡、バーン・ムアンワー村（Ban Muangva ບ້ານເມືອງວາ）近くにある鍾乳洞で、洞窟内部には仏像が安置されています。この村では毎年三月にロケット祭りも行なわれます。

タート・ハム滝　Ham Waterfall　ຕາດຮ່ຳ

タート・サネーン滝　Sanen Waterfall　ຕາດສະແນນ

いずれもボーテーン郡にある滝です。

右:サイニャブーリーの
町なかにある寺院
左:山にかかる雲
(サイニャブーリーの町から)。

サイニャブーリー

サイニャブーリー（Xayabury ໄຊຍະບູລີ）はナムフン川（Nam Houng ນ້ຳຮຸ່ງ）に沿って広がっている、とても規模の大きな町です。中心部には立派な県庁舎があり、ナムフン川から西の戦勝記念塔へと向かう道沿いに裁判所や銀行をはじめとする、町の主要機関庁舎が集まっています。県庁舎の向かいにはこの町で一番大きなホテル、ニューサイニャブーリー・ホテルがあり、その裏手が市場です。道路は基本的に碁盤の目状になっているので、それほど迷うことはないでしょう。

サイニャブーリーには二ヵ所のバス乗り場と空港があります。空港は市場から南に三キロほど行ったところにあり、ラオ・エアの飛行機がビエンチャンから週に三便（火、木、土）運行しています。バスは、町の北にあるタナ・バスステーションからは、県内北部の町とルアンパバーン、ビエンチャンなど県外の町へのバスが発着していて、町の南にある乗り場からは、県内南部に行くトラックが発着しています。

❖ サイニャブーリーのバス

北バスターミナル

▶ビエンチャン

所要時間10～11時間

▶ルアンパバーン

所要時間約4時間

▶ホンサー

Hongsa ເມືອງຫົງສາ

所要時間3～4時間

南バスターミナル

▶パークラーイ

Paklai ເມືອງປາກລາຍ

所要時間5時間半

▶ボーテーン

Botene ເມືອງບໍ່ແຕນ

所要時間不明

▶ケーンターオ

Kenethao ເມືອງແກ່ນທ້າວ

所要時間不明

❖ サイニャブーリーの食事

Khamvong

カムボン

サイニャブーリーでは大型のレストランで、ステーキやローストダック、ミートボールなどのほか、もちろんラオス料理も揃っています。店先では焼き鳥や孵化しかかった鶏の玉子「カイルーク」などが売られ、ビールを飲むラオス人たちに人気です。

中華レストラン

市場の斜め向かいの路地を入った川沿いにある中国人経営のレストラン。看板等が出ていないためわかりづらい。中国語しか通じず、メニューもないため、注文には苦労するが、味は良い。ラオス料理に飽きた方に。

ラオスコーヒー

市場から南に行った川側のところにある食堂でラオスコーヒーを飲むことができます。食堂にはフーなどの簡単なメニューもあります。

上：大勢の人で賑わうサイニャブリーの市場。
下：サイニャブリーの街並み。

サイニャブーリー▼パークラーイ

サイニャブーリーからパークラーイ（Paklai ປາກລາຍ）へは乗り合いのソーンテーウが一日に五～六便、町の中心から南に八キロほど行ったところにあるトラック乗り場で発着しています。乗り場は未舗装の広場といった趣ですが、簡素な食堂と、飲み物やお菓子を売る売店、木造の小さなチケット売り場が広場内にあります。出発時間はだいたい決まっていますが、乗客が集まるまで待つことも珍しくなく、夕方の便は乗客が集まらなければ運休してしまうこともあるので、あまり遅い時間には行かないほうがいいでしょう。

サイニャブーリー近くの道はある程度整備されていますが、このルートの大半は未舗装路で、道は平坦ながら、乾季は砂ぼこり、雨季はスタックなどの恐れがあります。特に雨季は時間の読めない場合もあり、できるだけ早めの出発を心がけたいところです。通過する町の中も舗装されていないことが多くあります。

食事休憩は運転手の気分次第ですが、時間が短いので、基本的には長時間の休憩停車はないと考えたほうがいいでしょう。事前にサイニャブーリーの市場などで簡単な食料を用意しておくことをおすすめします。途中、ムアンピアン（Muang Phiang ເມືອງພຽງ）やバーン・ナムプーン（Ban Namphun ບ້ານນ້ຳພູນ）にはゲストハウスもあります。

パークラーイ

パークラーイはメコン川の西側に広がる町で、サイニャブーリー県内ではサイニャブーリーの次に大きな町です。ナム・ラーイ川の河口に位置することから、パークラーイという名前がついています。正式なバスターミナルは町の南にあるのですが、ソーンテーウなどでこの町に着いた場合、町の二キロほど北にある小さな広場で終点となってしまうことが多く、そこから町までは徒歩かトゥクトゥクで向かうことになります。

現在の町の中心は市場ということになるのですが、以前はメコン川による河川交通がメインだったこともあり、ゲストハウスや食堂などは船着場周辺を中心に点在しています。ただし、宿は古いものが多く、新しい宿はナム・ラーイ川に架かる橋付近と市場の近くにあります。メコンの川沿いの町なので、メコン川とメコンの対岸から昇る朝日が見られる川沿いをおすすめしたいところですが、少しでもきれいなところがいいという方は、そ

❖パークラーイのバス

北バスターミナル

▶ビエンチャン

所要時間10時間

▶ヒンフープ

Hinherb ຫີນເຫີບ

ビエンチャン行きバスに乗り途中下車。

所要時間8時間

▶サナカーム

Xanakham ຊະນະຄາມ

所要時間2時間。

ビエンチャン行きのバスで途中下車も可能ですが、その場合はサナカームの町の郊外で降ろされます。

▶ケーンターオ

Kenethao ເມືອງແກ່ນທ້າວ

所要時間1時半～2時間

❖ パークラーイの船

スローボート

▶ビエンチャン

所要時間10時間

▶サナカーム

上記と同じ船。

所要時間4時間

スピードボート

▶ビエンチャン

所要時間3～4時間

▶ルアンパバーン

所要時間時間不明

❖パークラーイの食事その他

Saisong

サイソン

ジェニー・ゲストハウスの隣にある大型のレストラン。

Nang Noi

ナーンノーイ

スローボート乗り場前の広場から南に行く路地にある家族経営の小さなレストラン。時々子供が客引きをしています。

Bountar Massage

ブンター・マッサージ

郵便局の先にある寺院向かいの路地を入ったところにあるマッサージ屋さん。普通の民家なので見落としやすいですが、路地入り口に看板が出ています。

れなりのゲストハウスやホテルに行ったほうがいいでしょう。

　バスターミナルは郵便局から南に約一キロのところなので、その周辺からであれば歩いて行くことも可能です。トゥクトゥクは市場周辺と船着場付近にいることが多いですが、数はそう多くありません。なお、この町のバスターミナルではチケット購入時に警察官によるパスポートチェックがある場合があります。

　また、パークラーイからはビエンチャン方面へのスローボートと、スピードボートのチャーター船が出ています。スローボート乗り場は情報文化省オフィスの向かい、スピードボート乗り場はバスターミナルのさらに南になります。

雨季、増水したメコン川に
停泊するロングボート。

パークラーイ▼ケーンターオ

パークラーイからタイ国境の町ケーンターオ（Kanethao　ເມືອງແກ່ນທ້າວ）までは乗り合いトラックが出ています。一応、出発時刻と値段は決まっていますが、人が少ない場合や、時間によっては、チャーターで出ることも多く、その場合はドライバーとの交渉で、乗車する人数での頭割りとなります。パークラーイからケーンターオまでの道はやはり未舗装路で、パークラーイを出てすぐに急な上り坂となり、あとは緩やかな山道で森の中を走ります。途中にはいくつかの村がありますが、それほど大きな集落はありません。

ケーンターオの町なかは舗装されています。トラックは町の広場が終点で、ここから国境まではまだ五キロほどの距離があります。ただ、事前に国境あるいはタイに行くことをドライバーに伝えておけば、乗り換えなしで同じトラックが国境ゲート手前のみやげ物店が並んでいるあたりまで行ってくれることもあります。ただし、その際はケーンターオから国境までの料金が追加になります。国境周辺にも簡素な食堂とゲストハウスがあります。

タイに出国する場合は、歩いて行くかトゥクトゥクを利用します。イミグレーション・オフィスは、現在建設中の国境ゲート内に移される予定ですが、今はこのゲート手前右側にある小さな木造のオフィスが使用されています。

ラオス側の車両ゲート。

❖タイへの出国

出入国スタンプによると、両国の出入国ポイントは、ラオス側がナムフン（Nam Heung）、タイ側がターリー（Tha Li）となっていますが、タイ側の国境にある村の名前はバーン・ナカセン（Ban Nakaseng）。二〇〇四年一〇月、国境を隔てるメコンの支流ナム・フン川に鉄筋コンクリート製の橋が架けられ、両国以外の外国人も通過できる正式な国境として開放されました。国境に架かる橋なので、この橋も他の場所の橋と同じく「フレンドシップ・ブリッジ」と呼ばれています。

タイ側のイミグレーション・オフィスは、この橋を渡ってすぐ右側にあり、両国のオフィス間の距離は三〇〇メートルほどです。橋はターリーの町の中心部からは離れているので、イミグレーション・オフィス先で待機している乗り合いのトラックやタクシーなどを利用して移動することになります。頻繁ではありませんが、イミグレーション・オフィスの先から乗り合いのソーンテーウが出ていて、ターリーのバスターミナルまで行くことができるほか、同じ場所で待機している車をチャーターして直接ルーイ(Loei)やチエンカーン(Chiang Khan)などに行くことも可能です。ターリーから近い最も大きな町は県庁所在地のルーイで、ルーイのバスターミナルからはバンコクやチエンマーイ、コーンケン、ウドーンターニーなど、タイ国内主要都市へのバスが出ています。

ラオス側、タイ側とも出入国手続きが可能なのは8:00~18:00。ラオス側は土・日と平日の16:30以降は手数料として五〇〇〇キープ、タイ側は8:00~8:30、12:00~13:00、16:30~18:00の間は五バーツが必要です。

タイ、ラオス両国は観光目的で入国する日本人旅行者に対してビザの取得を免除しているので、この国境を通過する際もビザの提示は必要なく、出入国カードの記載に不備がなければパスポートの提示と出入国カードの提出だけで、この国境を通過することができます。両国の滞在可能日数はそれぞれ一五日間。その日数を超えて滞在するとオーバーステイになりペナルティーを課せられます。

*タイは二〇〇八年一二月一日より、陸路でタイに入国した場合の滞在可能日数が、今までの三〇日間から一五日間に短縮となりました。空路で入国した場合は今までどおり、三〇日間の滞在を許可するスタンプが押されます。ビザの延長についても今までと制度が変わっているようですので、長期滞在する場合は事前の確認をおすすめします。

パークラーイ▼サナカーム

パークラーイからビエンチャン県のサナカームまではバスか船で行くことができます。バスは毎日運行していて、町の南にあるバスターミナルから発着しています。バスはターミナルを出ると、メコンの川岸に向かい、ここで渡しの船に乗ります。パークラーイの対岸は既にビエンチャン県で、対岸からは近年整備された新しい道路がサナカーム、ビエンチャン県で、ビエンチャン方面へと続いています。道路は全線舗装されていて、パークラーイから二時間ほどでサナカームに到着します。このルートができたことによって、パークラーイからビエンチャンへは船よりもバスでの移動が一般的になりました。

新しい道なので、パークラーイからサナカームまでの間、周辺にはまったく民家がなく、前半はつづら折れの山道、後半は背の高いススキなどが繁る草原の中を走ります。山越えもラオス北部と違い低山なのでそれほど苦痛ではなく、自然そのままの山や森を抜ける雰囲気の良いルートです。また、この周辺はラオス国内でも野生の象が最も多いところです。この国道の上にも象の糞が落ちていることがあ

サナカームの寺院にあった小さな仏塔。

り、野生象の目撃例もたくさんあります。

サナカーム行きのバスはサナカームの市場脇にある広場まで行きますが、ビエンチャン行きのバスはサナカームの町には入らず、町へ行く道の三叉路付近に建つスラポーン・ゲストハウス（Soulaphol Guesthouse）の前で停車します。バスの到着に合わせてトゥクトゥクが待機しているので、それに乗ってサナカームの町へ向かいます。

サナカーム

サナカーム（Xanakham ຊະນະຄາມ）はメコン川をはさんでタイのチエンカーン（Chiang Khan）の斜め向かいに位置し、メコン川に沿って東西に細長く伸びる静かな町です。タイ人とラオス人による行き来はありますが、この国境はまだ外国人旅行者に対しては開放されていないため、この町に滞在する外国人旅行者は多くありません。町の東寄りに市場や

❖ サナカームのバス

▶パークラーイ

所要時間2時間

▶ビエンチャン

所要時間8時間

▶ヒンフープ

上記ビエンチャン行きバスで途中下車。

所要時間6時間

❖ サナカームの船

スローボート

船は、下りはパークラーイ始発、上りはビエンチャン始発なので、サナカームからだと途中乗船になります。時期によって水位の違いから乗船する場所も変わりますが、そのへんの案内はチケット売り場の警察官がしてくれ、遠い場所まで移動するような場合は全員無料のトゥクトゥクで移動します。

▶ビエンチャン

所要時間5～6時間

▶パークラーイ

所要時間4時間

スピードボート

▶ビエンチャン

所要時間2時間半～3時間

❖ サナカームの食事

Nikita

ニキータ

12:00～24:00。メコン川沿いにあり、夜はバンドによる生演奏があります。どちらかというと、夜、ご飯を食べながらお酒を飲んで楽しむ店。ただし、メニューはラオス語のみ。

Sabaidy

サバイディー

6:00～22:30。こちらも英語のメニューはありませんが、メインストリートにある、サナカームで最も レストランらしい店。

Sinda

シンダー

8:00～23:00。メコンの川沿い、ボートチケット売り場近くにあるレストラン。

バスターミナル、郵便局、銀行などがあり、そこがこの町の中心となっているようですが、ゲストハウスやレストランなどは幅広く点在していて、ちょっと見つけにくい感じです。町なかはどこへ行くにしても歩けないほどの距離ではないですが、トゥクトゥクもそれほど高くはないので、荷物などがある場合は利用したほうがいいでしょう。

町の西の外れにはタイのチエンカーンへと渡る船着場とイミグレーション・オフィス、税関、免税店などがありますが、この国境はまだ外国人に対しては開放されていません。しかし、整備状況を見ると、この国境も近々開放されることになると思います。

サナカーム▼ビエンチャン

サナカームからビエンチャンへはバスか船で行くことができます。バスは毎日二便が運行。スローボートは週四便、スピードボートは一隻チャーターとなるので利用客の人数での頭割りとなりますが、これも毎日運行することが可能です。ただし、パークラーイでもそうですが、ボートの数がルアンパバーンなどに比べるとても少ないのと、バスを使った陸路移動が一般的になってきたので、今後はさらに利用する人が少なくなることが予想されます。これはラオスのほかの土地も同じです。以前は道路整備が遅れていたこともあって河川交通が主流で、また旅情を誘うボートトリップは外国人旅行者にも人気だった

上:メコンの難所で
祈りを捧げる船のスタッフ。
下:ビエンチャンの船着場に到着。

のですが、今はルアンパバーン↓パークベーン↓ファイサーイのように外国人旅行者に人気のルートや、ノーンキヤウ↓ムアンゴーイ間など、船に代わる移動手段がない場所でのみ、定額での船の運行が行なわれています。

そんな中で、毎日ではないものの定期船が出ているのが、このパークラーイ↓サナカーム↓ビエンチャンルートで、スローボートは良心的な値段に設定されています。ただ、現在、ビエンチャンとサナカームを結ぶ新しい道路が急ピッチで建設中なので、この道路が完成すると、このスローボートもなくなるのかもしれません。

サナカームからビエンチャンまでは所要時間五〜六時間といったところですが、途中には難所であり景勝地でもあるケーン(早瀬)などもあり、なかなか楽しめるルートです。途中での食事休憩などはないので、水や食料は乗船前に町で購入しておいたほうがいいでしょう。船は最終的にビエンチャンのカオリアオ船着場に着きますが、ここは市内からは遠く離れているので、乗り合いのトゥクトゥクなどを使って町中まで移動することになります。

バスは現在、新しいルートがまだ開通していないため、バーン・ナムヒー（Ban Namhi）手前から北へと大きく迂回し、ヒンフープで国道13号線に出てから、ビエンチャンへと南下します。13号線までは道の状態もあまり良くないので時間がかかりますが、新しい道が完成すればおそらく三〜四時間程度でビエンチャンまで行けるようになると思われます。バスの終点はT２バスターミナルです。

ナーン▼ムアングン▼ウドムサイ

サイニャブーリー県にはもう一つ、ムアングンという外国人にも開放されている国境があります。タイ側はナーン県というチエンマーイ県の東に位置する県です。ナーン県の中心地ムアン・ナーンへは、バンコクからバスで九〜一〇時間、飛行機で一時間四〇分ほどです。チエンマーイからはバスで四〜六時間ほどで行けます。ムアン・ナーンのバスター

ムアングン。
タイ方面とホンサー方面への分岐点。

ミナルは町の中心地にありますが、国境に向かうには、このターミナルの通常の発着場ではなく、敷地内に固まって停まっているミニバンのところに行ってそのへんにいるドライバーに伝えるか、ターミナルの案内所に尋ねるしかありません。

ムアン・ナーンを出たミニバンはしばらく小さな集落を通る平坦な道を進みますが、国境に近づくと山間の道はだんだん標高を上げ、カーブも多くなります。見通しも悪いので、景色を楽しむというわけにもいきません。国境には立派なゲートがあり、ミニバンはそのすぐ手前に停まります。ラオスに入るには、ゲートのそばのイミグレーション・オフィスで出国の手続きをしてから、ゲートをくぐって行くのですが、タイ人やラオス人の多くは車に乗ったまま国境を越えていきます。ラオスのイミグレーション・オフィスは坂を越えた先で一キロほどの距離があります。

イミグレーション・オフィスからムアングンの町の中心までは一本道をさらに二キロほどで、トゥクトゥクやバイクタクシーはないので、歩くしかありません。町の手前にいくつかゲストハウスやレストランがあります。

すぐ役に立つラオス語9

船
フーア　ເຮືອ
乗る
キー　ຂີ່
降りる
ログ　ລົງ
フェリー
バック　ບັກ

ムアングン

ムアングン（Muang Ngeun ເມືອງເງິນ）はサイニャブーリー県の北部グン郡の中心となる町で、中心部には小さな市場や商店が並んでいます。ただ、市場の中にも近辺にも食堂などは見当たらず、この町で食事をするにはゲストハウスに併設されたレストランに行くしかなさそうです。ゲストハウスは市場の近くに数軒ありますが、町なかよりも、国境近くのゲストハウスのほうが新しくてきれいです。

バス乗り場は市場の隣で、サイニャブーリー、ウドムサイ、ホンサー、パークベーン、ムアンフンなどへのバスが出ていますが、出発時間は不明です。

タイ国境からパークベーンの北までの道は近年タイの援助を受けて建設されたもので、舗装状態も良く、快適ですが、まわりに村などは見当たらず、多少退屈です。ムアングンから約一時間、三六キロほどでメコン川を越えます。橋はないので、車ごと渡し船に乗って渡ります。対岸に渡ると道はいきなり標高を上げ、右手の眼下にメコン川を見下ろしながら進みますが、カーブがきついので景色を楽しむ余裕はありません。

右：ムアングンから
ウドムサイ方面へと続く道。
下：メコン川を渡る。

食事休憩をとるのは国道2号線の合流ポイント、パークベーンの町から北へ二キロほど行った地点です。簡素な食堂が一軒あるだけですが、ウドムサイへ行くバスは他では短時間停車するだけなので、ここで食事をしたり、飲み物や食べ物を買うしかありません。ここからウドムサイまでの国道2号線も整備されてかなり良くなりました。途中にある大きな集落はムアンフンとムアンベーンの二ヵ所です。ウドムサイではメインのバスターミナルで停まりますが、それより手前の市場付近で降りる人もいます。市場付近のゲストハウスで泊まるのであれば、バスの運転手に話しておいて降ろしてもらうこともできます。（↓234ページ）

第五章

少数民族地帯と川旅の魅力

――ボーケーオ、ルアンナムターへ

ラオスの国旗と
同じ色に塗られた
ロングボート（スローボート）。

ラオス北部の名物、
カオソーイの味の決め手となる
自家製の味噌。

早朝の市場。パークベーン。

ラオスの酒、
ラオラオを売る女性。

托鉢で僧に渡す
もち米を入れた籠を
持つ女性。

中国、ミャンマー、タイ、三つの国に挟まれたラオス西部は少数民族が多いことでも知られ、タイと中国を結ぶアジア・ハイウェイ（南北回廊）の完成などによって、今後開発が進むと予想される地域です。多様な少数民族の存在に加え、タイと中国からの入国ポイントを有し、古都ルアンパバーンへのメコン下りの船旅なども楽しめることから、ラオス国内では外国人旅行者の間で人気の高いエリアです。本章ではこの地域に位置するボーケーオ（Bokeo ແຂວງບໍ່ແກ້ວ）、ルアンナムター（Luangnamtha ແຂວງຫຼວງນ້ຳທາ）の両県とウドムサイ（Oudomxay ແຂວງອຸດົມໄຊ）県の一部の見どころと人気のルートを紹介します。

ファイサーイ

ファイサーイ（Huoixai ເມືອງຫ້ວຍຊາຍ）はラオス国内で一番西にあるボーケーオ県の中心となる町で、タイとの間で国境が開放されているので、タイから見るとラオスの玄関口の一つということになります。メコン川を挟んでタイのチエンコーン（Chiang Khong）と向かい合っていて、ここから入国する場合、以前は船に乗ってメコン川を渡り、船着場上にあるイミグレーション・オフィスで入国の手続きをしていました。しかし、二〇一三年、ファイサーイとチエンコーンの間に第四友好橋ができ、ビエンチャン（タードゥーア）↓ノーンカーイ間、ターケー

橋が出来るまでは
舟でメコンを渡って
ラオスに入国していました。

ク→ナコーンパノム間、サワンナケート→ムクダハーン間と同じように、外国人は船で国境を越えることはできなくなりました。細長いラオスをくまなく旅しようと思った時、この町から入国し南下していくのが最も効率が良く、中でもここからスタートするルアンパバーンまでの一泊二日のスローボートの船旅は、外国人旅行者に人気のルートです。

町の規模はけっして大きくありませんが、宿、食堂、旅行代理店、銀行など、旅行者に必要なものは一通り揃っていて、旅行者の増加にあわせて新しいゲストハウスなども建設されています。ただし、見どころはあまりなく、町の規模も大変小さいため、この町に長期滞在する旅行者は少なく、たいていの人が多くて一泊、宿泊しないで素通りする人が大多数です。物価も他の町と比べると若干高めです。

❖タイへの出入国

国境越えは第四友好橋を運行するシャトルバスを利用します。料金は平日二〇バー

❖ ファイサーイの飛行機

ラオ・エアラインの飛行機がファイサーイからビエンチャンとルアンパバーンに就航しています。空港は町の東にあり、歩いて行くのは無理なので、トゥクトゥクで行くことになります。所要時間20分。ラオ・エアラインのオフィスは空港内にありますが、チケットは町の旅行代理店でも取り扱っています。

▶ビエンチャン

所要時間50分。

ルアンパバーン経由、所要時間1時間50分

▶ルアンパバーン

所要時間30分

❖ ファイサーイのバス

バスターミナルも町の中心から4kmほど離れた場所にあるので歩いていくのは大変です。トゥクトゥクで所要時間20分。ルアンナムターへはワット・マニラートの下あたりからミニバスも出ることもあるので、旅行代理店などで確認してください。

▶モンラー（中国）

Meng La

所要時間5～6時間。

▶ビエンチャン

所要時間22～23時間

▶ルアンパバーン

所要時間10～11時間

▶ルアンナムター

Luangnamtha ຫຼວງນ້ຳທາ

所要時間3時間半～4時間

▶ビエンプーカー

Viengphoukha ເມືອງວຽງພູຄາ

国際バスを除く上記いずれかのバスで途中下車。所要時間2時間半

❖ ファイサーイの船

スローボート

乗り場は町の西にあり、そう遠くないので頑張れば歩いても行けます。トゥクトゥクだと5分。

（→p.195へ続く）

メコン川へと続く道。

ツ、土日は二五バーツ。所要時間は一〇分程度。集まったら出発します。町なかから友好橋のイミグレーション・オフィスまではかなり距離があるため。トゥクトゥクやソーンテーウを利用するのが一般的です。友好橋はファイサーイ、チエンコーンの町からメコンの下流方向に一〇キロほど行ったところに架けられています。

イミグレーション・オフィスは両国とも朝六時から午後六時までやっていますが、ラオス側は土日祝日と夕方四時以降の手続きの場合、五〇〇〇キープまたは二〇バーツのオーバータイムフィーがかかります。

チエンコーンからは首都バンコクへの長距離バス、チエンラーイへの路線バス、チエンマーイへのツーリストバスなどが出ています。チケットは町なかにある旅行代理店などで購入できます。市場、チエンラーイへのローカルバス乗り場は町の東、橋を渡った先にあり、船着場からは二キロ以上離れているので、トゥクトゥクなどで移動したほうがいいでしょう。町なかにはゲストハウスもたくさんあります。

バスターミナルのチケット売り場。

▶パークベーン

Parkbeng ເມືອງປາກແບງ

所要時間6～7時間

▶ルアンパバーン

所要時間 1泊2日。途中パークベーンで上陸してゲストハウスなどで1泊

▶パークター

Paktha ເມືອງປາກທາ

所要時間2時間

スピードボート

乗り場は町の東にあり、トゥクトゥクで10分。ボートは乗り合いとなるので出発時間は決まっていません。朝7時ぐらいから人が集まり次第（定員は6人）出発します。

▶パークベーン

所要時間3時間

▶ルアンパバーン

所要時間6時間

▶シエンコック

Xiengkok ຊຽງກົກ

不定期なので要確認。このボートのみスローボート乗り場からの出発ですが、乾季で水位が低い場合は出ません。

❖ フアイサーイの食事その他

Piver Side Huay Xay

リバーサイド・フアイサーイ

フアイサーイ・ゲストハウス脇の路地から入ったところにある、メコン川に面した大型のレストラン。

Deen

デーン

タビーシン・ホテルの隣にあるインド料理のレストラン。

Sousada

ソーサダー

ケオチャンパー・ゲストハウスの隣にあるラオス料理のレストラン。

インターネットはフレンドシップ・ゲストハウスとその隣、ウドムポーン・ゲストハウスの角を右折した左側にあります。また、このウドムポーン・ゲストハウス先のインターネット屋さんの2階はマッサージ屋さんになっていて、ラオス式マッサージを受けることができます。

上：バスターミナルで肉まんを売る青年。
下：ファイサーイから対岸のタイ、チエンコーンの町を望む。

ラオスへの入国はこの反対の手続きを取ればいいのですが、チエンコーンにある旅行代理店でもスローボートやラオス国内のバスチケットなどを扱っているので、事前にタイ側で購入することも可能です。スローボートは、ハイシーズンで旅行者が多い時などはツーリスト専用のチャーター船が出ることもあり、そのチケットもチエンコーンで扱っています。

❖見どころ

ワット・マニラート　Wat Manilad

イミグレーションから坂を上がった正面にあるお寺で、メインストリートからさらに階段を登った高台にあります。境内からはメコン川とタイのチエンコーンの町を見渡せます。

Chinese Market　**中国物産市場**

メインストリートにある中国人経営の小さなマーケット。

タラート・サオ（**朝市**）

こちらはラオス人のための生活マーケットで、町の西の外れにあります。

ファイサーイ▼パークベーン

ファイサーイからラオスに入国する外国人旅行者の多くが、ここからルアンパバーンまで船でメコン川を下るこのルートを選択します。かつては生活の足として、ラオス各地で見られたメコン川の乗り合い船も、国内の道路整備が進むにつれて姿を消し、今ではサイニャブリー県のパークラーイ↓ビエンチャン間、ラオス南部のパークセー↓チャムパーサック↓ドーンコーン間と、このファイサーイ↓パークベーン（Parkbeng ປາກແບງ）↓ルアンパバーン間を残すのみとなりました。

中でもこのファイサーイ↓パークベーン↓ルアンパバーンのルートは、他の国との国境からは遠いルアンパバーンに船を使って直接アクセスできるため、古くから旅行者の間で人気のあるルートで、特に人気の高いスローボートはいつも外国人旅行者でいっぱいになっています。

船着場は、かつてタイとの渡し船が出ていた船着場から上流に少し行ったところにあり、距離はそう遠くないので歩いて行くことも可能です。船のチケットはタイのチエンコーンの町なかにある旅行代理店、ファイサーイの旅行代理店、一部のゲストハウスとスローボートの船着場上にある小屋で購入することができますが、乗船前にこの小屋でパスポートのチェックがあり、乗船するすべての外国人旅行者はここで警察官がそれぞれの氏名とパスポートナンバーをノートに書き写します。ここでのチェックを忘れると、のちにトラブルになる恐れもあるので、忘れないようにしましょう。

スローボートはラオス国旗と同じ赤、白、青の三色で塗られた全長二五メートルほどの船で、定員は決まっていませんが、この区間の船は二〇〜三〇人が乗船可能です。船内は船主に操舵室、後部にエンジンルームと簡単なトイレがあり、船のスタッフは船主と船尾にいて、接岸時の操船などの際は屋根に登って移動し、長い竹を使って船をコントロールします。船内は、中央の通路を挟んで両側に木製のベンチシートがあり、左右二人ずつ座ることができます。指定席にはなっていないので早い者勝ちですが、一度席が決まってしまえば、休憩などのあとも同じ席に着く乗客が多く、最初に座ったところが目的地まで自分の席となります。

ファイサーイからパークベーンまでは六時間ほどの船旅ですが、木製のベンチシートは固いので、エアークッションなどを持参すると快適に過ごせます。また、後方外側の席は早瀬などを通過する際や、他の船とすれ違う際に波をかぶるおそれがあるので、濡れて困るものはしまっておくことをおすすめします。以前は乗客も屋根の上に乗ったりすることができましたが、政府の指導もあり、現在は多くの船で外国人旅行者が屋根の上に乗ることを禁じています。実際、屋根の上はつかまるところもなく、滑りやすいので、大変危険です。船のスタッフの指示に従いましょう。

船はファイサーイを出てしばらくは進行方向右側がタイ、左側がラオスの風景になります。タイ側には整備された畑や道路が見え、ラオス側には大自然が広がっています。両国の対比という意味でも面白い風景と言えるでしょう。なお、船は一隻に二〇～三〇人ほどが乗船可能ですが、それよりも乗船する旅行者が明らかに多い場合、同じような船がさらに一隻、同じタイミングで出るので、乗り切れないということはないようです。

フアイサーイを出て一時間半ほどでナム・ター川（Nam Tha ນ້ຳທາ）の河口に近いパークター（Paktha ປາກທາ）という町に到着します。ここからナム・ター川を遡ってルアンナムター（Luangnamtha ຫຼວງນ້ຳທາ）の町まで船が出ています。パークターには給油のため小休止しますが、岸から上がって町を見に行くほどの時間はないので、乗客はメコンの岸辺に建てられた売店やトイレに行ったりするぐらいしかできません。子供たちが物を売りに来たりもするので、写真を撮ったり、子供たちと遊んだりして過ごすのもいいでしょう。

パークターを出ると終点のパークベーンまで特に長く停船する所はありませんが、スローボートは基本的に乗客や荷物の積み下ろしがあれば、途中の村にも寄っていくので、その時その時で多少運航状況が違います。船のスタッフは大変目が良く、乗船するため岸辺で手を挙げている人を見つけては船を岸に寄せていきます。

パークターの先からはメコンの両岸ともがラオス領となり、自然はより色濃くなります。メコン川もまるで鏡のように穏やかな場所があるかと思えば、たくさんの岩が水面から顔を出し、流れが渦を巻く急流などもあり、大変変化に富んでいます。読書をして過ごすのも良いですが、ここはせっかくなので大河メコンの変化に富んだ表情を楽しんでみてはいかがでしょうか。

❖ すぐ役に立つラオス語10

写真を撮る

ターイ・フープ　ຖ່າຍຮູບ

～してもいいですか？

～ダイ・ボー　ໄດ້ບໍ່?

いいです。

ダイ、ボー・ペン・ニャン

ໄດ້, ບໍ່ເປັນຫຍັງ

だめです。

ボー・ダイ　ບໍ່ໄດ້

朝のパークベーン。

船はファイサーイを出て六〜七時間後の午後二〜三時頃、この日の目的地であるパークベーンに到着します。パークベーンの町は船着場から急な坂を登った先にあるのですが、町の規模は大変小さく、最近になって多少増えたもののゲストハウスもそれほど多くはないため、旅行者が多い時は設備の良いゲストハウスや船着場から近いゲストハウスはすぐに満室になってしまいます。お目当てのゲストハウスがある場合は、船に預けていた荷物を受け取ったらすぐに部屋を確保しに行ったほうが良いでしょう。また、船着場付近には荷物を運ぼうとする青年や少年がいますが、有料です。特に必要がない場合はきちんと断りましょう。

スピードボートではこの区間、給油以外はノンストップでファイサーイからおよそ三時間でパークベーンに到着します。TOYOTA製の車用エンジンを搭載した船の速度は最高時速八〇キロほどまでに達し、とても風景をゆっくり楽しむといった雰囲気ではありません。エンジンの音も物凄く、船を降りてしばらくの間は耳がよく聴こえないほどです。乗客はライフジャケットとヘルメットを着用しますが、なにしろスピードがすごいので安全性が問われています。しかし時間がない時などは有効な乗り物なのは事実で、実際、地元のラオス人たちもよく利用しています。乗る際は耳栓などを用意しておくと良いでしょう。

パークベーン

パークベーン（Parkbeng ເມືອງປາກແບງ）はナム・ベーン川がメコンと交わる河口にある小さな町。国道2号線がウドムサイとの間を結んでいますが、町なかには特に見どころというほどのものはありません。メコン川を航行する船の中継地として外国人旅行者が多くやってくるようになる前は、ラオスのどこにでもあるような田舎町でした。

急増する旅行者に合わせて新しいゲストハウスも新設されましたが、まだまだ設備の良いものは少なく、昔ながらの木造の簡素な宿が中心です。町は船着場からウドムサイへと続く国道2号線（国道には見えませんが）沿いに細長く広がっています。ウドムサイ方向に一五〇〇メートルほど行った左側に小さな市場があり、朝方は買い物客で混み合っています。野菜や魚など生鮮食品が中心の市場なので、旅行者の利用価値は低いと思いますが、田舎町ならではの雰囲気を持った市場なので散策にはおすすめです。宿や食堂も船着場からこの市場までの間が最も多く、市場より先に進むと途端に旅行者の姿を見かけなくなります。

❖ パークベーンの交通

パークベーンからはルアンパバーン（船）、フアイサーイ（船）、ウドムサイ（バス）の3方向への移動が可能です。

スローボート

▶フアイサーイ

所要時間7～8時間

▶ルアンパバーン

所要時間6時間

スピードボート

▶フアイサーイ

所要時間3時間半

▶ルアンパバーン

所要時間3時間

バス

バスターミナルは市場のさらに先、ウドムサイ方向に2km近く離れたところにあり、船着場からだと徒歩で30分ほど。トゥクトゥクで10分。

▶ウドムサイ

Oudomxay ອຸດົມໄຊ

所要時間約6時間

❖ パークベーンの食事その他

レストランはメインストリートのビラ・サリカの前あたりに固まってあります。

Khop Chai Deu

コープチャイドゥー

パークベーン・ロッジ方向へ行く坂を登ったところにあるインド&ラオス料理のレストラン。コープチャイドゥーの隣にはサウナとマッサージの店があります。

パークベーン▼ルアンパバーン

パークベーンからルアンパバーンまでは、陸路でウドムサイを経由して行く行き方もありますが、やはり船を使ったほうが快適です。フアイサーイでルアンパバーンまでの通しのチケットを買った場合は前日と同じ船に乗ることになりますが、パークベーンまでのチケットでこの町に到着した人は、ここで新たにルアンパバーンまでのチケットを購入しないと船に乗ることはできません。早くルアンパバーンに着きたい人はここからスピードボートという選択も可能です。スローボートで前日と同じ船に乗る場合、ここでもまた席は自由席となるので、できることなら早めに乗り込んで自分の席を確保したいものです。左右どちらの席が良いかというと微妙なところですが、この区間の見どころであるナム・ウー川とメコンが交わるパークウー（Pak Ou ປາກອູ）付近では、左側であればナム・ウー川とその近くに聳える岩山が、右側であればタム・ティンの洞窟などを眺めることができます。

メコンの船旅の楽しみは船から見えるメコンの表情と周辺にある村々や自然の風景、人々の暮らしですが、この区間でも小舟に乗って漁をする人や水浴びをする子供たち、行き交う他のスローボートやスピードボートなどを目にしながらの旅となります。もちろん、気が合えば船に同乗している他の旅行者と会話してみるのも楽しいものです。

船はパークベーンを出て五時間半ほどでメコンとナム・ウー川の合流点を通過します。

パークベーンから
ルアンパバーン方面をのぞむ。

ここまで来ればルアンパバーンはもうすぐで、三〇〜四〇分ほどでルアンパバーンの船着場に到着します。ルアンパバーンの船着場は他の町と違って町の中心部近くにあるので、宿まで歩いて行くことが可能です。船着場にはゲストハウスの客引きが来ていることもありますが、ここもパークベーンと同じく大勢の旅行者が一斉に宿を目指すので、ぐずぐずしていると部屋の確保が困難になります。ルアンパバーンはラオスで一番人気のある観光地なので、他の町と比べても圧倒的に旅行者の数が多く、特にクリスマスから年末年始の時期と、毎年四月のピーマイ・ラオ（ラオス正月）の時期は、ほとんどの宿が満室状態となるので注意が必要です。通常の時期でもメコン川に近い宿は混んでいるので、スローボートが到着する時間からの宿探しはある程度の根気が必要となるでしょう。

パークベーン▼ウドムサイ

パークベーンからはバスでルアンパバーンの北にあるウドムサイ（Oudomxay ອຸດົມໄຊ）に出ることができます。バスターミナルは船着場から内陸に二キロほど行ったところにあり、そこからウドムサイ行きのバスが一日二便出ています。また、バスとは別にソーンテーウも数本出ていますが、これはウドムサイまで行くものと、途中のムアンフン（Muang Houn ເມືອງຮຸນ）や近隣の村までしか行かないものがあるので要確認。

パークベーンからウドムサイまでの国道2号線はほとんど舗装されているものの、舗装されてからかなり時間が経っているので、穴があいていたり、地面が波打っている場所もあります。しかし、山越えのような険しい道ではなく、パークベーンからしばらくはカーブが続きますが、あとは比較的真っすぐで穏やかな道となります。周辺には集落も多く、中でも目を引くのはモン族の村です。この辺の村に住むモン族の女性たちは民族衣装を着ていることが多く、他の場所よりもそんな彼女たちの姿を多く見ることができます。特にピーマイ・モン（モン族の正月）の時期（毎年一二月〜一月。年によって変わる）には、民族衣装で着飾ったモン族の人たちが大勢集まっているのを見ることができるでしょう。

バスはパークベーンを出て一時間半から二時間ほどムアンフンの町に到着します。ムアンフンは、市場を中心に国道2号線沿いに民家や商店が並ぶ小さな町です。町のすぐ近くをナム・ベーン川の支流が流れ、町の郊外にはタートヨーン（Tad Yong ຕາດຍອງ）という滝もあります。外国人旅行者は少ないですが、町にはゲストハウスも二軒ほどあるので、ここで宿泊することも可能です。

ムアンフンからウドムサイまでは所要時間三〜四時間ほど。途中にはムアンベーン（Muang Beng ເມືອງແບງ）という町がありますが、こちらは規模が小さく、ゲストハウスなどは確認できていません。

ファイサーイ▼シエンコック

シエンコック（Xieng Kok ຊຽງກົກ）はミャンマーの対岸にある小さな村で、ファイサーイからだとメコンの上流に位置しています。ファイサーイから中国国境のボーテン（Boten ບໍ່ເຕັນ）までの国道3号線が整備される以前は、ルアンナムターやムアンシン（Muang Sing ເມືອງສິງ）から陸路でシエンコックまで移動し、シエンコックからは船でメコン川を下りファイサーイまで出るのが最もポピュラーなルートでした。タイからラオスに入ってムアンシンを訪れる旅行者も船でメコン川を遡り、シエンコック経由でムアンシンへと移動していました。

しかし現在は3号線が整備され、ルアンナムターからわずか三時間半ほどでファイサーイまで移動することが可能となったため、このルートを旅する外国人旅行者は激減し、かなりマイナーなルートとなってしまいました。その結果、この旧ルートを移動しようとすると、かなりのお金と時間を浪費することになります。外国人旅行者も少なく、英語も通じにくいので、旅慣れた人か、ラオス語もしくはタイ語が話せる人以外は、このルートは避けたほうが無難でしょう。

フアイサーイからシエンコックへのスピードボートはチャーターで、スローボート乗り場から不定期に出ています。ボート所有者の都合にも左右されますが、乾季でメコン川の水位が下がると、フアイサーイからは運航できなくなり、フアイサーイより上流のバーン・ナムケーン（Ban Nam Kheng ບ້ານນ້ຳແກ່ນ）、トンプーン（Ton Pheung ເມືອງຕົ້ນເຜິ້ງ）、またはムアンモーム（Muang Mom ເມືອງມອມ）からの運航になります。

トンプーンはタイのチエンセーンの向かいにある町で、ゴールデントライアングルをラオス側から見ることができますが、チエンセーンと違って高台がないので、ちょっとわかりづらいかもしれません。町の南にあるドーンサーオ（Done Xao ດອນຊາວ）というメコンの中州の島にはタイ側からのツアーなどで入ることができ、島内には外国人観光客目当てのみやげ物屋などが建ち並んでいます。今までラオス側は全くと言っていいほど開発されていませんでしたが、現在、中国がトンプーンにカジノやホテル、ゴルフ場などのリゾート施設の建設を計画しており、ここも今後は観光開発が急速に進むものと考えられます。

ムアンモームはトンプーンのさらに上流に位置し、対岸はミャンマーのシャン州タキレック郡Vang Poongで、未確認情報ですが、ここの国境が外国人旅行者にも開放されたというニュースが伝わってきています。

トンプーン、ムアンモームのいずれへもファイサーイから乗り合いのソーンテーウが出ています。乗り場はファイサーイの市場前で、メインストリートから一本内陸の道を通って行くため、メインストリートで待っていてもやってきません。トンプーンまでは所要時間一時間半、ムアンモームまでは約二時間ですが、外国人旅行者の場合、バーツで高い料金を言われることも多く、注意が必要です。できればラオス人たちがいくら払っているのか確認したほうがいいでしょう。

シエンコックまではスピードボートでの旅になりますが、料金は交渉制。一隻チャーターで、他に乗る人がいれば頭割りになるので、一人当たりの料金は安くなりますが、旅行者は皆無です。現地のラオス人でシエンコックに用のある人も少ないので、同乗者はなかなか見つからないと思います。トンプーン、ムアンモーム共にゲストハウスはあるので、同乗者を待って宿泊するのも手ですが、やはりタイミング次第で、一人でチャーターしなくてはならなくなる可能性が大です。もちろん交渉次第では料金が下がることもありますが、陸路での移動と比べるとどうしても割高になってしまいます。

トンプーンからシエンコックまでは所要時間二時間半から三時間。ムアンモームからだと二時間〜二時間半ぐらいで、シエンコックからだと下りになるので少し時間が短縮されます。

ファイサーイからゴールデントライアングル付近まではゆったりと流れるメコンも、そこから先の上流では急に川幅も狭くなり、流れも急なところが多くなります。そのため中国の大型貨物船などとすれ違う時は要注意。接触しないよう狭くなる手前で待機することもあります。景色もゴールデントライアングルまでとその先では大きく違い、対岸がミャンマーの区間ではラオス、ミャンマーとも集落が少なく、あまり変化のない景色が続きます。

シエンコック

シエンコック（Xieng Kok ຊຽງກົກ）はルアンナムターから来る国道17号線の終点で、メコンを挟んで対岸にミャンマーを望む小さな村です。以前はラオス西部からタイへと旅する旅行者が船でファイサーイまでのメコン下りを楽しむためにこの村を訪れていたのですが、ルアンナムター、ファイサーイ間の国道3号線が整備されたことにより、ここを訪れる外国人旅行者は激減しました。ムアンシンまで来た旅行者が気まぐれに訪れる程度で、そういう旅行者も料金が高いせいで船には乗らず、ソーンテーウでまたムアンシンへと戻って行きます。

ただ、ラオス西部は少数民族が多く、特にこのシエンコック、ムアンシンと、その間にあるムアンローン（Muang Long ເມືອງລອງ）では、近隣で暮らす民族をよく見かけます。シエンコックでは定期的な市も開かれているので、タイミングが合えばカラフルな衣装に身を包んださまざまな民族の姿を見ることができるでしょう。

もちろん、近郊にある彼らの集落を訪れることも可能ですが、民族によっては外部の人の訪問をこころよく思わなかったり、警戒心を持っている人も多いので、注意が必要です。タイと違い、ラオスではまだまだ観光村となっている村は少なく、そこは彼らの生活の場です。いきなり訪れてカメラを向けたりする行為は避けるべきです。節度を持って人々に接してください。また、彼らの中には旅行者に対して執拗に物を売ろうとする人もいます。アヘンの吸引などを勧める村などもあるようです。十分気をつけてください。

シエンコック自体はとても小さな村で、トゥクトゥクなどもありませんが、歩いて廻れます。村の中央に市場があり、ムアンローン行きのソーンテーウもこの市場脇から発着しています。月に二回ほど市が立ち、その間は大勢の少数民族でごった返します。船着場には中国からの貨物船が停泊し、中国人の船員たちが荷物の積み下ろしや船の整備などをしています。スピードボートもここから出るので、船に乗る場合はこの船着場に行って船頭を探すことになります。バックパックなどを背負っていれば船頭のほうから見つけて声をかけてくることもありますが、見つからない場合はその辺にいる人に適当に声をかけてみましょう。

シエンコックはメコン川に面した村なのですが、この村からメコンに沈む夕日を楽しむことはできません。メコンの川幅が狭い上、対岸（ミャンマー）に高い山があるせいで、早く陰ってしまうからです。ただ、田舎ならではののどかな雰囲気はあるので、暗くなる前にそういう雰囲気を楽しんだほうがよいでしょう。電気は二四時間供給ですが、ダムの水量が減ると停電する場合があります。

❖ シエンコックのバス
ソーンテーウ

▶ムアンローン

所要時間1時間

これとは別にケムコーン・ゲストハウス隣よりムアンローン行きのミニバスがあります。

▶ムアンシン

ムアンローンで乗り換え。プラス2時間

❖ シエンコックの
スピードボート

▶ムアンモーム、
トンプーン、
フアイサーイ方面

所要時間3～5時間

❖ シエンコックの食事

Xieng Kok Resort（シエンコック・リゾート）と**Khemkhong Guesthouse**（ケムコーン・ゲストハウス）が食堂を併設しています。この2軒以外だとフーなどを食べさせる屋台が数軒ある程度で、大きな食堂はありません。市場でも簡単なものを食べることができます。

シエンコック▼ムアンシン

シエンコックからムアンシンまでダイレクトに行くバスはなく、途中にあるムアンローンで乗り換えとなります。市場脇から出るソーンテーウか、ケムコーン・ゲストハウス隣の民家前から出るミニバスでムアンローンまで移動し、ムアンローンでムアンシン行きの車に乗り換えます。

シエンコックからムアンローンまでは木々が生い茂る山道で、ムアンローンは荒野の中にぽつんとあるといった趣です。市場を中心とするとても小さな町ですが、ゲストハウスは六軒ほどあります。市場の裏側にはナム・マー川が流れています。電気は二四時間供給ではなく、夕方からの三時間ほど。ここもシエンコックと同じく、月に二回ほど市が立ち、近隣に住む少数民族の人たちが集まります。日にちについてはムアンシンでも情報を得ることができるので、その期間に合わせて訪れてみるのも良いかもしれません。

ムアンシンへはこのムアンローンで車を乗り換えるのですが、到着と出発時間を合わせているので、連絡は悪くありません。よほどのことがない限り、すぐにムアンシン行きのソーンテーウに乗り換えることができるでしょう。ムアンシンまではここから二時間ほどの旅となります。

❖ ムアンローンのバス

ソーンテーウ

乗り場は市場の斜め前で、メインストリート（シエンコックからムアンシンへの国道17号線）から1本入ったところになります。

▶シエンコック

所要時間1時間

▶ムアンシン

所要時間2時間

▶ルアンナムター

所要時間4時間

❖ ムアンローンの食事

市場の中にはカオソーイなどを食べさせる屋台が数軒ありますが、あまり遅い時間まではやっていません。市場前の道沿いに中華料理の店とラオス料理の食堂があります。

ムアンシン

ムアンシン（Muang Sing〔ເມືອງສິງ〕）は中国国境から一〇キロちょっとのところに位置する町で、近隣にはさまざまな少数民族の人たちが暮らしています。そのため、古くからラオス西部を訪れる旅行者の間で人気があり、自転車や徒歩で郊外にある彼らの村を訪ねたりしながら、のんびりと滞在する人もたくさんいます。

近年は旅行者の増加に合わせて観光化も進み、ゲストハウスやレストランなども増えたほか、町中にはツーリスト・インフォメーションもでき、ここで地図などをもらうこともできます。また、今後は少数民族の村々を訪れるツアーなども増えることが予想されるため、いっそう観光化が進むものと思われます。

❖ ムアンシンのバス

▶ルアンナムター

所要時間2時間

▶ムアンローン

所要時間2時間

❖ ムアンシンの食事

ムアンシン名物のカオソーイは市場の中に4～5軒の店があり、午前中は食事をするラオス人や少数民族の人で混んでいます。午後になると店を閉めてしまうことが多いので、早めに食べに行きましょう。

Vinegphone
ビエンポーン

メインストリートにあり、多くの外国人旅行者が利用するレストラン。英語メニューあり。7:00～22:00。

Jinying
ジンイン

中国人経営のレストランで、水餃子や小籠包などがあります。

相昆飯店

メニューが豊富な中華レストラン。中華のレストランは客が集まる朝に行くのがおすすめ。変な時間に行くと営業していないことがあります。

朝もやに包まれるムアンシンの町。

電気は二四時間供給です。町中では外国人の旅行者にアクセサリーなどを売るアカ族のおばちゃんや織物を売るタイダム族の女の子たちがいますが、以前と違い、ゲストハウスの中まで入ってきてしつこく売りつけることはなくなりました。ただ、無遠慮にカメラなどを向けると「写真を撮ったんだから物を買え」などと強く言われることもあるので、注意が必要です。

市場とバス乗り場は新しくなり、町の中心から北西に離れたところに移りました。町の中心部からは徒歩で一〇分程度です。

町の郊外には少数民族の村々が点在していますが、多数を占めるのはタイルー（Thai Lu）とアカ（Ahka）で、そのほかにタイダム（Thai Dam）、モン（Hmong）、ミエン（Mien）、タイヌア（Thai Neua）、ヤオ（Yao）、コー（Ikho）、ランテン（Lan Therng）、ローロー（Lolo）などの民族が暮らしています。

布を売るタイダム族の女性。

ファイサーイ▼ビエンプーカー▼ルアンナムター

ファイサーイからルアンナムターへは、国道3号線が全面舗装されたことにより、バスでの移動が一般的になりました。バスはルアンナムターを通過するものも含めると一日三〜五本あり、所要時間時間は三時間半ほどです。道は新しいので舗装状態は最高ですが、カーブやアップダウンは多く、事故も多いところです。運転手によってはかなりスピードを出すこともあるので、車に弱い人は酔いどめの薬などを用意したほうがよいでしょう。

ファイサーイを出てしばらくは国道沿いにいくつかの集落が見られます。国道の整備と共に、こういった村々の名前を記した案内板なども設置されたようで、アルファベット表記の村名や他の町まで何キロといった表示なども国道脇にあります。国道3号線が通るルートに大きな山などはなく、峠を越えるといったこともありません。しかし、多くのカーブと緩やかな山道が続くルートで、バスは直線ではかなりのスピードを出します。

ファイサーイとルアンナムターの間にあるビエンプーカー周辺では風景が一変し、開けた平野が広がっていますが、ここを過ぎると再びなだらかな山道が続きます。

ビエンプーカー

ビエンプーカー（ViengPhouKa ວຽງພູຄາ）はファイサーイとルアンナムターの間にあるそこそこ大きな町で、バスは必ずこの町で停まります。ルアンナムター県の大部分を占めるナム・ハー国立自然保護区（Nam Ha National Protected Area）の中に位置し、周辺は豊かな自然に囲まれています。そのため近年は、滝や洞窟など自然の景観、鳥や花、蝶などの動植物、周辺に暮らす少数民族の村々を見に行くエコツアーやトレッキングツアーなどに人気が集まっています。多くはルアンナムターからのツアーになりますが、ビエンプーカーにもツーリズム・オフィスがあってツアーに申し込むことができ、専門のガイドが同行します。町そのものはこれと言って見どころはありませんが、田舎ならではののんびりとした雰囲気があり、外国人旅行者が少ない分、地元の人と密に接することができるかもしれません。最近、ビエンプーカーからムアンシンに直接抜ける道路も開通しましたが、こちらは未舗装路で、四輪駆動車などでないと走行は難しく、公共の乗り物などはまだ走っていません。

ビエンプーカー周辺には滝や洞窟、少数民族の村などが沢山あります。しかし、個人で気軽に訪れることは難しく、いずれもガイドが同行するツアーに参加して訪問することになります。ビエンプーカーの北にあるオンカオラオ（Oung Kao Rao）は、石筍やつらら石、襞状の鍾乳石などが見られる大変美しい鍾乳洞です。

❖ ビエンプーカーのバス

乗り合いのソーンテーウは市場脇から発着しますが、ルアンナムター、ファイサーイ間を走るバスは町中まで入らずに国道3号線上で停車するので注意が必要です。

▶ルアンナムター

所要時間1時間

▶ファイサーイ

所要時間2時間

❖ ビエンプーカーの食事

市場周辺と国道沿いにいくつかの食堂がありますが、メニューは豊富ではなく、フーなどの簡単なものしかありません。

ルアンナムター

ルアンナムター（Luangnamtha ຫຼວງນ້ຳທາ）は周囲をぐるっと山々に囲まれ、のどかな田園の風景が広がる、とても美しい町です。季節になるとトンボや蛍が飛び交い、人々が協力しあって稲を刈る姿なども見ることができます。集落はナム・ター川の西側に沿って南北に広がり、空港や船着場がある旧市街（オールド・ナムター）と、ゲストハウスやレストランなどが集まる新市街からなります。両市街の間は七キロほど離れているため、トゥクトゥクやレンタバイク、自転車などでの移動が一般的です。

ムアンシン、ボーテンなどから来るバスは、新市街のペンタビー・ゲストハウス脇から入る近距離専用のバスターミナルに到着しますが、それ以外のバスはA3と呼ばれる国道3号線のバイパス脇に新設された長距離バスターミナルから発着しています。長距離バスターミナルから新市街までは一〇キロ以上離れているため、乗り合いのトゥクトゥクを利

❖ ルアンナムターのバス

ルアンナムターには近距離と長距離、2つのバスターミナルがあり、行き先によって乗り場が違います。

近距離バスターミナル

▶ムアンシン

所要時間2時間

▶ムアンローン

所要時間4時間

▶ボーテン

所要時間1時間半

▶ナーレー

所要時間3時間

▶ビエンプーカー

所要時間1時間半

長距離バスターミナル

市街中心部からトゥクトゥクで20分

▶ウドムサイ

所要時間3時間半～4時間

▶ルアンパバーン

所要時間7時間

▶ビエンチャン

所要時間17～18時間

▶モンラー（中国）

Muang La

所要時間3～4時間

▶フアイサーイ

所要時間3時間半

フアイサーイ、ビエンプーカー方面へは、上記バス以外に、ビエンチャンとモンラー始発のバスが立ち寄ります。ミニバスも出ることもあるので、旅行代理店などで確認してください。

❖ ルアンナムターの飛行機

空港までは新市街中心部からトゥクトゥクで10分。

▶ビエンチャン

所要時間50分

❖ ルアンナムターの船

ナム・ター川を下る船はオールド・ナムターにあるボートランディング・ゲストハウス前の船着場から出ます。（→p.217へ続く）

tigo

用して移動することになります（所要時間一五分）。
ルアンナムターの近隣にも少数民族が暮らしています。タイダム族が最も多く、そのほかにタイルー、ランテン、モン、カム族などの集落が郊外に点在しています。しかし、

ルアンナムターの中心部。

船のチケットは船着場で売っていますが、市内にある旅行代理店や一部のゲストハウスでも購入することができます。新市街から船着場へはトゥクトゥクで10分ほど。

▶ナーレー

雨季のみ運行。朝8時ぐらいから人が集まったら出発。
所要時間8時間

❖ ルアンナムターの食事その他

Yamuna
ヤムナー

インド人経営のインド料理レストラン。
8:00 ～ 23:00。

Panda
パンダ

田んぼを見下ろす道の斜面に張り出したところに建つレストランで、ラオス料理のほかにスパゲティーやサンドイッチなどのメニューがあります。
7:00 ～ 22:00

Coffee House
コーヒーハウス

ツアー会社のグリーン・ディスカバリー脇の道を市場方向に歩いた左側にあるこぢんまりしたカフェで、パンケーキやサンドイッチなどを提供しています。店もスタッフも雰囲気が良く、ここで朝食を取る外国人旅行者も増えています。
7:30 ～ 21:00。

紅南食宿
Tailu Guesthouse
タイルー・ゲストハウス

ゲストハウス併設のレストラン。ルアンナムターにいくつかある中華レストランの中でも最もメニューが豊富で味も良いのでレストランとして紹介します。
7:00 ～ 22:00。

伝川飯店

ヤムナーの並びにある中華レストランで、こちらも味がよくおすすめ。
7:00 ～ 2:00。
（→p.219へ続く）

ナム・ター川に架けられた竹製の橋。

シエンコックやムアンシンと比べると、町中で彼らの姿を見ることは少ないようです。少数民族の集落で新市街から近く、行きやすいのは、郵便局脇の道を進み、ナム・ター川に架かる竹製の橋を渡った先にあるタイダム族の村、バーン・トンチャイタイ(Ban Tong Jai Tai ບ້ານທົ່ງໃຈໃຕ້)とバーン・トンチャイヌア(Ban Tong Jai Neua ບ້ານທົ່ງໃຈເໜືອ)、ムアンシンへと通じる道のダム手前にあるモン族の村、バーン・ハートヤーオ(Ban Hadyao ບ້ານຫາດຍາວ)です。ただ、いずれも観光化された村ではなく、普通の生活の場なので、訪問する際はきちんとコミュニケーションを取り、人々に対する配慮を怠らないようにしたいものです。

Banana

バナナ

KNTインターネットカフェの隣にある欧米人に人気のレストラン。

ナイトマーケット

郵便局脇の旧市場跡では夕方から食べ物の屋台が出るようになり、ルアンナムター・ナイトマーケットと呼ばれています。焼鳥や焼き豚、焼きそばなどをその場で作ってくれる屋台が数軒あり、板を渡しただけの低いベンチに座って食べます。ビールやラオラオなどの飲み物もあり、ラオス人だけではなく、外国人の旅行者も楽しんでいます。

KNT Internet Cafe

グリーン・ディスカバリーの向かいにあるインターネットカフェで、町の地図や民芸品、飲み物なども販売しています。夕方にはホームメイドのケーキなども販売していて、地元の人にも人気です。

Green Mountain

グリーンマウンテン

カムキン・ゲストハウスの並びにあるインターネットカフェで、生ジュースなども販売もしています。スピードはこちらのほうが若干速いかもしれません。

Green Discovery

グリーン・ディスカバリー

ビエンチャンやルアンパバーンにもある国内ツアー会社。近隣へのトレッキングツアー、エコツアー、マウンテンバイクを使ったツアー、船の手配などを行なっています。

ツーリズム・オフィス

少数民族の村に宿泊するツアーなどの申し込みができます。

レンタバイク、
レンタサイクルの店

マニチャン・ゲストハウスの並びにあります。

サウナ

パンダレストランの先を市場方面へと曲がる角の右側。普通の民家風でちょっとわかりづらい。

ナム・ター川の旅

ルアンナムターからファイサーイ方面へは、陸路の旅とは別に、ナム・ター川を下る船の旅があり、国道3号線が整備される以前はこちらのルートのほうが一般的でした。現在は燃料費の高騰から、バスで移動するのに比べると高い旅にはなりますが、その分、旅情あふれるローカルな旅を楽しめるルートです。

ルアンナムターの船着場は、空港がある旧市街（オールド・ナムター）にあり、船着場の前にはボートランディング・ゲストハウスがあります。ここのゲストハウスでチャーターも含めた船の手配を行なっていますが、チケットはここまで来なくても新市街にあるツアー会社で手配することができます（予約は前日までに）。

ナム・ター川を下る船。

ルアンナムター。

船はバスと違って出発時間は決まっておらず、だいたい朝の八時ぐらいから、乗客が集まったら出発するというやりかたです。乗客が多い時は何隻かの船が出ることもありますし、逆に人が集まらないとなかなか出発しないこともあるようですが、それでも一〇〜一一時までには出発します。ルアンナムター↓ナーレー（Na Lae ນາແລ）間の船は水位が下がる乾季には運行できません。乾季は、バスでナーレーまで行き、ナーレーでボートに乗り換えることになるのですが、ナーレーでも船は同じく乗客を集めてからの出発になるので、タイミング次第ではナーレーでの宿泊を余儀なくされるかもしれません。ナーレーには現在、ゲストハウスが二軒あります。もちろん、ルアンナムターでもナーレーでも一隻チャーターすれば乗客が集まるのを待たず出発することができますが、料金はけっして安くありません。また、チャーターの場合は交渉となるので、料金が折り合わなければもちろん、船の持ち主の都合でも船が出ないことがあります。

ナーレーからさらに下流に下り、ナム・ター川がメコン川と合流するポイントにはパークターという町があり、ここで船を乗り換えることによって、メコン川上流のファイサーイ、下流のパークベーン、ルアンパバーン方面へと行くことができます。

ルアンナムターからナーレー、ナーレーからパークター、それぞれの所要時間は八時間ぐらいですが、時期や人の乗り降りなどによって変わることがあります。上りと下りでも若干料金が違いますので注意してください。ルアンナムターでパークターまで船をチャーターすることもできますが、その場合は途中のコーンカム（KongKham ກອງຄຳ）という村で一泊し、翌日の午後、パークターに到着するというスケジュールになります。

パークターは古くから川を使った交易で栄えた町で、規模は大きくありませんが、市場や寺院などがあります。ゲストハウスが二軒ほどありますが、船の旅では船頭が自分の家を宿泊先に提供する場合もあり、その場合は船頭に宿泊料を支払います。

パークターより少し上流にはバーン・ペーン（Ban Peng ບ້ານແປງ）という村があり、この村の近くには二つの滝と二つの洞窟があり、見物することができます。またバーン・モー（Ban Mo ບ້ານໝໍ້）近くにあるダーワドゥン洞窟（Davadueng ດາວະດຶງ）は規模こそ小さいものの、石筍などがある鍾乳洞で、古くから人々が仏像を安置し信仰のために訪れていた場所です。いずれの場所も行く際はボートをチャーターし、ラオス人同行で行くことをおすすめします。

❖ すぐ役に立つラオス語11

何？

ニャン？　ຫຍັງ?

〜は〜です。

〜メーン〜　ແມ່ນ

これは何ですか？

アン・ニー・メーン・ニャン？

ອັນນີ້ແມ່ນຫຍັງ?

なぜ？

ペーン・ニャン？　ເປັນຫຍັງ?

ルアンナムター▼ウドムサイ

ウドムサイ県（Oudomxay Province ແຂວງອຸດົມໄຊ）はルアンナムター県の東隣りの県で、県都はサイ（Xay ໄຊ）。通常はウドムサイ（Oudomxay ອຸດົມໄຊ）またはムアンサイ（Muangxay ເມືອງໄຊ）と呼ばれます（以下ではウドムサイと表記）。

新しく整備されたアジアハイウェイ（南北回廊）は、ルアンナムターからは国道3号線を経由し、まっすぐ中国国境ボーテンへと向かっています。ウドムサイへは国境方面との分岐点となるバーン・ナーモー（Ban Na Mo ບ້ານນາໝໍ້）のT字路を右に曲がるのですが、ここから先の路面は舗装状態が良くなく、途中で狭い山道となります。バーン・ナーモーを出てから最初の村にはゲストハウスがありますが、そこから先はウドムサイまで宿泊施設を目にすることはありませんでした。ウドムサイ近くになると標高は下がり、比較的穏やかな道になります。

ウドムサイ周辺には温泉が多く、この国道3号線のウドムサイ手前の集落にも温泉がある村が二つあり、村の入り口にはHot springの看板が立っています。ただ、村へのアクセスはウドムサイからのほうが便利でしょう。

ルアンナムター▼ボーテン

山と田畑の風景が美しいオールドナムター。

バーン・ナーモーからボーテン（Boten ບໍ່ເຕັນ）まではわずか三〇分ほどの距離。昔はほとんど何もなかった国境の町、ボーテンも、南北回廊の開通で急速に整備が進み、現在は中国資本の巨大なホテルやカジノができました。ただし、利用客のほとんどはお金持ちの中国人で、ここを利用する外国人旅行者は稀のようです。また、中国側の磨憨（モーハン）では現在、新しいイミグレーション・オフィスの建設を計画していて、これが完成すると、あたりの風景はさらに変わることでしょう。

イミグレーション・オフィスはラオス側、中国側とも7：30～16：30の間で出入国手続きが可能です。両国のイミグレーション・オフィスの間は二キロほどの距離があります。

ここから先、中国側で最も近い町は勐腊（モンラー）、ラオス語ではムアンラー（Muang La ເມືອງຫຼາ）で、モーハンからモンラーまでは所要時間約一時間。モンラーから景洪（ジンホン）までは約二時間かかります。中国とラオスの間には一時間の差があり、中国のほうが一時間早くなります（日本と一時間差）ので注意が必要です。

第六章

中国に接する最北部
―ウドムサイ、ポンサーリーへ

ハートサーの船着場

パークモーンで
休憩を取る
ビエンチャン行きのバス。

子どもを連れた
アカ族の女性。
ポンサーリー。

ムアンクーアの吊り橋。

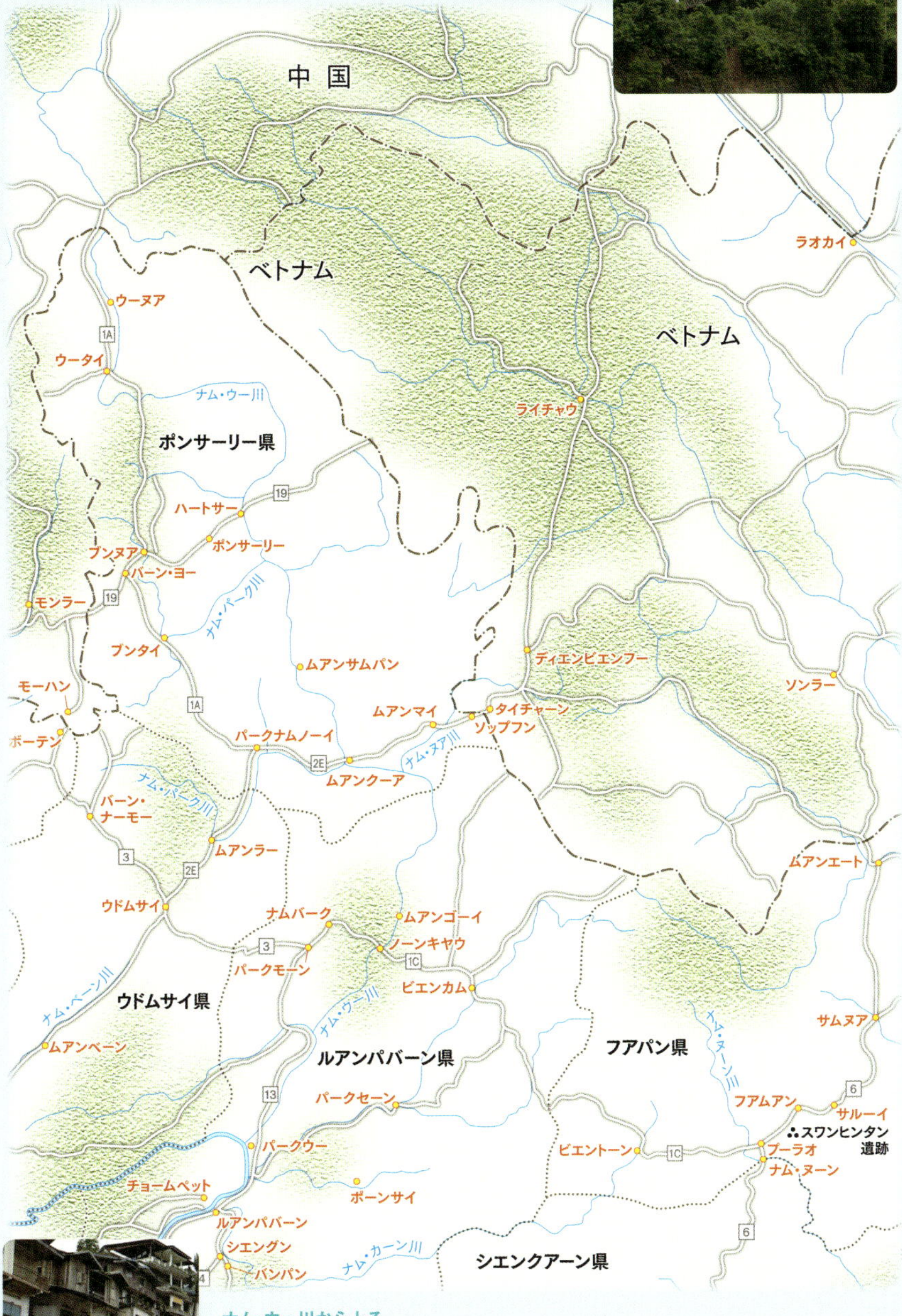

ナム・ウー川から上る
坂道に建つ家。
ムアンクーア。

パークモーンの三叉路。

ラオス最北の県、ポンサーリー（Phongsaly ແຂວງຜົ້ງສາລີ）を目指すにはいくつかの方法がありますが、本章ではルアンパバーンからポンサーリーへの陸路の旅とナム・ウー川（Nam Ou ນ້ຳອູ）を行く船の旅を紹介します。

ポンサーリー県の県庁所在地であるポンサーリーは標高一四〇〇メートルの高地に位置していて、そこに行くためにはバスで延々山道を走ることになります。ルート上にある大きな町はウドムサイ（Udom Xay ອຸດົມໄຊ）ぐらいですが、途中には小さな集落ながら食堂やゲストハウスが存在するところもあり、ローカルな旅ならではの貴重な経験ができるかもしれません。また、ここは少数民族が多く暮らすエリアでもあり、独自の衣装をまとった人たちの生活を垣間見ることもできるでしょう。もちろん手付かずの自然もたっぷり残っているので、車窓からの風景を楽しみながらのんびりと旅することをおすすめします。

ルアンパバーン▼パークモーン

ルアンパバーンからポンサーリーにダイレクトに行く場合は、北バスターミナルから毎週金曜日の午後四時に出ているルアンパバーン始発ポンサーリー行きのバスを利用します。北バスターミナルは町の北側、空港の先にあり、中心部からだとトゥクトゥクで一〇分程度です。

バスはルアンパバーンを出てしばらくはメコン川に沿って北上、左手にメコン川を見ながらの旅となりますが、三〇分ほど走るとメコンから離れ内陸部へ入ります。バーン・サーンハイ村（Ban Xang Hai ບ້ານຊາງໄຫ）への入り口を過ぎると、巨大な岩山が間近に迫ってきます。岩山の切り通しを抜けたところでナム・ウー川に架かる橋を越え、その後はこの川に沿って北上、坂道を上っていきます。このナム・ウー川に架かる橋のたもとには川を見下ろすレストランや展望スペースがあり、乾季であればメコンとは違う澄んだ流れを見ることができます。また、これより先のナム・ウー川沿いの集落では川海苔の採取や藍染めなどの様子を見ることができます。

パークモーンまではずっと上り坂が続きますので、古いバスはとてもゆっくり上っていきます。基本的に途中休憩はないので、長い距離ではありませんが、心配なら飲料水や簡単な食べ物を持っていくといいでしょう。

❖ パークモーンのバスとソーンテーウ

ここを通過するバスはT字路付近に、またパークモーンが始発、終点のソーンテーウなどはT字路から南（ルアンパバーン方向）に200mほど行った広場から発着します。

▶ルアンパバーン

所要時間1時間半

他の町から来るバスにも乗車可能です。

▶ナムバーク

Nam Bark ເມືອງນ້ຳບາກ

所要時間15分

▶ウドムサイ

所要時間2時間半

パークモーン始発のものは少なく、不定期。他の町から来たバスなどを捕まえます。

❖ パークモーンの食事

食堂はT字路付近に固まって何軒かありますが、ゲストハウス併設のほうがメニューも豊富です。

パークモーン

バーン・パークモーン（Ban Pak Mong ບ້ານປາກມອງ）はウドムサイ、ルアンパバーン、ノーンキヤウの三方向から来た道が交わるT字路を中心とする村で、通常はバーン（村）の部分を略してパークモーンと呼びます。長距離バスの多くがここで停車し、食事や休憩をとるので、小さい村にもかかわらず、お菓子や飲み物を販売する個人商店や食堂がたくさんあり、ゲストハウスも数軒あります。ルアンパバーンからパークモーンまではおよそ二時間。逆にパークモーンからルアンパバーンまでは下りになるので一時間半ほどです。

パークモーン▼ノーンキヤウ▼ムアンゴーイ

ルアンパバーンから北上するルートで人気があるのがパークモーンの東にあるノーンキヤウです。ノーンキヤウへはルアンパバーンから直通のバスも出ていますが、このパークモーンで車を乗り換えて行くこともできます。ただ、パークモーンからだと、いったんパークモーンの東隣にあるナムバークまで行って車を乗り換えるか、パークモーンでルアンパバーン始発のバスを待つことになります。パークモーン↓ナムバーク間、ナムバーク↓ノーンキヤウ間は、日中であればそれぞれ一時間に一本程度、ソーンテーウが運行していて、ある程度乗客が集まると出発します。パークモーンからノーンキヤウまでは一時間半程度。乗り換えがあっても二時間もあれば到着します。

ノーンキヤウの船着場。

ノーンキヤウ

ノーンキヤウ（Nong Khiaw ໜອງຂຽວ）は、ナム・ウー川に架かる橋の両側に広がる町で、ガイドブックに紹介されたこともあり、古くから欧米人旅行者に人気がありました。町の名前はKhiaw（キヤウ＝緑という意味）というNong（湖）が近くにあることに由来しているのですが、これは湖というより池のような小さなもので、これといった特徴はありません。ここを訪れる旅行者は、風光明媚ですが何もないこの町でただのんびりと過ごす人が多く、そういうのが好き

❖ ノーンキヤウのバスとソーンテーウ

ソーンテーウやバスの発着場はサムヌア方向に向かって橋の手前右側にあり、長距離バスもこの付近で停車します。チケット売り場もここにあるので、他の町に移動する時はここでチケットを購入してから車に乗り込みます。

▶ルアンパバーン

所要時間4時間

▶ウドムサイ

所要時間不明

▶ビエンカム

所要時間不明

▶サムヌア

ビエンチャン始発（所要時間不明）21:00～22:00発。

❖ ノーンキヤウの船

ソムニョット・ゲストハウスの向かいの道を下ったところに広場があり、船のチケットはこの広場にあるオフィスで購入することができます。広場には売店などもあるので、水や簡単な食料もここで購入可能です。船着場は広場の先をさらに下ったところ。船が出る時は案内があり、皆が一斉に船着場に向かうので、迷うことはないでしょう。

▶ムアンゴーイ

所要時間1時間

▶ルアンパバーン

所要時間4～5時間

❖ ノーンキヤウの食事

CT Bakery
シーティーベーカリー

橋の先、右側にある店で、ゲストハウスもやっています。ケーキやサンドイッチ、ピザ、スパゲティーなどのほか、ラオス料理もあります。

7:00～22:30

Vongmany
ウォンマニー

CTの先にあるレストランで、肉や魚を使ったラオス料理が人気。

7:00～22:30

（→p.230へ続く）

じゃない人にとっては少々退屈な町かもしれません。

国道1C号線で東に進めばサムヌアやシエンクアーン方面にも行けるのですが、これより先の国道1C号線は各集落間の乗り継ぎが大変悪く、ソーンテーウなどを乗り継いでということになると、かなりの根気が必要となります。また、ノーンキヤウより先は旅行者も途端に少なくなり、設備の整ったゲストハウスやレストランなどもなくなるため、ある程度旅慣れた人かラオス語に堪能な人以外は、長距離バスの利用をおすすめします。

見どころといっても特にないのですが、キヤウ湖(Nong Khiaw)のすぐ近くにタム・パークナン(Tham Paknang)という自然洞窟があります。また、国道1C号線をサムヌア方向に五キロほど行ったところにあるタム・パトック(Tham Phatok)洞窟は、戦争時には隠れ家として使用されていました。入り口が崖の途中にあるため、現在は木の階段が作られていますが、戦争当時は竹の梯子が架けられ、内部の床にも竹が敷き詰められていました。現在も竹の梯子の一部が残っています。この洞窟の近くにはもう一つ、タム・バンク(Tham Bank)という洞窟があります。いずれの洞窟も内部に照明設備等はないので、懐中電灯などを持参する必要があります。

Vinat
ビナ
ウォンマニーの先にある、ラオス料理とサンドイッチ、パンケーキなどのメニューがあるレストラン、料金設定が安めなので欧米人のバックパッカーに人気の店。
7:00 ～ 22:00

Sun Set
サンセット
サンセット・ゲストハウスに併設するレストランで、ラオス料理のセットメニューなどがあります。
7:00 ～ 22:30

ムアンゴーイ

ムアンゴーイ(Muang Ngoi ເມືອງງອຍ)はノーンキヤウからナム・ウー川を遡ったところにある小さな集落で、ここは他の町から車が通れる道が通じていないため、ノーンキヤウやナム・ウー川のさらに上流に位置するムアンクーア（Muang Khua ເມືອງຂວາ）から船で行くことになります。多くの旅行者は定期船の出るノーンキヤウから行きますが、早い時間にルアンパバーンを出ればノーンキヤウに一泊することなく、その日のうちにムアンゴーイに到着することが可能です。

チケット売り場は船着場上の広場にあるオフィスで。指定席ではないので各自、好きな席に着席します。大きな荷物は船のスタッフに預けると、一ヵ所にまとめて保管されますが、貴重品は自分の目の届く所に置いておいたほうがよいでしょう。船は途中で降りる人がいなければどこにも停まらずダイレクトにムアンゴーイまで行きます。

ムアンゴーイの町は船着場から長い階段

ムアンゴーイの船

ムアンゴーイへのアクセスは船に限られます。船着場は1ヵ所しかなく、ここからすべての船が出航します。

▶ノーンキヤウ

所要時間1時間半

▶ムアンクーア

所要時間4～5時間

ムアンゴーイの食事

Phetsamone

ペッサモーン

船着場近くのナム・ウー川を見下ろす位置にあるレストラン。

7:00～21:00

Alounmai

アルーンマイ

メインストリートの真ん中辺りにあるレストランで、ここでツアーの申し込みもできます。

7:00～22:00

すぐに終わってしまうムアンゴーイのメインストリート。

ムアンゴーイの町は船着場の長い階段を登った先にある。

を上った先で、ナム・ウー川に沿って南北に伸びるメインストリート沿いに民家や商店、ゲストハウスなどが並んでいます。ここはノーンキヤウと並んで昔から欧米人の旅行者に人気の町で、ノーンキヤウと比べても低価格で簡素な宿が多いため、のんびりと長期滞在するバックパッカーが多くいます。しかし、最近は次々と新しいゲストハウスやレストランなどが建設され、全体的に物価も上昇傾向です。

船着場のすぐ上にある旅行会社Lao Youth Travelでは、トレッキングツアーの受付などを行なっているほか、国際電話やインターネットのサービスもあります。一日トレッキング、一人三〇ドル程度（二名以上で申し込み）。

小さな町で、町の中では特に見るところもありません。メインストリートを北（ナム・ウー川上流方向）に行った突き当たりにあるワット・オカード寺院（Wat Okad）くらいです。

町から三〇分ほど歩けば、タム・クワン（Tham Kuwang）とタム・パーケーオ（Tham Phakeo）いう二つの洞窟があります。戦争当時は人々の避難所として利用されていた洞窟で、ムアンゴーイのトレッキングツアーには必ず組み込まれていますが、個人で行くことも可能です。洞窟へ向かう道沿いに料金所があります。この洞窟の先、徒歩一時間程度のところにはバーン・フアイボー（Ban Houay Bor）という村があり、村内にはKonsaven（コンサワン）というレストラン併設のゲストハウスがあります。

パークモーン▼ウドムサイ

パークモーンからウドムサイへと向かうには、パークモーンのT字路を左折します。ここからは道もぐっと狭くなり、カーブが続く山道になります。パークモーンを出てしばらくは進行方向右側が山、左側が谷で、少数民族の集落が続きますが、その中でも最も規模が大きいのがパークモーンから一時間ほどの距離にあるモン族の村、バーン・ソーンチャー（Ban Song Cha）。左右の見通しが開けた山の尾根に位置し、村の中央にはグラウンドや学校、道路沿いには商店が並んでいます。民家は道路の左右と道路左手の高台に連なり、伝統的な民族衣装を着たモン族の女性が刺繡する姿などを見ることができます。

この村を過ぎると、再びカーブが連続する山道が続き、ウドムサイに近いところでは鬱蒼とした森の中を走るような感じになります。ウドムサイの手前一一キロのところ、右側にはタート・ラックシップエット（Tad Lak Sip Et＝一一キロの滝）があり、水量の多い時はバスの中からでもその流れを確認することができます。

パークモーンからウドムサイまではおよそ二時間〜二時間半。バスは市内中心部手前にあるウドムサイ・バスターミナルに到着します。バスターミナル前の道を左方向（バスが来たのと反対方向）に進むと、市場などがあるウドムサイの中心部。ゲストハウスが多く集まるエリアまでは徒歩一〇分ほどなので、トゥクトゥクなどを利用する必要はありません。

ウドムサイ

ウドムサイ（Udom Xay ອຸດົມໄຊ）は国道3号線と2号線が交わるジャンクションに位置する北ラオスの中心的都市で、中国との国境も近いことから、町には中国人経営の宿や食堂、商店なども多く、漢字も多く目にする町です。しかし、町の中にはこれといった魅力のあるところもないので、他の町に向かう旅行者が乗り継ぎでこの町に一泊することはあっても長期滞在する人は稀のようです。

❖ ウドムサイの飛行機

空港は町の中心部から東に1kmほど行ったところにあり、トゥクトゥクで約10分。

▶ビエンチャン

所要時間50分

❖ ウドムサイのバス

▶パークモーン

所要時間2～2時間半

▶ノーンキヤウ

所要時間3～4時間

▶サムヌア

所要時間約18時間

▶ルアンパバーン

所要時間4時間

▶ビエンチャン

所要時間13～15時間

▶ルアンナムター

所要時間3時間半～4時間

▶フアイサーイ

所要時間7～8時間

▶ムアンベーン

Muang Beng ເມືອງແບງ

所要時間1時間半

▶ムアンフン

Muang Houn ເມືອງຮຸນ

所要時間3～4時間

▶パークベーン

所要時間約5～6時間

▶ボーテン

所要時間約3時間半

▶モンラー(中国)

所要時間6時間

▶ムアンクーア

所要時間3時間

▶ポンサーリー

所要時間10時間

▶ムアンゴーイ

所要時間1時間

▶ルアンパバーン

所要時間4～5時間

(→p.237へ続く)

右:風が気持ちいいプータートの丘。
左:プータートの丘から
ウドムサイの町を見下ろす。

ウドムサイ▼ムアンラー

ウドムサイからポンサーリー方面（北）にバスで四〇分ほどのところにあるのがムアンラー（Muang La ເມືອງຫຼາ）の町です。町は国道2E号線がナム・パーク（Nam Phak ນ້ຳພາກ）という川を越える橋の手前、国道と川に沿って広がっています。ナム・パーク川の川辺には温泉が沸き出していて、地元の人たちがそこで体を洗ったり洗濯をしたりしています。とはいっても日本で考える温泉とは違い、肩までつかれるほどの深さはなく、まわりに囲いや脱衣所などもないため、かなり野性味あふれる温泉です。

この川沿いにはKHOWAN（コーワン）というホテルグループが経営するMuang La Resort（ムアンラー・リゾート）という宿泊施設がありますが、ここはガイド付きのパッケージツアーをメインとした高級宿泊施設です。ムアンラーには普通のゲストハウスも一軒あるので、ポンサーリー方面への旅で立ち寄る人はそちらをおすすめします。

ムアンラーには温泉のほかにもいくつか見どころがあります。橋を渡った反対側にある村では伝統的な塩作りを見るこ

ナム・パーク川の脇から温泉が湧きだしている。

黄金に輝くシンカム像。

とができます。ここは塩泉から組み上げた水を一度釜で熱し、そのお湯を川の脇にある平地に撒き、天日で乾燥させて塩を作っています。

また、この村を通り越しさらに先に進んだところには小さな寺院、ワット・パチャオシンカム（Wat Phachao Sing Kham ວັດພະເຈົ້າສິງຄຳ）があります。この寺院に収められているシンカム像はラオス三大仏像の一つとされ、毎年四月のラオス正月の時に祠から出され、数日間だけ直接目にすることができます（普段も鉄格子越しに見ることはできます）。

さらに、この付近で有名なものに川海苔があります。ウドムサイ県で採れる川海苔はカイペーン・ウドムサイと呼ばれ、ルアンパバーンのものと違って繊維が太いため、板状にはしないのが特徴です。町中の商店でも売られているほか、町に数軒ある食堂でもナム・パーク川でとれた魚と川海苔の料理を楽しむことができます。乾季であれば川でこの川海苔を採取する女性たちの姿を見ることができます。

❖ ウドムサイの食事

下記レストランのほかに中国人経営の食堂などがあります。店員は英語やラオス語は理解しませんが、メニューは漢字表記。

Kanya
カンニャ
ドーンサグアン・ゲストハウスの裏手にあるレストランでニューが豊富。
7:00 ～ 22:00。

Singphet
シンペット
メインストリートの真ん中あたりにあるレストラン。
6:00 ～ 22:00。

Souphailinh
スーパイリン
郵便局手前の路地を入ったところにある落ち着いた雰囲気のレストラン。
6:00 ～ 22:00。

❖ ウドムサイのインターネットその他

Oudomxay internet cafe
9:30 ～ 12:00、14:00 ～ 20:00。

Luxay Market
ルーサイ市場
ウドムサイの町の真ん中にある川の脇にある市場で、主に生活雑貨や服などが売られています。

Phou That
プータート
ウドムサイの町を見下ろす高台に建つ白い仏塔で、メインストリートから階段で昇ることができます。

ツーリズム・オフィス
ウドムサイの地図や観光情報があります。
8:00 ～ 12:00（4月～ 9月は7:30 ～ 11:30）、13:30 ～ 16:00（10月～ 3月）

Oudomxai Travel
ウドムサイトラベル
ムアンラーやウドムサイ周辺にある少数民族の村へのツアーなどが充実しています。
8:00 ～ 12:00、13:30 ～ 17:00。

Samlan Cycling
サムラーン・サイクリング
サイクリングとトレッキングのツアーを扱っています。

このルートは少数民族の村も多く、
民族衣装を着た女性たちも
よく見かける。

ムアンラー▼パークナムノーイ▼ブンタイ

ムアンラーから先、道は徐々に本格的な山道となってきます。国道2E号線は川沿いを走り、やがてはベトナム国境方面へと進んでいくのですが、この国道とポンサーリー方面への道が交差するところにある小さな集落がパークナムノーイ（Pak Nam Noy ປາກນ້ຳນ້ອຍ）という村です。この村はポンサーリー方面から流れてくる小さな川ナム・ノーイ川と、ムアンクーアでナム・ウー川に注ぐナム・パーク川が交わる場所です。ポンサーリーへ行くバスは橋を越えたところで左折、ナム・ノーイ川沿いの道を上っていきますが、ここから先は路面状態はさらに悪くなっていきます。

パークノーイにはゲストハウスが一軒と雑貨店や食堂などが数軒あります。橋の手前にはトラックの乗り場があり、ここからムアンクーア行きのトラックが出ています。また、ここには警察官もいて、

村で獲れた
ムササビやリスなども
売っている。

外国人がチェックされることはあまりありませんが、積み荷などのチェックを行なっているようです。

パークナムノーイを出て次に差しかかる大きな集落がブンタイ(Boun Tai ບຸນໃຕ້)です。ゲストハウスや食堂などがあり、ウドムサイ↓ポンサーリー間のバスはここで食事休憩を取ります。パークナムノーイからブンタイまでは通常であればおよそ二〜三時間ですが、未舗装路で路面状況も良くないため、雨季などはそれよりさらに時間がかかります。ウドムサイ↓ポンサーリー間で最も路面状態が悪いのがこのパークナムノーイ↓ブンタイ間で、起伏もある未舗装の道路は、雨季ともなると4WDの車でないと進めないのではと思うほどの悪路です。実際、この区間では雨季、ぬかるみでスタックするトラックなども多く、乗っているバスには問題がなくても、他の車が道路をふさいでいて立ち往生することがよくあります。

ブンタイはまわりを山に囲まれた盆地で、タイルー族が多く暮らす町です。民族衣装を着た少数民族の女性たちの姿も多く見かけますが、警戒心が強いので不用意にカメラなどを向けないようにしましょう。

ブンタイ▼ブンヌア

ブンタイから三〇キロほどの距離にあるのがバーン・ヨー（Ban Yo ບ້ານຢໍ້）という村で、道は二つに分かれていますが、左方向に進む道は国境を越え、中国のモンラーまで続いています。バーン・ヨーからおよそ一九キロで中国国境手前にあるバーン・パーカー（Ban Phaka）に至りますが、現在、外国人旅行者が出入国できるラオス・中国間の国境はルアンナムター県のボーテン・モーハン間のみです。バーン・ヨーから右の道を進むと約二一キロの距離にある町がブンヌア（「タイ」は南、「ヌア」は北）です。

ブンヌア

中国国境から四〇キロの距離にあるブンヌア（Boun Neua ບຸນເໜືອ）は中国系の住民も多く、漢字で書かれた看板が目立ちます。アカ、タイルー、ローローポー族など、周辺には少数民族も多く暮らしています。

町の中心は、このウドムサイ↓ポンサーリーを繋ぐ国道1号線と、空港へ行く道が交わる三叉路付近で、バス乗り場があるほか、中国人経営のゲストハウスや食堂、雑貨店などが集まっています。

ブンヌア▼ポンサーリー▼ウータイ

ブンヌアから先は舗装路で、道は山の稜線に沿って続いています。パークナムノーイからブンヌアまでの道を考えると、ここから先の道は天国のようです。山間の道なのでカーブは多いのですが、ここまで来れば道路の状態によって車が動かなくなるなどといったことはまずないはずです。

ブンヌアを出発して一時間ちょっと経つと、やがて進行方向右側前方に、山の中腹に沿って広がるポンサーリー（Phongsaly ເມືອງຜົ້ງສາລີ）の町が見えてきます。道は山の尾根伝いに走っているので、そこからでもまだポンサーリーの町に着くには三〇分近い時間がかかりますが、ポンサーリーの町が近づくとその手前で降りる人も多くなってきます。

ポンサーリーのバスターミナルは、町の手前約三キロのところにあり、町まではバスターミナルで待機していたソーンテーウを利用します。台数は多くないので他の乗客と乗り合いで、ポンサーリーの中心部まではおよそ一〇分です。ソーンテーウに乗る際には運転手から「どこに行くのか」と聞かれますので、既に泊まるところが決まっている人はゲストハウスの名前を、決

❖ ブンヌアのバス

ブンヌアのバスターミナルは国道沿いにあり、空港まではトゥクトゥクで5分。

▶ポンサーリー
所要時間1時間半

▶モンラー（中国）
所要時間2時間～2時間半

▶ウータイ
Ou Tai ອູໃຕ້
所要時間4時間半～5時間

▶ウドムサイ
所要時間8時間

▶ビエンチャン（ポンサーリー始発）
所要時間24～25時間

❖ ブンヌアの飛行機

ブンヌア→ビエンチャン間にはラオ・エアーの飛行機が週に2便飛んでいます。

まっていない人はとりあえず市場（タラート）を目指すとよいでしょう。ゲストハウスはポンサーリーの市場から徒歩五～一〇分のところにも数軒あります。

ポンサーリー

ポンサーリー（Phongsaly ຜົ້ງສາລີ）はラオス最北部に位置する県で、東部でベトナム、北部から西部にかけては中国と国境を接しています。県庁所在地であるポンサーリーの町は、県のほぼ中央に位置していますが、ここから他の町に行くルートは多くなく、南のブンヌアに下るか、北にあるナム・ウー川沿いの集落、ハートサー（Hat Xa ຫາດຊາ）へ出るかの二択しかありません。

ポンサーリー県は中国（雲南省）との間に二ヵ所、ベトナム（ライチャウ省）との間に一ヵ所、国境のチェックポイントがありますが、二〇〇九年一月現在、外国人が通過できるのはベトナムとの国境、ソップフン（Sop Houn ສົບຮຸນ）→タイチャーン（Tay Trang）だけで、中国へは抜けることができません。

ポンサーリーの町は標高約一四〇〇メートルの高地に位置しているため、一年を通して気温は低く、特に一一月～三月の乾季には気温が一〇度以下まで下がることがあるので、それなりの防寒対策をしていったほうがいいでしょう。

ポンサーリーは山の稜線に沿って伸びる細長い町なので、直線道路がほとんどなく、初めての人は町の全体像が把握しづらいかもしれません。市場付近ではメインストリートから谷側にはほとんど行けず、山側には無数の道が延びていますが、その間にはそれぞれの

道の間をショートカットする細い階段などもあるので、ちょっとした冒険気分が味わえます。民家は土間のある家が多く、中国語の看板も目立ちます。そのため、他のラオスの町とは違って、まるで中国の片田舎に来たかのような錯覚に捉われます。町中で話されている言語もラオス語よりプーノイ語などの少数民族の言葉が多く、独特の魅力を持った町と言えます。

　ポンサーリーの町のたたずまいを把握するには、町の北に聳えるプーファー(Phou Fa ພູຟ້າ)という山に登ることをおすすめします。プーファーからはポンサーリーの町を一望することができます。町の中心(市場付近)からは徒歩三〇分ほど。頂上(標高一六二六メートル)へは、道路から四一三段の石の階段を登って行きます。入山時間は午前八時から午後四時までで、入場料、カメラやビデオの持ち込み料が取られます。

　町のメインストリートにはポンサーリー県の文化、暮らしを伝える展示が豊富なポンサーリー民族博物館があります。

　また、ラオテレコムとポンサーリー・ホテルの間の道を上がっていった先にツーリズム・オフィスがあって、ポンサーリー周辺にある少数民族の村へのトレッキングツアーを手配してもらうことができます。

中国の片田舎を思わせるポンサーリーの通り。

❖ ポンサーリーのバス

ポンサーリーのバスターミナルは町の南約3kmのところにあります。また、ナム・ウー川を行く船が発着するハートサーへ行くソーンテーウの乗り場は町の北側にあります。

ポンサーリー・バスステーション

▶ビエンチャン
所要時間25～27時間

▶ウドムサイ
所要時間約10時間

▶ブンタイ
所要時間約5時間

▶ブンヌア
所要時間1時間半

▶モンラー(中国)
所要時間時間不明

▶ウータイ
中国雲南省江城市行きバスで途中下車
所要時間6～7時間

ハートサー行きバス乗り場

▶バーン・ハートサー
Ban Hat Xa　ບ້ານຫາດສາ
所要時間約1時間

❖ 食事

中国人経営の食堂が数軒あるだけなので、食事はホテルやゲストハウス併設の食堂やレストランでするか、市場で。

ウータイ

ウータイ（Ou Tai ອູໄຕ້）はポンサーリーのさらに北に位置し、タイルー族の茅葺き屋根の民家が並ぶ、どこか懐かしい感じのする町です。中国国境付近を源流とするラオス北部最長の河川、ナム・ウー川上流に位置し、周辺はぐるりと山に囲まれています。ブンヌアから中国へと抜ける国道1A号線は、ウータイでナム・ウー川と合流してからは、ずっとこのナム・ウー川の渓谷に沿って北上していきます。

ウータイのさらに北にはウーヌア（Ou Neua ອູເໜືອ）という町があり、この二つを併せてムアンウー（Muang Ou ເມືອງອູ）と呼ぶこともあります。どちらもポンサーリー県ニョートウー（Ngot Ou ຍອດອູ）郡の比較的大きな集落です。

ポンサーリーからウータイへ行くには一度ブンヌアまで南下する必要があります。ポンサーリーの北にあるハートサーから船を使ってナム・ウー川を遡るという行き方もあるようですが、ハートサーの船着場で地元の人に聞いたところ、ハートサーからナム・ウー川を北上する船は近隣

上：ウータイで目にする伝統家屋。

左：ナム・ウー川に並べられた発電用のモーター。

の村までしか行っておらず、また、ナム・ウー川のウータイからハートサーにかけての区間は急流も多く、大変危険だという話でした。雨季の水量が多い時期なら行けないことはないと思いますが、かなりの時間とお金がかかるのではないかと思います。

ポンサーリーからブンヌアへは朝七時過ぎからバスが何本か出ていますが、他の町に行くバスで途中下車も可能です。また、国境を越え、中国の江城市まで行く国際バスがあるので、ポンサーリーから直接ウータイへ行く場合は、このバスを利用するのが最も簡単です。ブンヌアからもウータイ方面行きのバスが出ています。ブンヌアからウータイまでは所要時間四時間半〜五時間。道は山道でブンヌアからはずっと上りです。ウータイの手前で峠を越え、そこからはウータイに向かって山を降りていきます。

ポンサーリー▼ハートサー

ポンサーリーの北にあるハートサー（Hat Xa ຫາດຊາ）はナム・ウー川に面した小さな村ですが、ナム・ウー川のボートの旅は古くからポンサーリーを訪れる外国人旅行者の間で人気があり、ポンサーリーからハートサーを目指す旅行者もけっして少なくありません。

ハートサー行きのバスが出る乗り場（キウロット・ハートサー）はポンサーリーの市場から北に行ったところにあります。市場向かいのソーンテーウ乗り場から七時頃にこのキウロット行きのソーンテーウが出ています。ハートサー行きのバスは八時頃の出発ですが、乗客が集まってから出発するようで、その日の乗客数によって多少、出発時間が前後します。

ポンサーリーの町を出ると道はすぐに未舗装路になり、道幅も狭く、まわりは木々が深く生い茂って見通しはあまりよくありません。しかし、パークナムノーイ↓ブンタイ間のような悪路ではなく、砂利を敷き詰めたような穏やかな道なので、雨が降っていなければそれほどつらい道ではありません。ハートサーまでの間には二つほど大きな集落があり、その周辺では地元で採れた果物や野菜などを道路脇で販売しています。ポンサーリーからハートサーまでは、途中の人の乗り降りや買い物（乗客やバスのスタッフが、この途中の村で買い物をするため、バスを停めることがあります）がなければ、所要時間一時間〜一時間半。ハートサーではボート乗り場のすぐ上にある広場で終点となります。

ハートサー

ハートサーでは、ボート乗り場へと続く坂道沿いに数軒の食堂と雑貨屋が並んでいます。宿は一軒だけがありますが、部屋数も少なく簡素な宿で、ここに宿泊する外国人旅行者はあまりいません。普段は閑散とした小さな集落ですが、月に一〜二回開かれる市の時は周辺の村々から人々が集まってきます。

ハートサーからは下流のムアンクーア方面と、上流の村へ行く乗り合いのボートが出ていますが、地元の人たちが利用するのはスピードボートのほうで、外国人に人気のあるスローボートはあまり頻繁に出ていません。それぞれのボートとも、一隻分の料金を頭数で割るシステムで、乗客が集まり次第出発します。

❖ ハートサーの交通

バス

▶ポンサーリー

所要時間1時間半

船

▶ムアンクーア

スピードボート、スローボートとも乗る人数で頭割り。人が集まり次第出発。料金交渉は可能。所要時間時間はスピードボートで2〜3時間、スローボートで5時間程度。

ハートサーの売店と船着場。

ハートサー▼ムアンクーア

ハートサーからムアンクーアへ行く最も速くて快適なルートが、船を使ったナム・ウー川の川下りです。ナム・ウー川は最終的にルアンパバーン近くのパーク・ウーでメコン川と合流しているため、船を乗り継げばここからルアンパバーンまでの船の旅が楽しめます。中でもこのハートサーからムアンクーアにかけては道路事情がきわめて悪く、船を使ったほうが時間的にも速いので、外国人だけでなく地元の人たちも多く利用する区間です。ただ、外国人と違って生活のために船を利用するラオスの人たちに人気があるのは、乗船人数が少なくすぐに出発してくれるスピードボートのほうで、料金的には割高ですが、地元の人は迷わずスピードボートを選択します。場合によっては外国人の旅行者たちだけでスローボートをシェアしなくてはならなくなり、その時の人数によっては一人当たりの料金が高くなってしまうこともあります。ただ、極端に安くはならないでしょうが、多少の料金交渉は可能です。

ナム・ウー川は雨季と乾季では表情が異なり、雨季は激しい濁流となります。スローボートには屋根がありますが、船が走り出すと前方から雨が吹き込んでくるので、雨具は必需品です。また走行中はかなり体感温度が下がるので、防

下：ナム・ウー川を行くスローボート。

左：川から急な斜面をのぼる。ムアンサムパン。

寒対策は怠らないようにしてください。
　スピードボートは、途中で人の乗り降りがなければ給油以外、ノンストップでムアンクーアの町まで行ってしまいますが、スローボートの場合は中間地点にあるムアンサムパン（Muang Sam Phan（ເມືອງສຳພັນ））という小さな町で休憩を取ります。町はナム・ウー川から急な斜面を登った先にあり、中心部は階段を降りていったところで、ここに学校などがあります。雑貨屋も数軒あり、ナム・ウー川から斜面を登った頂上付近にある雑貨屋では麺類などの簡単な食事をとることができます。
　ハートサーからムアンサムパンまでは所要時間約二時間。船の料金は基本的に後払いなので、食事をしていても乗客を置いて出発してしまうことはありません。ムアンサムパンを出るとムアンクーアまでも二時間程度です。

❖ すぐ役に立つラオス語12

～したい

ヤーク～　ຢາກ

～したくない

ボー・ヤーク～　ບໍ່ຢາກ

危険な

アンタラーイ　ອັນຕະລາຍ

安全な

ポートパイ　ປອດໄພ

ナム・ウー川から見た
ムアンクーアの町。

ムアンクーア

ムアンクーア（Muang Khua ເມືອງຂວາ）はウドムサイからベトナム国境へと伸びる国道2E号線がナム・ウー川と交差するところにある町で、現在、このナム・ウー川には車両が渡ることができる橋が架かっていないので、対岸との間を車や人を乗せるフェリーが行き来しています。

町の中心は川の西側で、船着場からは急な上り坂が続いていますが、ここを上がっていくとゲストハウスや商店、市場、さらにはウドムサイ方面行きのバスが発着するバスターミナルなどがある、町の中心部へと至ります。船着場へと下る部分と、リバーサイドにあるゲストハウスやレストランに行く道は下り坂になりますが、それ以外の部分はほぼ平坦で、町の規模もさほど大きくないので、十分歩いて回ることが可能です。電気は夕方から供給されます。

町の南側にはナム・パーク川に架かる長い吊り橋があり、対岸の村へと続いています。また、ナム・ウー川を渡った対岸の村ではラオスの蒸留酒「ラオラオ」を作っています。ここで作るラオラオは「ラオ・ポンサーリー」と呼ばれる、ラオス国内では有名な酒です。村は国道沿いではなく、国道から二キロほど南に下ったところにありますが、地元の人に聞けば教えてくれるはずです。

ムアンクーア▼ムアンマイ▼ベトナムへ

ムアンクーアでナム・ウー川を渡り、さらに北東に進むとベトナム、ライチャウ省のディエンビエンフーへと抜けることができます。国境はラオス側がバーン・ソップフン（Ban Sop Houn ບ້ານສົບຮຸນ）、ベトナム側がタイチャーン（Tay Trang）で、二〇〇七年五月三一日付で外国人旅行者の通過が正式に認められた比較的新しい国境です。

現在、ラオス・ベトナム間で外国人旅行者が通過できるチェックポイントはここを含め、全部で八ヵ所ありますが、平地の多い南部と比べると北部での国境越えは両国の国境が山間部となるため、どのルートも厳しい旅となりがちです。しかし、この国道2E号線のルートでは、

❖ ムアンクーアの交通

船

▶ハートサー

スピードボート、スローボートとも乗る人数で頭割り。人が集まり次第出発。

所要時間時間はスピードボートで3時間、スローボートで5時間半～6時間。

▶ムアンゴーイ

スピードボート、スローボートとも乗る人数で頭割り。人が集まり次第出発。

所要時間時間はスピードボートで2時間、スローボートで3時間。

バス

▶ウドムサイ

所要時間3時間

▶パークナムノーイ

Pak Nam Noy ປາກນ້ຳນ້ອຍ

所要時間1時間

▶ディエンビエンフー（ベトナム）

所要時間7～8時間。出入国手続きの時間含む

▶ムアンマイ

所要時間2時間

ムアンマイへはディエンビエンフー行きのバスでも行けます。

❖ ムアンクーアの食事

Xay Mien

サイミエン

ケオピラー・ゲストハウスの並びにある小さな食堂。地元の利用客が多い。7:00～22:00。

国境からそれほど遠くないところに両国の比較的大きな町があるので、他の北部国境と比べると移動時間は短く、移動は楽かもしれません。

ベトナム側のディエンビエンフーは、フランス植民地時代にベトナム人民軍とフランス軍と戦った有名な場所です。この戦いで破れたフランスはインドシナから撤退していくことになります。

また、ディエンビエンフーのあるライチャウ (Lai Chau) 省と、その東隣にあるラオカイ (Lao Cai) 省サパ (Sapa) 県は、少数民族が多く暮らすエリアで、古くから外国人旅行者に人気の場所でした。最近では、ベトナムでこれらの場所を訪れたのちラオスのルアンパバーンなどを目指す旅行者が、陸路での最短距離であるこのソップフン＝タイチャーンのチェックポイントを越えるようになってきました。ラオス側の道路整備などはまだまだですが、現在、ナム・ウー川に架かる橋も建設中で、一部道路の改修計画もあるので、数年後には見違えるような素晴らしい道となる可能性があります。

ムアンクーアからベトナムへはローカルのバスやソーンテーウを乗り継いでも行けますが、ディエンビエンフー行きの国際バスが毎日出ているので、この国際バスを使うのが最も楽で確実です。バスはナム・ウー川を渡しの船に乗って対岸へと渡り、いくつかの小さな村を通り過ぎながら山道を進んでいきます。この国道2E号線がナム・ヌア (Nam Neua) という川と交差するところにある町がムアンマイです。ムアンマイから国境までは三〇キロほどの距離で、曲がりくねった山道をバスで行くこと二時間ほど。ムアンマイからベトナムへ行く場合は、ムアンクーアから来る国際バスを利用します。

ムアンマイ

ムアンマイ(Muang Mai ເມືອງໃໝ່)はムアンクーアと国境の間にある唯一の町で、規模は小さいですが、ゲストハウスや食堂なども揃っています。山間の小さな町で、すぐ近くをナム・ヌア川が流れています。

ベトナム国境

バスは国境手前のゲートのところで乗客を降ろすので、そこからイミグレーションオフィスまでは歩いていき、各自出国手続きを取ります。ここのイミグレではなぜか出国税(四〇〇〇キープ)を支払うように言われます。かつては他の国境でも出国税を取られることがありましたが、現在はなくなっていることから、将来的にはここでもお金を取られることはなくなると思われます。

ラオスの出国手続きが終わったら、ベトナム側に移動し、今度はベトナムの入国手続きをします。ベトナムのイミグレーションでは入国カードの記入のほかに荷物チェックも行なわれます。そして、乗客全員の手続きが終わると再びバスに乗り込み、ディエンビエンフーへと向かいます。国境からディエンビエンフーまでは所要時間一時間〜一時間半ほどです(ベトナムからラオスへはこの逆の手順を踏みます)。

❖ ディエンビエンフーの交通

飛行機

▶ハノイ

所要時間1時間

バス

ディエンビエンフーのバスターミナルは、Tram Dang Ninh通りとNguyen Hum Tho通りの交差点付近にあります。

▶ライチャウ

所要時間7時間

▶ソンラー

所要時間6時間

▶ハノイ

所要時間14時間

第七章

中部からベトナム国境へ

——ボーリカムサイ、カムムアンへ

タイとの間で唯一船で
渡る国境となった
パークサンの船着場。

学校帰りの子供たち。
パークカディン。

サトウキビを搾って
ジュースを作る。

タム・コーンロー洞窟へと
向かう観光用の舟。

ビエンチャンからバスに乗り国道13号線を進むと、あっと言う間に高い建物はなくなり、あたりには田畑や森の緑が広がります。本章ではビエンチャン県の隣のボーリカムサイ県（Bolikhamxay ແຂວງບໍລິຄຳໄຊ）とカムムアン県（Khammuan Province ແຂວງຄຳມ່ວນ）を紹介しますが、特にベトナムと国境を接するカムムアン県は自然が豊かな県で、石灰岩で形成されるその地形はバンビエンに勝るとも劣らない不思議な景色を作り出しています。ラオスで最も規模の大きな二つの洞窟を含め、多数の洞窟があるのもこのエリアで、いくつかの洞窟は観光用に整備されているので誰でも訪れることができます。

また、ボーリカムサイ県からはタイへ、カムムアン県からはタイとベトナムへの国境も開かれているので、これらの国と組み合わせて旅の計画を立てたり、滞在期間が足りなくなった場合、一度隣国へ出国してさらにラオスの旅を続けるといったことも可能です。

ビエンチャン▼パークサン▼パークカディン

ビエンチャンからラオス南部に向かう国道13号線は、メコン川の流れに合わせるように最初は北東方向へと進んでいきます。車窓からメコンの流れを見ながら…と想像する旅行者もいるかもしれませんが、ほんの数ヵ所を除いて、この13号線を行くバスからメコン川を見ることはできません。ちょっと不思議かもしれませんが、ラオスにある川沿いの町の

メインストリートはけっして川沿いの道ではなく、川から内陸に入ったところで川と並行して走る道になっています。ラオス人から聞いた話では、元々ラオス人には川の水際で暮らす習慣がなかったということです。おそらく、今と違って護岸設備なども整っていなかった時代には川の氾濫なども頻繁にあり、人々は川の恵みを利用しながらも、暮らすのは川から少し離れた安全な場所だったのでしょう。国道13号線も場所によってはメコンから離れ、かなり内陸部を走っていますが、地図をよく見てみると、高低差のないところほど川から離れているのがよくわかります。

ビエンチャンからパークサンにかけては、平坦でほぼ真っ直ぐな道が続いています。途中途中に小さな村がありますが、あたりはほとんど低木の林や畑などで、畑の向こうにメコン川が見えるところもありますが、ごく一部です。

国道13号線。パークサン付近。

ビエンチャンからバスで一時間ほど行くと、左手に微妙な曲線と直線を組み合わせてデザインされた美しい仏塔が見えてきます。これはワット・パバートポーンサン（Wat Phabat Phonsan ວັດພະບາດໂພນສັນ）という寺院です。この寺院は巨大な岩盤の上に建っていて、この岩盤の上にはパバート＝仏足跡《ぶっそくせき》（ブッダの足跡と言われるもの）があり、地域の人々の信仰を集めています。境内にはほかに黄金の涅槃仏も奉られています。この寺院は同名のバーン・パバート（Ban Phabat ບ້ານພະບາດ）という村にありますが、この村に宿泊施設はないので、観光する場合は昼間、バスが頻繁にある時間帯に一度ここでバスを降り、観光が終わったらまたバスでビエンチャンかパークサンに移動するしかありません。VIPなど一部のバスを除けばビエンチャンとラオス南部各都市を結ぶバスは必ずここを通過するので、手を挙げて乗車することが可能です。

ビエンチャンを出たバスは二時間から二時間半ほどでパークサンに到着します。パークサン止まりのバスはナム・サン川（Nam San ນ້ຳສັນ）に架かる橋の手前にあるパークサン・バスターミナルに停車しますが、パークサンより先に行くバスは国道13号線の適当な場所で停まります。ラオス人たちは自分が降りるのに都合が良い場所を運転手に伝えて降車しますが、人の乗り降りが多いのはバスターミナルのもっと手前の十字路付近と、橋の近くです。旅行者の場合、橋を越えた先にあるパークサン・ホテル前あたりが最も降りるのに都合がいいのですが、他の人に合わせて橋の近くで降りるほうが確実かもしれません。十字路付近は町の中心部からかなり離れているので、必ずバスターミナルを見てから降りるようにしましょう。

パークサン

パークサン（Pak San ເມືອງປາກຊັນ）はビエンチャンのすぐ東隣に位置するボーリカムサイ県の中心となる町で、メコン川を隔てた対岸にはタイのブンカーン（Bung Kan）という町があり、渡しの船による出入国が可能です。かつては北からファイサーイ、タードゥーア（ビエンチャン）、ターケーク、サワンナケートと、タイへはすべてメコン川を船で渡るしかなかったのですが、友好橋が次々に建設されて、現在、外国人が船でタイへ入国できるのはこのパークサンだけになってしまいました。イミグレーション・オフィスは前述の十字路からメコン川に向かって進んだ先にあり、船着場の手前右側の白い壁で囲まれた木々の生い茂ったところがそうです。タイへと渡る船は一時間に一～二本程度ありますが、ここを船で渡るのはほとんどがタイ人とラオス人で、人が集まったら出発です。

ブンカーンの船着場は中州の向こう側にあり、コンクリートでできた階段を登っていくと右側にイミグレーション・オフィスがあります。両国のイミグレーション・オフィスが業務を行なっているのは8：30～11：00、13：30～16：30の間で土曜と日曜は手数料がかかるので注意が必要です。

船着場からメコンの下流方向に

❖ パークサンのバス

パークサンのバスターミナルは1ヵ所だけで、国道13号線沿いにあります。パークサンを通過するバスはこのバスターミナル付近からラオテレコムあたりまでの13号線沿いで停車することが多いので、乗りたい場合は手を挙げて捕まえればいいのですが、やはり一番確実なのはバスターミナル付近です。

▶ビエンチャン

所要時間2時間半

▶ポーンサワン

Phonsavan ໂພນສະຫວັນ

11時間。雨季の運行には注意

▶ビエンカム

Vieng Kham ວຽງຄຳ

ビエンカムはターケークへ向かう途中、ラックサーオ方面へ行く国道8号線との分岐点です。ターンベーン（**Thang Beng** ທາງແບ່ງ）という別名もあります。

所要時間2時間。

▶ラックサーオ

所要時間約4時間

▶ビエントーン

所要時間約6時間。

雨季の運行には注意

上：ブンカーンの船着場。
下：リバーサイドレストラン。

少し行ったところがブンカーンの町の中心部になり、船を降りた人はここで待機しているトゥクトゥクを利用して町の中心部やバスの発着場まで移動します。ブンカーンからノーンカーイ（Nong Khai）まではローカルバスで約三時間です。

市場などがあるパークサンの中心部はナム・サン川の東側で、国道13号線からメコン川にかけてのエリアに商店や民家が集中しています。ナム・サン川がメコン川に合流するあたりにはリバービューのレストランがあり、ナム・サン川に向いて張り出したテラスで、夕日や二つの川で漁をする人の姿を眺めながら食事をすることができます。メコン川はこのパークサンとブンカーンの間が最も水深が深くなっているらしく、川幅もビエンチャンより狭く感じます。

パークカディン

パークカディン（Pak Kading ເມືອງປາກກະດິງ）はパークサンの東へ車で四〇分ほどのところにある小さな町です。ナム・カディン（Nam Kading ນ້ຳກະດິງ）という川の河口に位置しているため、パーク（口の意）カディンという名前なのですが、Kの音が続くので短く発音するため「パッカディン」と聞こえます。13号線がこのナム・カディン川を越える場所には長い橋が架かっていて、そこから見る風景は素晴らしく、川を渡った先には展望台のようなところもあります。
パークカディンの町はこの橋の手前で、長距離バスが停車することも多いため、13号線沿いには食堂や雑貨店も多く、バスが来ると食べ物を手にした売り子たちも集まって来ます。人々が多く住んでいるのはこの13号線の南側と、13号線とメコン川、ナム・カディン川の間の地域で、船を出し川で漁をして生計を立てている人が多いようです。

ナム・カディン川は大変美しい川で、橋を越えたあと13号線がしばらくこの川に沿って走るので、バスからも左手にその姿を見ることができます。乾季であれば澄んだ流れの中で漁をする人や遊ぶ子供たちの姿なども目にすることでしょう。ナム・カディン川の上流はナム・カディン国立自然保護区となっていて、時期にもよりますが、パークカディンで船をチャーターしてボートトリップを楽しむことが可能です。ただし、船頭はふだん漁をしている普通の人なので、決まった料金はなく、交渉制です。英語などもできません。町の人に聞くか、ナム・カディン川に架かる橋のたもとまで行って船頭を探しましょう。

ナム・カディン川の見どころとしては、タート・ワンフォーン滝（Tad Wang Fong ຕາດວັງຟອງ）やタム・プークート洞窟（Phoukoud Cave ຖ້ຳພູກູດ）などがありますが、いずれも目を見張るほどのものではないので、単純に目的地としてのランドマークと位置づけ、自然豊かな流域のナム・カディン川を行くボートトリップを楽しむといいでしょう。

❖ パークカディンのバス

ビエンチャンと南部を結ぶバスはすべてパークカディンを通過します。この町から一番近いのはパークサンで、パークサンとビエンカム間を行き来するソーンテーウが利用できます。

▶パークサン

所要時間40分

▶ビエンカム

所要時間1時間

ナム・カディン川に架かる国道13号線の橋。

パークカディン▼ターケーク

パークカディンを出るとバスはすぐナム・カディン川に架かる橋を渡って左へとカーブを切り、メコン川から離れていきます。ナム・カディン川を左下に眺めながら標高を上げていきますが、北部と違って本格的な山道ではなく、すぐになだらかな下り坂となり、そこから先はほぼ真っ直ぐな道で南へと向かっていきます。

パークカディンを出たバスが次に停車するのはビエンカム（Vieng Kham ວຽງຄຳ）という、国道13号線と、ここを起点にベトナム国境方面へと延びる国道8号線との分岐点で、ターンベーン（Thang Beng ທາງແບ່ງ＝分岐点の意）という別の言い方もあります。物売りや乗客を確保しようとするソーンテーウのスタッフなどが停車したバスに殺到するため、あたりは突然騒がしくなります。ベトナム国境方面へと向かうソーンテーウなどの乗り場はT字路手前、左側にある小さな広場ですが、T字路近くの8号線沿いにも進行方向を向いて停車していたりするので、そちら方面へと向かう人はスタッフに案内してもらうのが確実です。

ビエンカムからターケークまでは一時間程度。ビエンカムを出てすぐにボーリカムサイ県からカムムアン県へと入り、進行方向左側にはカムムアン県名物の岩山が見えてきます。

ターケークにはバスターミナルが二つあり、行き先によって停車するバスターミナルが異なります。ターケークが終点のバスは、市街地内にあるラックサーム（Lak3）バスターミナルまで行きますが、他の町が終点のバスだと市街地には入らず、国道13号線沿いにあるターケーク・バスターミナルに停車します。このバスターミナルからゲストハウスなどがある市街地までは距離があるため、ここでバスを降りた場合はトゥクトゥクを利用して市内まで行くことになります。

ターケーク

ターケーク（Thakhek ເມືອງທ່າແຂກ）はメコン川に面したカムムアン県の県庁所在地で、対岸はタイのナコーンパノム（Nakhon Phanom）です。ラックソーン（Lak2）市場のから延びるビエンチャン通りとクーウォーラウォン通りの間からメコン川にかけてのエリアがこの町の最もにぎやかな場所で、宿泊施設や食堂、商店などもここに集中しています。

❖ ターケークのバス

ターケーク・バスターミナル

▶ビエンチャン

所要時間5～6時間

▶サワンナケート

所要時間2時間

▶パークセー

所要時間6時間

ビエンチャンとラオス南部の各都市を結ぶバスが停車するのでそれらのバスを利用することができます。

ベトナム行きの国際バス

▶ドンホイ

所要時間不明

▶ハノイ

所要時間不明

▶フエ

所要時間不明

ラックサーム・バスターミナル

▶サワンナケート

所要時間2時間

▶ラックサーオ

所要時間4～5時間

❖ ターケークの食事

メコン川沿いに数軒と、ビエンチャン通り、メコン川から内陸に延びる路地にもレストランがあります。

Tha Khek

ターケーク

ビエンチャン通りにあるシンダート（ラオス風焼き肉）などを食べさせるガーデンレストラン。

10:00～23:30。

Keson Garden

ケーソンガーデン

ラオス料理とタイ料理を提供するレストラン。

7:00～22:30。

対岸のナコーンパノムには、第二友好橋を渡って入国できます。残念ながら、外国人は船でメコン川を渡ることはできなくなりました。

ターケークの郊外には石灰岩でできた岩山が連なり、この岩山にある洞窟が観光スポットとなっています。

❖見どころ

タム・シエンリアップ洞窟
Tham Xieng Liap　ຖ້ຳຊຽງລຽບ

ターケーク郊外の国道12号線沿いにある洞窟で、町からの距離はおよそ一三キロ。国道に露天販売をする小さな店があり、それが洞窟入り口への目印となります。この洞窟の入り口は池になっているため、雨季の観光は困難ですが、乾季であればこの池を越えて内部に入ることができます。

ター・ファラン　Tha Falang　ທ່າຟະລັງ

12号線を一四キロ地点で左折したところにある、緑色の水を湛えた池で、過去に多くの西洋人(ファラン)がピクニックに訪れたことからこの名前がつきました。この池へと流れ込むナム・ドーン川(Nam Don ນ້ຳດອນ)の上流は、タム・コーンロー洞窟などがあるプー

フランス統治時代の
建物も多く残るターケークの町。

右：ニョムマラート方面へと続く国道12号線。
左：タム・パバーンタム洞窟からターケーク方面を望む。

ヒンブーン（Phou Hin Boun ພູຫີນບູນ）国立保護区となり、そこにはさらに数多くの洞窟や湖などがありますが、道は険しく、ガイドを付けずに個人で行くには難易度が高いエリアです。

タム・パイン洞窟　Tham Pha In ຖ້ຳພະອິນ

ターケークから北東一七キロほどのところにある洞窟。入り口は二ヵ所あり、右側の入り口から入った先には水を湛えた池があります。ただしこの池の水は神聖なものとされ、泳ぐことなどは禁止されています。

タム・ナーンエーン洞窟　Tham Nang Aen ຖ້ຳນາງແອນ

ターケークから北東一九キロの国道12号線すぐ脇にある洞窟。内部には川が流れ、ライトアップもされています。

タム・パバーンタム洞窟　Tham Pha Baan Tham ຖ້ຳພະບ້ານຖ້ຳ

ターケークから最も手軽に訪れることができる洞窟で、町からは約七キロ。町を出て12号線が左へと曲がるポイントを真っすぐ行った正面にあります。突き当たりの民家脇を抜けると小さな川に出ますが、この川を渡った正面が洞窟です。洞窟には階段を登って行きます。西に向いて大きく口を開けた洞窟にはたくさんの仏像が安置され、夕方であれば正面に夕日を眺めることができます。

タム・パーファー洞窟　Tham Pha Fa　ຖ້ຳປາຟາ

別名はBuddha Cave（ブッダケーブ）。二〇〇四年に発見された新しい洞窟で、国道12号線が左に曲がった先をしばらく行って左折、その先を右折し、12号線と平行に走る真っすぐな道を道なりに八キロほど進み、バーン・ナーカーンサーン村（Ban Na Khang Xang ບ້ານນາຄ້າງຊ້າງ）への入り口で左折、村を通り越したところにあります。現在この洞窟へと続く道は観光化のための舗装工事を進めています。洞窟の入り口にはブッダ池（Budda Pond）と呼ばれる池があり、その池の手前から木製の階段が延びていて、洞窟へはその階段を登っていきます。雨季には池の水量が増えるため、入り口の階段まではボートに乗っていきます。この洞窟下の池にはボートで入って行くこともできます。ただし、洞窟内部は撮影禁止。また、女性はショートパンツやミニスカートなど、肌の露出が多い服装では入ることができず、入り口で腰に巻く布を借りて入ることになります。

シーコータボーンの壁　Sikhotabong Great Wall　ກຳແພງເມືອງສີໂຄດຕະບອງ

ターケークの北、八キロ、国道13号線とメコン川の間にある林の中を数キロにわたって一直線に続く巨大な岩の壁。以前は人工的に造られた城壁だという説もありましたが、現在は単なる断層の一部であると言われています。高いところでは五メートルほどもあり、周辺は公園になっていて、緑も多く、静かな環境です。

ワット・パタートシーコータボーン　Wat Pha That Sikhotabong　ວັດພະທາດສີໂຄດຕະບອງ

ターケークの南八キロにある寺院。この寺院に建つ仏塔はラオス国内でも最も重要なものの一つと考えられ、毎年七月の満月の夜に盛大な祭りが行なわれます。

ビエンカムの
三叉路近くに建ち並ぶ店。

ビエンカム▼バーン・ナーヒーン

国道13号線から分かれてベトナム国境方面へと向かう道が国道8号線です。ビエンチャンやターケークなどから出ているラックサーオ行きのバスはビエンカム（Vieng Kham ວຽງຄຳ）を通って13号線から8号線へと入っていくですが、それ以外のバスでラックサーオ方面へと向かう場合は、このビエンカムでバスを降り、ビエンカム始発のソーンテーウに乗り換えなくてはなりません。

ビエンカムのソーンテーウ乗り場はT字路から少しビエンチャン方面に行ったところにあります（ターケーク行きもここで発着します）が、時間によってはラックサーオ方面を向いて8号線で停車している場合もあります。ただ、ここでバス

が停車すると、乗客を集めたいソーンテーウのスタッフが駆け寄ってくるので、彼らに自分が行きたい場所の地名を言えば、車まで案内してくれるので安心です。ただ、ソーンテーウにはラックサーオまで行くものと途中までしか行かないものがあるので、必ず自分の行く場所を伝えてから乗り込んでください。ラックサーオまで行くものはそう多くはありません。また、基本的にここから出るソーンテーウはある程度人が集まったら出発なので、乗客が少ないと集まるまで待たされます。周辺には雑貨店などはありますが、ちゃんとした食堂はありません。

ビエンカムからベトナム国境まで続く国道8号線は全線舗装されていますが、舗装状態はそれほど良くありません。ビエンカムを出てしばらくはわりと真っすぐな道が続きますが、その後は幾つかの峠を越えて行きます。カムムアン県とボーリカムサイ県の県境となるこの付近は、隆起してできた石灰岩質の地形で、周辺にはバンビエンと同じような不思議な形をした岩山がニョキニョキ聳えています。

ビエンカムを出て最初の村は、数キロのところにあるバーン・ナーポン村（Ban Na Phong ບ້ານນາປົ່ງ）です。この村の背後にも岩山が聳えていますが、この村を過ぎると、左右にこうした岩山を眺めながらの旅となり、8号線は徐々に標高を上げていきます。ここを走るバスは残念ながら観光バスではないので、景色の良いところで停まってくれたりはしませんが、車窓からの景色は独特で、見ていて飽きません。バーン・ナーヒーン村(Ban Na Hin ບ້ານນາຫີນ)手前には、こうした岩山の間を行く峠があり、この峠の頂上付近からは右手に、鋭く尖った岩が幾つも連なるプー・パーマーン(Phou Pha Man ພູຜາມ່ານ=石灰岩の森)という岩山群を見ることができます。ここは有名な景勝地となっていて、頂上付近には展望台もあるのですが、ラオス人たちは自家用車かバイクなどを使って来ているようで、旅行者が行くためにはここでバスを降りるか、ターケークなどでバイクや車を借りて来る、あるいはバーン・ナーヒーンに宿泊し、歩いて来るなどの方法しかありません。この近くにはタート・ナムサナム(Tad Nam Sanam ຕາດນ້ຳສະນາມ)という二筋の滝があり、ここもトレッキングツアーなどで人気があるスポットです。

この峠を越えると8号線はバーン・ナーヒーンまで一気に下っていきます。バーン・ナーヒーンにはトゥーンヒーンブーン発電ダムがあり、人々が住む集落は小さいものの、それとは別に日本の米軍キャンプのように整備されたダム関係者の住居施

右:バーン・ナーポン村
左:木々の間から岩山が顔を出すプー・パーマーン。

設があって、一種独特な雰囲気があります。この村自体には見どころがないため、ラックサーオ、ベトナム方面へと向かう旅行者もここを素通りしていたのですが、近くを流れるナム・ヒーンブーン川（Nam Hin Boun ນ້ຳຫີນບູນ）の上流のタム・コーンロー洞窟というラオス最大級の洞窟が人気となってから、洞窟観光の玄関口として注目が集まるようになりました。

バーン・ナーヒーン

バーン・ナーヒーン（Ban Na Hin ບ້ານນາຫີນ）はビエンカムから七〇キロほどのところにあり、ソーンテーウで約一時間半です。国道8号線から少し入ったところに小さな市場があり、その付近がこの村の中心で、ここから8号線と並行して走る道がこの村のメインストリート。商店や食堂もこのメインストリート沿いにあります。

この村にはツーリスト・インフォメーションセンターがあり、ゲストハウスへの宿泊、コーンロー村へのホームステイをセットにしたタム・コーンロー洞窟へのツアー申し込みを受け付けています。ゲストハウスも数軒あるので、到着する時間帯によっては、この村で一泊してからタム・コーンロー洞窟方面へ向かうことも可能です。なお、この村にはバーン・クーンカム（Ban Khoun Kham ບ້ານຄູນຄຳ）という別の名前もあり、現地の観光案内やツアーのパンフレットなどでは両方の名前が書いてあることもありますが、本書では一般的に使われている「バーン・ナーヒーン」という名前で統一しています。

バーン・ナーヒーン▼タム・コーンロー洞窟

バーン・ナーヒーンからタム・コーンロー洞窟方面へと向かうには、市場近くで待機しているソーンテーウを利用します。こちらもビエンカムのものと同じく、客が集まったら出発ですが、他の場所からの乗り物が到着する時には、ここからタム・コーンロー洞窟方面に向かうラオス人たちもいるので、それほど長時間待つということもないはずです。

バーン・ナーヒーンのメインストリート突き当たりを右折したのち、発電所を横に見ながら進み、橋で川を渡った先を右方向に進んでいきます。洞窟までの道はつい最近まで未舗装路で、途中からは田んぼの畦道のようになっていたため、雨季には車の通行そのものが不可能になるといった場面が多かったのですが、二〇〇八年一一月に洞窟のあるバーン・コーンロー村（Ban Kong Lor ບ້ານກອງລໍ）までの舗装道路が完成し、これにより年間を通してタム・コーンロー洞窟へのアクセスが可能になりました。

洞窟観光で宿泊地となるのが、タム・コーンロー洞窟手前にあるバーン・コーンロー村と、それより三キロほど手前にあるバーン・プーグン村（Ban Phu Ngeng ບ້ານພູເງິນ）です。現在は宿泊施設が多く、洞窟にも近いバーン・コーンロー村のほうが人気のようですが、ナム・ヒーンブーン川のボートトリップをより長く楽しみたい方はバーン・プーグン村の宿泊施設に滞在するのも手です。周辺の村はどこも素朴で静かな

✣ すぐ役に立つラオス語13

気持ちがいい、快適

サバーイ　ສະບາຍ

気分が悪い、不快

ボー・サバーイ　ບໍ່ສະບາຍ

環境です。

バーン・ナーヒーンからバーン・コーンローまでは一時間〜一時間半。終点はバーン・コーンローですので、バーン・プーグンへ行く場合は途中下車となります。

タム・コーンロー洞窟

タム・コーンロー洞窟（Tham Kong Lor ຖ້ຳກອງລໍ）は一部が鍾乳洞となっている広大な自然洞窟です。ナム・ヒーンブーン川が内部を流れていて、船に乗って中へと入り、洞窟内部を見学することができます。タム・コーンロー洞窟の長さは約七・五キロ。高さは高いところで八〇メートル。幅は一〇〇メートル近くあり、内部には鍾乳石でできた無数の石筍が並ぶ広間や、白い砂が溜まったビーチのような場所があります。

以前は洞窟内部に照明設備などはなく、ヘッドライトや懐中電灯を持って入りましたが、二〇〇八年一一月にフランスの援助で照明設備が完成し、石筍が並ぶ広間がライトアップされるようになりました。この洞窟には歩いては行けないので、バーン・コーンロー村かバーン・プーグン村からのボートツアーに参加する必要があります。それぞれの村から現地スタッフと共にボートに乗り、洞窟内部の鍾乳石の広間などを見学し、上流にある反対側の出口を出たところにあるバーン・ナーターン村（Ban Na Tan ບ້ານນາຕານ）で昼食を取ったあと、再び同じコースで戻ってくるというのが一般的です。

ツアー料金は三〇ドル程度ですが、三人までボートに乗れるので、

タム・コーンロー洞窟の
バーン・ナーターン村側の出口。

乗る人数の頭割りになります。入り口付近は狭く、船に乗ったままでは洞窟の内部に入っていけないので、いったん船を降り、洞窟の右側にある岩の間の細い道を歩いて洞窟に向かいます。船はスタッフが細い水路を使って洞窟の内部まで運んできます。岩の間を抜けた洞窟の入り口は大広間になっていて、この洞窟の大きさが最も実感できる場所です。入口付近の道は石が多いので、転んだりしないように気をつけます。

石筍がある大広間は、入り口から二キロ弱。船で一〇分ほど進んだ進行方向左側の斜面の上部にあります。ガイドが案内してくれますが、急な斜面は滑りやすい個所もあるので十分注意しましょう。ガイドがスイッチを入れると大広間はさまざまな色の照明でライトアップされます。地面から伸びる巨大な石筍や、その石筍が天井まで繋がった見事な石柱群の異空間を楽しんでください。ツアーでは一五～二〇分程度、この大広間見学の時間を取ります。

大広間の見学を終えると、再び船に乗って先に進みます。ここから先は照明設備がないので、ヘッドライトの明かりを頼りに進んでいきます。ヘッドライトの明かりが映し出す洞窟内部の風景はとても幻想的です。洞窟内部のナム・ヒーンブーン川は季節や場所によっ

船を降りて引っ張る
洞窟ツアーのスタッフ。

て水量が違いますが、一部ではかなりの深さがあり、雨季に流れてきた大木なども洞窟の内部に残されています。船は真っ暗な洞窟の中を右へ左へとカーブを切りながら進んでいきますが、時期によってはかなり寒く感じることもあるので、長袖のシャツか薄手の上着などを持っていきます。また、一部の浅瀬では船を降りて川の中を歩く場合もあるので、下半身は逆に濡れてもいいような格好がいいでしょう。短パンよりは短めの丈のズボンなど、履物は滑りやすい場所もあるのでサンダルよりも濡れてもいいトレッキングシューズなどのほうが安心です。

洞窟の中間地点付近には石灰石が砕けてできた白い砂のビーチがあり、乾季の水が少ない時期だと、ここでも船を降りて歩きます。また、バーン・ナーターン村側の出口が見えるあたりは固い岩盤の上を水が浅く流れているので、ここでも一度船を降りて歩くことになります。

バーン・ナーターン村側の出口を出た右側には簡単な売店や休憩所が並んでおり、ここがツアーの折り返し地点です。バーン・ナーターン村の集落はここから二キロほど離れたところにあり、この村からさらに二キロほど離れたところにはバーン・ナーハーン村(Ban Na Han ບ້ານນາຫານ)とい

❖ タム・コーンローの宿

タム・コーンロー洞窟周辺の宿はバーン・コーンロー、バーン・ティアオ、バーン・プーグンにあります。バーン・コーンローには下記の宿のほかに数軒のゲストハウスもあります。バーン・プーグンに行く場合は「サーラー・ヒンブーン」と言っても通じます。

Sala Kong Lor Lodge
サーラーコーンロー・ロッジ
ラオス各地に宿泊施設を持つサーラーラオ・ホテルグループが経営する宿で、簡素なバンガロー4棟に9つの部屋があります。場所はバーン・ティアオの近くのナム・ヒンブーン川沿いです。バーン・ティアオの周辺の岩山にも内部を水が流れる洞窟があります。

Sala Hin Boun Lodge
サーラーヒーンブーン・ロッジ
上記と同じ会社が経営する同スタイルの宿で、こちらはバーン・コーンローの手前3kmのバーン・プーグン村にあり、ナム・ヒンブーン川に隣接しています。リバーサイドとそうではない部屋で料金が違い、ローシーズンとハイシーズンでも違ってきます。朝食はナム・ヒーンブーン川を見下ろす屋外のテーブル席でとることもできます。

ナム・ヒーンブーン川の流れ。

う別の村もあります。またナム・ヒーンブーン川の上流にはタート・ケーンクー（Tad Keng Khu ຕາດແກ້ງຄູ）という滝もあります。

❖見どころ

バーン・ティアオ村（Ban Tiou ບ້ານທ້ຽວ）周辺

ナム・ヒーンブーン川の反対側にある岩山に、内部を小さな川が流れる洞窟があります。

バーン・ナーコーク村周辺

バーン・ナーコーク村（Ban Na Khok ບ້ານນາຄອກ）は、バーン・ティアオ村とバーン・プーグン村の間にある小さな村で、この村から一・五キロほど離れたところにはタム・フープ（Tham Heup ຖ້ຳເຫີບ）という洞窟があります。岩山に開いた入り口は高さ六メートル、幅約一〇メートル、洞窟の長さは一・一キロほどあり、内部には小さな川が流れているため、雨季はタム・コーンロー洞窟と同じくボートに乗って内部に入ります。洞窟は反対側に抜けることができ、洞窟を抜けた先数キロのところにはレンガで造られた先住民族の住居跡があります。

　また、バーン・ナーコーク村とバーン・ティアオ村の間にある森の中にはタム・パーチョーン（Tham Pha Jong ຖ້ຳຜາຈອງ）という、仏像を奉った小さな洞窟もあります。

右：プーグンの岩山。
左：タム・ナムノーン洞窟の
巨大な石筍。

バーン・プーグン村周辺

バーン・プーグン村の近くには三つの洞窟があります。村の名前となっているプーグン（Phu Ngeng ພູເງິນ）は、この村の北側に連なる石灰岩の岩山の名前です。この岩山の中腹には洞窟があり、村の集落を抜けたほぼ正面から岩山を三〇〇メートルほど登ったところが入り口です。タム・コーンロー洞窟とは違い、奥行きではなく深さのある洞窟で、入り口を入ってすぐのところで口を開けている穴を下へ降りていくと、地元の人がブッダの形をしていると言う石があります。ただし、この洞窟への道はとても険しいので、十分な装備をして行くことをおすすめします。

洞窟はこの他にもいくつかあります。バーン・プーグン村の隣にあるバーン・ナムノーン村（Ban Nam None ບ້ານນ້ຳນອນ）近くにあるのが、タム・ナムノーン洞窟（Tham Nam None ຖ້ຳນ້ຳນອນ）です。こちらはエメラルドグリーンの水を湛えた池があり、洞窟内部を水が流れています。入り口近くにある丸い形をした巨大な石筍も見事です。さらにサーラーヒーンブーン・ロッジとナム・ヒーンブーン川を隔てた反対側の岩山にも小さな洞窟があります。これらの洞窟へは宿の人に話してガイドを雇って行くとよいでしょう。

バーン・ナーヒーン▼ラックサーオ

バーン・ナーヒーンからラックサーオ方面に進むと、道はすぐに急な登り坂となり、進行方向右手の眼下には先ほどまでいたバーン・ナーヒーンの発電施設と水路が見えます。その反対側斜面には巨大なパイプがありますが、このパイプの中を流れ落ちる水の力で発電されているわけです。

ここより先、しばらくは急なカーブが続く山道ですが、すぐにまた標高は下がり、やがて大きな川が現れます。この川はパークカディンまで流れるナム・カディン川で、川に架かる橋を越えたところにあるバーン・ポーンホーン村（Ban Phonhong ບ້ານໂພນໂຮງ）からはビエントーン（Vieng Thong ວຽງທອງ）へ行くソーンテーウが出ています。また、この村にある小舟は航空機の燃料タンクを再利用して造られた独特のもので、他の場所ではあまり見られません。

8号線は橋を越えたところで右にカーブし、しばらくはまた緩いカーブが続きますが、やがて田んぼが広がる長閑な風景に変わります。バーン・ナーヒーンからラックサーオまでは人の乗り降りにもよりますが二時間半〜三時間ほど。ラックサーオの目印ともなっているプー・パーピーホーン（Phou Phaa Phi Hong ພູຜາຜີຮ້ອງ）という巨大な岩山が左側に見えてくると、町まではもうすぐです。

右：航空機の燃料タンクを使って作られた小舟。

左：国道8号線に架けられた橋。

ラックサーオ

ラックサーオ（Lak20 ຫຼັກຊາວ）は、ベトナム国境から三四キロのところにあるボーリカムサイ県カムクート郡の中心となる町で、今ではラックサーオという呼び方が一般的ですが、ムアン・カムクート（Muang Khamkheuth ເມືອງຄຳເກີດ）という古い呼び名もあります。

この町がラックサーオと呼ばれるようになったのはフランス植民地時代からで、当時、フランス軍の基地があったバーン・ナーペー村（Ban Na Pe ບ້ານນາແປ）からちょうど二〇キロのところに位置していたので、「ラック（キロ）サーオ（二〇）」という名前になったと言われています。

現在は主にベトナムとの交易と、周辺のナーカーイ郡などで切り出される木材の加工、周辺の山から切り出される石材の加工などがさかんで、この町を通る国道8号線は木材や石材などを運ぶ大型トラックの往来が目立ちます。国境が近いことから、ベトナム人も多く暮らし、ベトナム語の看板も多い町です。元々は旅行者がわざわざ訪れるような町ではありませんでした

❖ ラックサーオのバス

▶ビエンチャン
所要時間7時間

▶パークサン
所要時間4時間

▶パークカディン
所要時間3時間

▶ターケーク
所要時間4時間

▶ビエンカム
所要時間2時間半

▶バーン・ナーペー
所要時間20分

▶ナムパーオ
所要時間1時間弱

▶ビン（ベトナム）
所要時間6時間

❖ ラックサーオの食事

いくつかのレストランの他に、ベトナム人が経営する食堂やラオス風焼き肉（シンダート）を食べさせる食堂などもあります。

Only One
オンリーワン
スリヤーホテルなどがある通りを8号線と反対方向に歩いた右側にあるタイ、ラオス、中華料理などを提供するレストランで、ツアー客などの利用も多い。
7:00～22:30。

Suki
スキ
同名のゲストハウスが経営するラオス料理のレストラン。
8:00～22:00。

が、近年、ベトナムとの国境を越える外国人旅行者が増加したため、旅行者向けの宿泊施設やレストランも増えてきました。町の中心は円形の建物がある市場で、この市場の周辺にバスやソーンテーウが発着する広場、郵便局、ホテルやレストランなどが集まっています。

ラックサーオから三二キロ東にラオスとベトナムとの国境があり、外国人旅行者もここからベトナムへ陸路で入国することができます。最も簡単なのはベトナムのビンへと向かう国際バスを利用することですが、車を乗り継いで行く方法もあります。

ラオス側の名前はナムパーオ（Nam Phao ນ້ຳພາວ）、ベトナム側はカウチェオ（Cau Treo）で、ここは両国を隔てるルアン山脈（ベトナムでの呼び名はアンナン山脈）の山中にあり、峠の頂上付近に位置しています。山に囲まれた中に立派なイミグレーション・オフィスが建ち、

上:ラックサーオの市場と岩山。
下:国境のラオス側のイミグレーション。

荷物を運ぶトラックなどが頻繁に往来しています。ラオス側はイミグレーション・オフィスから比較的近いところにトラックやバスが待機していますが、ベトナム側はイミグレーションを抜け、坂道を少し下った左側にトラックなどの乗り場があります。イミグレーション・オフィスの業務時間は7:00~19:00で、平日の一六時以降と土日は手数料一ドルがかかります。

バーン・ナーペー村

❖見どころ

バーン・ナーペー村 Ban Na Pe ບ້ານນາແປ

ラックサーオの町からベトナム国境方面に約二〇キロ行ったところにある村で、ここにはかつてフランス軍の基地がありました。この村の手前二キロほどのところでは道路に沿って流れるナム・パーオ川から温泉が湧いていて、その脇に温泉を示す看板と簡素なゲストハウスが建っています。ゲストハウスの敷地内には、ポンプを使って川から温泉を汲み上げ、湯を浴びることができる施設があり、旅行者も利用可能です。源泉はこのゲストハウス裏手にありますが、湯を引くパイプを辿っていくと、川の中の湯が沸き出している場所まで行けます。

ワット・パーピーホーン　Wat Pha Phi Hong　ວັດພາພີຮ້ອງ

ラックサーオの町のすぐ近くにあるプー・パーピーホーン山の麓に建つ、この町唯一の寺院。町からは国道8号線をビエンチャン方面へと進み、材木工場向かいにある未舗装路を山の方向に向かって歩いた突き当たりです。階段を上がった先が本堂で、寺の敷地内は自然あふれる静かな環境です。中腹に穴が開いたプー・パーピーホーン山は、地元の人によると登ることが可能だそうですが、頂上への道は険しく、案内人なしには登れそうにありません。

ラックサーオ空港　Lak20 Airport

現在は使われていませんが、ラックサーオにはかつて空港があり、現在も立派な滑走路が残っています。レストラン「オンリーワン」からさらに南方向へと歩いていくと、右側に林がありますが、その手前の斜めに入る道の先が滑走路です。林を通り過ぎ、ロータリーを右折しても行くことができます。

タム・マンコーン洞窟　Tham Mang Kone　ຖ້ຳມັງກອນ

ラックサーオからビエンチャン方向に三〇キロほど行った右側にある洞窟です。内部には仏像が安置されていて、川が流れているところもあります。最深部には無数の鍾乳石の柱があり、内部から岩山の上に登ることもできますが、照明設備などはないので、ヘッドライトなどを用意していく必要があります。国道8号線のすぐ脇にあり、入り口には英語表記の案内板も立っていますが、公共の乗り物では帰りの足の心配もあるので、トゥクトゥクなどを利用して行ったほうが確実です。

ターケーク▼ベトナム国境

ターケークからベトナム国境へと延びる道が国道12号線です。二〇〇四年にこの国道12号線の終点となるナーパオ（Na Phao ນາເຜົາ）とベトナムのチャーロー（Cha Lo）の国境が開放されたため、現在はターケークからこの国境を通過してベトナムのドンホイ（Dong Hoi）まで行く国際バスも運行しています。しかし、国道12号線はほとんどが未舗装路。乾季には砂埃が巻き上がる厳しい環境で、旅行者もきわめて少ないルートです。

国道12号線から分岐して、ニョムマラート、ナーカーイ、さらにラックサーオへと至るのが国道1E号線です。

国道1E号線が走るナーカーイ・ナムトゥーン国立自然保護区は、手つかずの自然が多く残るラオスでも、きわめつきの野生の動植物の宝庫です。近年はナム・トゥーン・ダムによる自然破壊が話題になったりして、ようやく名前が知られるようになりましたが、まだほとんど情報のない地域です。地図で見ると、ターケークからこの国道12号線、1E号線を通ってラックサーオまで行き、ぐるっと一周して帰ってこれそうですが、実際にはラックサーオ↔ナーカーイ間を走る公共の乗り物はほとんどありません。このあたりの町に行くにはターケーク側から行くしかありませんが、それでも一日に運行している本数は限られているので、余裕を持って計画を立てる必要があるエリアです。

マハーサイ

マハーサイ（Mahaxai ເມືອງມະຫາໄຊ）はカムムアン県マハーサイ郡の中心となる町で、ターケークから東におよそ五〇キロ、国道12号線から南に少し入ったセー・バンファイ川（Se Bangfai ເຊບັ້ງໄຟ）の川沿いにあります。周辺には岩山や洞窟があり、セー・バンファイ川では毎年ボートレースも行なわれています。町にはゲストハウスや食堂もあります。

セー・バンファイ川はベトナム国境近くのルアン山脈（アンナン山脈）を源流とする総延長二四〇キロあまりのメコン川の支流です。最上流には石灰岩の岩山に囲まれた小さな湖があり、その湖には巨大な口を開けたタム・ナムロート洞窟（Tham Nam Lode ຖ້ຳນ້ຳລອດ）から水が流れ込んでいます。一九〇五年にフランスの探検家が筏でこの洞窟内部を探検しましたが、その後本格的な調査はされないままでした。しかし、二〇〇八年二月にナショナル・ジオグラフィック協会の探検家プログラムの支援による本格的な調査が行なわれ、この洞窟がタム・コーンロー洞窟を凌ぐラオス最大の洞窟であることが確認されました。洞窟の総延長は九・五キロ。内部には直径数メートル、高さは一〇メートル以上に及ぶ巨大な石筍や、世界最大規模と言われる大広間などがあり、注目を集めています。

未舗装の国道12号線。

ニョムマラート

ニョマムラート(Gnommalat ເມືອງຍົມມະລາດ)はマハーサイの北、ターケークから五八キロの距離にある国道1号線上の町です。町は二つの川の間の開けた土地にあり、周辺には広大な面積の畑と水田が広がります。この町にも食堂やゲストハウスがあります。

ナーカーイ

ナーカーイ(Nakai ເມືອງນາກາຍ)はカムムアン県ナーカーイ郡の中心となる町で、ナーカーイ高原という高地にあります。ナーカーイの町の東側でラオス国内と隣国タイへの電力の供給を目的に二〇〇五年六月から建設が進められていたナム・トゥーン第二ダムは、二〇一〇年三月一五日から操業が開始されました。このダム建設によって誕生した人工湖は、ビエンチャンの北部にあるナムグム湖に次いでラオスで二番目の大きなものですが、周辺地域の自然、生活環境への影響が懸念されています。

バーン・ターラン　Ban Thalang　ບ້ານທ່າລັງ

ナーカーイのさらに北、ナム・トゥーン川にかかる8号線上の橋の手前にある小さな村です。村には特筆するべきものはありませんが、タム・コーンロー洞窟方面から8号線へと抜ける道が近くにあるため、このルートを自転車で抜けてくる欧米人の旅行者の姿を目にすることもあります。

ターケーク▼サワンナケート

ターケークから先の国道13号線はずっとメコンから離れた内陸部を通って南下していきます。ターケークからサワンナケートまではおよそ二時間。途中には小さな村や町があるものの、あまり変化のない風景が続きます。

ターケークを出たバスは三〇分後ぐらいに、比較的大きな川を渡りますが、この川がセー・バンファイ川です。前述のようにセー・バンファイ川の上流には巨大な洞窟があることが知られています。橋の手前にある町の名前もセー・バンファイです。乾季であれば橋から澄んだ川の流れを見ることができます。

ここよりさらに一時間半ほど進むと、国道13号線は「東西回廊」と呼ばれるタイとベトナムを繋ぐ国道9号線との交差点にあるセーノー（Seno ເຊໂນ）の町に到達します。ラオス語らしくないセーノーという名前は、フランス語の東西南北の頭文字四つをつなげたものです。セーノーは、ここよりさらに南のサワンナケートとパークセー間にあるバーン・ナーポン村（Ban Naphong ບ້ານນາປົ້ງ）と並んで、ピンカイ（ラオスの焼鳥）の名産地で、ここにバスが差しかかると大勢の売り子が焼鳥を持ってバスに突進してきます。

サワンナケート行きのバスは、セーノーで13号線と分かれ、9号線を右折します。ここからサワンナケートの町までは三〇分ほどです。

第八章

サワンナケート、パークセーを起点として、さらに南へ

フランス領時代に建てられた
建物が数多く残る
サワンナケートの町。

ロケット祭りで
盛り上がる
ラオスの若者たち。

地雷の撤去をするラオスの子ども。

ベトナムとの国境の町。デーンサワン。

サワンナケートの街並み。

サワンナケートとパークセーはラオス南部を代表する町です。いずれもフランス領インドシナ時代の建物が多く残る、独特の雰囲気のある町で、メコンの対岸へと沈む夕陽も魅力的です。サワンナケートは地域分類ではラオス中部に入れることが多いのですが、旅となると、パークセーと共に南部の拠点と考えたほうがなにかと便利です。

この二つの町は南部の交通の中心となっているので、ここを起点としてさらにラオスの奥深く足を伸ばしてみましょう。公共の乗り物を使っても行けますが、旅行代理店がたくさんあるので、好みのツアーに参加してみるのもいいかもしれません。

サワンナケート

サワンナケート（Savannakhet ສະຫັວນນະເຂດ）は中南部ラオス最大の都市で、メコン川の対岸のタイ領ムクダハーン（Mukdahan）と共に古くからタイとベトナムを結ぶ商業の町として発展してきました。「天国の地」という意味を持つサワンナケートは、古くは「スワンナプーム」と呼ばれていましたが、一九世紀後半になってラオスに入ってきたフランス人たちがこれを「サワンナケート」と発音したため、現在の名前になっています。ちなみにタイ、バンコクの国際空港の名前がやはり「スワンナプーム」です。

かつては外国人も渡しの船を使ってタイのムクダハーンとの間を行き来していましたが、二〇〇六年一二月にメコン川に総延長二〇五〇メートルの第二友好橋（Friendship Bridge 2）が開通し、タイ人、ラオス人以外の外国人はこの橋での出入国が義務づけられて、船での出入国はできなくなりました。

第二友好橋は日本の三井住友建設が中心となって工事を行ない、橋の中程にはタイ、ラオス両国の挨拶である「ワイ」（合掌）をイメージしたモニュメントが二ヵ所にあります。ムクダハーンからこの橋を渡り、サワンナケートからベトナム国境へと至る国道9号線は、ミャンマー、タイ、ラオス、ベトナムを結ぶ「東西回廊」の一部で、各国の交易を支える重要なルートとなっています。

ビエンチャンの友好橋と同じく、タイ、ラオス側（橋を渡る手前）に、それぞれの国のイミグレーション・オフィスがあり、ラオスから出国する場合はここでパスポートを提示して、出国のスタンプをもらいます。ラオス入国時にもらった出入国カードの残り（出国カード）もここで提出

❖ サワンナケートの飛行機

空港はマカベーハー（Makhaveha ມະຄະເວຫາ）、シーサワーンウォン、サンティパープの3つの通りが交わる町の東側にあり、毎日ではありませんが、国内線とバンコク行きの国際線が就航しています。

国内線

▶ビエンチャン

パークセー経由

▶パークセー

国際線

▶バンコク

❖ サワンナケートのバス

バスターミナルは1ヵ所で、ここからラオス国内各所に行くバスと、ベトナム、タイへの国際バスが出ています。町の中心部（教会付近）からはトゥクトゥクでおよそ10分です。

▶ビエンチャン

所要時間8～9時間

▶ターケーク

所要時間2時間

ビエンチャン、ターケーク方面には上記以外に、サワンナケート以南の町始発のバスが立ち寄ります

▶パークセー

所要時間3時間

▶サーラワン

Salavan ສາລະວັນ

パークセー経由

所要時間5時間半

▶セーコーン

Sekong ເຊກອງ

パークセー経由

所要時間6時間

▶アッタプー

Attapeu ອັດຕະປື

パークセー経由

所要時間7時間

▶デーンサワン

Daen Savanh ແດນສະຫວັນ

ベトナム国境。公営バスと民営バスが1日おきに交代で運行。

所要時間5時間

境内から見たタート・インハン。

するので、日付とサインを忘れないようにしましょう。

ラオス側での手続きが終われば、あとは再びバスに乗り込み、タイ側のイミグレーション・オフィスでタイ入国の手続きを取ります。国際バスの終点はムクダハーンのバスターミナルで、タイからラオスへの場合は、この逆の手順を踏みます。ムクダハーン発サワンナケート行きの国際バスの出発時間もサワンナケート発と同じ時間です。

サワンナケートの町の中心はメコン川に近いエリアです。道は規則正しく碁盤の目のように整備されているので、広いのですが、大変わかりやすい町と言えるでしょう。多くのゲストハウスやレストランも、町を南北に走るラーサウォンスック通りとメコン川間のエリアに集中しているので、このエリア内であれば十分に歩いて回ることが可能です。

❖見どころ

タート・インハン　That Ing Hang　ທາດອິງຮັງ

一六世紀頃に建設されたという高さ九メートルほどの仏塔。メコンの対岸にあるタイの「タートパノム」という仏塔と対になっていて、それぞれの祭りの日にはメコン川を越えて、タイの人もラオス人もおたがいにお参りに行きます。サワンナケートの町からは約一五キロ。国道9号線のバーン・ラックシップソーン村（一二キロ村）で右折、三キロほど行ったところにあります。参拝客が絶えない有名な仏塔ですが、女性はラオスの巻きスカート「シン」の着用を義務づけられており、ない場合は入り口左側にある更衣室で借りることができます（有料）。町の中心部からはトゥクトゥクで所要時間二〇分。

ラックペート市場　Talat Lak8　ຕະຫຼາດຫຼັກ8

タート・インハンに向かう途中の右側にある市場で、サワンナケートでは最も市場らしい市場。庶民の台所です。

恐竜博物館　Dinosaur Museum　ພິພິທະພັນໄດໂນເສົາ

一九三〇年にサワンナケート県ソンブーリー郡のバーン・タンワーイ村（Ban Tangvay ບ້ານທົ່ງຫວາຍ）周辺で発掘された恐竜の化石などを展示している博物館で、カンタブリー通りにあります。説明文はフランス語とラオス語のみですが、英語を話すスタッフがいるので、頼めば英語で解説してくれます。

タート・インハン遠景。

❖ サワンナケートの食事

Lao Paris
ラオパリ
船着場の近くにある小さなレストランで、外国人客が多い。
7:00 ～ 22:00。

Sensabay
セーンサバーイ
ステーキやトンカツなどのメニューがあるリーズナブルなレストラン。日本語メニューあり。
8:00 ～ 21:00（日曜休み）。

Hoongthip Garden
フーンティプガーデン
同名のホテルからほど近いところにあるカントリースタイルのレストラン。タイ人の客が多い。
9:00 ～ 24:00。

Cafe Chez Boune
カフェシェブーン
サンドイッチやピザなども提供するフレンチのレストラン。
7:00 ～ 22:00。

Dao Savanh
ダオサワン
サワンナケートで初めての高級フレンチレストラン。
11:00 ～ 14:00、18:00 ～ 22:00。

❖ サワンナケートのインターネット

Thavixay internet
タビーサイ・インターネット
8:00 ～ 22:00。

Lao-Tech computer
ラオテック・コンピューター

ワット・サイニャプーム Wat Xayaphoum ວັດໄຊຍະພູມ

一五四二年に建造されたサワンナケートで最も古く、美しいとされる寺院。

カイソーン・ポムビハーン博物館 The Kaysone Phomvihane Museum

サワンナケートで生まれたラオス初代大統領カイソーン・ポムウィハーン（Kaysone Phomvihane ໄກສອນພົມວິຫານ）の博物館。8：00〜11：30、13：30〜16：00（土日祝日休み）

ファンヒン Heuan Hinh ເຮືອນຫີນ

町の南、約六五キロのバーン・ドン（Ban Dong ບ້ານດົງ）という村にあるヒンドゥー様式のクメール遺跡。「石の家」という意味で、規模は小さく、崩壊も進んでいますが、ナーガをはじめ、すべて石を切り出して造られています。英語名はストーンハウス。

セー・チャムポーン川 Se Champhon ເຊຈຳພອນ

サワンナケートから国道9号線を東に進むと、最初に差しかかる大きな川がこのセー・チャムポーン川です。橋からすぐのところには小さな滝があり、その滝から近いところには恐竜の足跡が残っています。

ワット・ノーンラムチャン Wat Nonglamchan ວັດໜອງລຳຈັນ

チャムポーン郡のバーン・ノーンラムチャン村（Ban

Nonglamchan ບ້ານໜອງລ່ຳຈັນ）にある寺院。湖の上に多くの柱で支えられて建つ美しい建造物で、二〇〇年以上前に書かれたとされるバイラーン（紙の代わりに扇椰子の葉を使った書物で、「貝葉《ばいよう》」と呼ばれます）が展示されている経蔵《きょうぞう》（仏教の経典を納める建物。Ho Tay Pidok ຫໍໄຕປິດົກ）が有名です。

ブンバンファイ　Boun Bang Fai　ບຸນບັ້ງໄຟ「ロケット祭り」

毎年乾季が終わる三月にタイやラオスの各地で行なわれるのがブンバンファイ、通称「ロケット祭り」です。木を組んだ発射台から竹の中に火薬を詰めた手製のロケットを空に向かって打ち上げる雨乞いの祭事です。ロケットは村単位で制作しますが、天高くまで上がっていくもの、失敗して飛ばないものなどさまざまで、人々はその結果を見て一喜一憂します。

サワンナケートでは前日に若者が町をまわって寄付金などを募り、当日はメコン川沿いのチョームケーオ通りを北に行ったところにある寺の前の畑が打ち上げ会場となり、打ち上げが終わるとこの寺に多くの人が参拝に訪れます。

右上：フアンヒンの遺跡。
左上：ブンバンファイのロケット発射台（左）。
下：セー・チャムポーン川の滝。

ムアンピーンにあるヘリの残骸。

国道9号線の旅

9号線はサワンナケートからベトナム国境までまっすぐ東に伸びる古くからの街道です。二〇〇四年に改修工事が完了するまでは、砂埃のひどい荒れた道で、国境まで九時間ぐらいかかっていました。現在は国境まで四時間あまり。起伏もなく舗装状態も良いため快適ですが、風景は単調なので、物足りないかもしれません。

ダイレクトにベトナムに行くには国際バスを利用するのが一番楽ですが、ローカルバスを乗り継いで行くことも可能です。サワンナケートから出たバスは国道9号線を走り、セーノーで国道13号線との交差点を渡ります。セーノーは人の乗り降りや荷物の積み下ろしの多いところで、必ず停車します。最初に渡る川はセー・チャムポーン川（Se Champhon ເຊຈຳພອນ）。この川のすぐ近くにある町がムアンパラーン（Muang Phalan ເມືອງພະລານ）で、町にはゲストハウスや食堂もあります。サワンナケートからここまではおよそ一時間ほどです。ムアンパラーンの町を過ぎてもあまり風景は変わらず、単調な道が続きますが、二時間ほどで、比較的大きな町、ムアンピーン（Munag Phin ເມືອງພິນ）に着きます。

ムアンピーンは、ここからサーラワン県（Salavan ແຂວງສາລະວັນ）へと続く国道1G号線が9号線と交わるジャンクションの町です。この1G号線はベトナム戦争の時には北ベトナム軍の兵士がサイゴン（現在のホーチミン）を目指して南下した「ホーチミン・ルート」の一部です。現在でもムアンピーンの町に近いところとサーラワンに近いところ以外は全線未舗装の赤土の道で、パークセーでメコン川に流れ込むセー・ドーン川（Se Done ເຊໂດນ）に架かる橋は、戦争中の爆撃によって破壊されたままの姿で残っています。ムアンピーンからサーラワンまでは公共の乗り物は運行されておらず、1G号線上にある村や町へは、ムアンピーンから近いところを除いて、すべて他の町からしかアクセスできません。

　ムアンピーンの三叉路には博物館があり、博物館の敷地内には戦争中に撃墜されたヘリコプターが展示されていて、道路からも目を引きます。町にはゲストハウスや食堂なども数軒あります。国道9号線の整備に合わせて新しいゲストハウスも建設され、三叉路から近いところに集まっています。

　ムアンピーンから東、一時間ほど

上：バーン・ドーン方面へと続く、かつてのホーチミン・ルート。
下：破壊された戦車。

行ったところにあるのがセーポーン（Sepon ເມືອງເຊໂປນ）の町で、すぐ近くにセー・ポーン川が流れています。町の中心には市場があり、セーポーン止まりのバスはこの市場のすぐ脇にある広場に停まります。町の周辺にはベトナム戦争時に落とされたクラスター爆弾の残骸や、錆びついた砲塔などが残っています。ゲストハウスや食堂は市場周辺と国道沿いに数軒あります。

セーポーンからラオスとベトナムの国境、デーンサワンまではバスで一時間ほどの距離です。デーンサワンの一〇キロほど手前から南に延び、タオーイ（TaOy ເມືອງທະໂອ່ຍ）、セーコーン方面まで続く道もかつてのホーチミン・ルートで、9号線との分岐点から一キロほど行った道沿いには破壊され動けなくなった戦車が残っています。また、ここより先のバーン・ドーン（Ban Don ບ້ານດອນ）という村周辺にも戦車や爆弾、迫撃砲の残骸などが数多く残っていますが、地雷や不発弾もあり、撤去作業が行なわれています。サワンナケートのツアー会社がこのエリアのツアーも実施しているので、ガイドを同行したツアーで訪れることをおすすめします。

デーンサワン

デーンサワン（Daen Savanh ແດນສະຫວັນ）は国境の手前一キロほどのところにある小さな集落で、国道沿いには個人経営の商店やゲストハウス、食堂などが並んでいます。ベトナム人も多く、ベトナム語の看板を掲げた店やゲストハウスも数多く見かけます。

デーンサワンの
イミグレーションオフィス。

ベトナムへ

ラオス側のイミグレーション・オフィスは、デーンサワンから緩やかな坂を上った先、約一キロのところにあります。歩いても行けますが、バイクタクシーが声をかけてくるので、それを利用すると五分ほどで行くことができます。ラオス側で出国手続きを済ませたら、歩いてここよりすぐ先のところにあるラオバオ（Lao Bao）のベトナム側イミグレーション・オフィスに行き、ベトナム入国の手続きをします。

ラオバオのバスターミナルは、イミグレーション・オフィスから坂を下った一キロほど先のところにあります。やはりバイクタクシーが声をかけてきますが、ベトナム側はかなりふっかけてくるので要注意です。

ラオバオのバスターミナルからはフエ、ダナンなど、ベトナム各地行きのバスや乗り合いのタクシー、ミニバンなどが出ているので、行き先を告げ、料金を確認してから乗りましょう。ドンハ行きのミニバスはイミグレーション・オフィスを出てバスターミナルに行く途中からも出ています。イミグレーション・オフィスの業務時間は7:00~19:00。土日は手数料がかかります。サワンナケートから来る国際バスはデーンサワンの町で停車し、イミグレーション・オフィスが開くまで待ちます。

サワンナケート▼パークセー

サワンナケートから南に下るとラオス最南部の県、チャムパーサック県（Champasak ແຂວງຈຳປາສັກ）に入ります。チャムパーサック県の中心となる都市がパークセーです。パークセーまでの国道13号線は、やはりメコン川から遠く離れたところを走っているので、バスからの景色はあまり期待できません。以前は13号線を外れ、サワンナケート県にあるチャムポーン（Champhone ເມືອງຈຳພອນ）の町に立ち寄ったりするバスもありましたが、今ではパークセーまで真っすぐ13号線を下るバスがほとんどのようです。

パークセーまでは三時間半~四時間ぐらいですが、途中で人の乗り降りが多いと、さらに時間がかかります。よく停車するのはサーラワン方面への分岐点、メコン川沿いのラコーンペン（Lakhon Pheng ລະຄອນເພັງ）へ行く道の入り口、ピンカイ（ラオスの焼鳥）の名産地であるバーン・ナーポン（Ban Napong ບ້ານນາປົ່ງ）、ラオラオ（ラオスの酒）造りで有名なコンセードーン（Khongsedon ເມືອງຄົງເຊໂດນ）の町への入り口付近です。

ラオスのバスはＶＩＰなど一部のものを除けば、バスターミナル以外の場所でも自由に乗り降りができます。サワンナケートやパークセーなど大きな町に差しかかると、乗客がそれぞれ自分に都合がいい場所で降りようとするので、ひどい時になると一〇〇メートルも進まないうちにまた停車などということになり、思いのほか時間がかかったりします。サワンナケート↓パークセー間も人の乗り降りが多いので、余裕を持った時間設定をしておいたほうがいいでしょう。

途中の見どころはあまりありませんが、酒造りに興味がある人は、コンセードーンへ行ってみることをおすすめします。ラオスのお酒はもち米から造る蒸留酒でラオラオと呼ばれています。ラオス各地で生産され

バスがバーン・ナーポンに着くと
名物の焼き鳥を売りに来る。

ていますが、南部で最も有名なのがこのコンセードーンで造られているもので、「ラオ・セードーン（セー・ドーン川の酒）」と呼ばれています。コンセードーンの町は13号線から少し東に入ったところにありますが、13号線の三叉路で降り、待機しているトゥクトゥクを利用して行くことができます。酒造りをしている人たちの多くは気さくで、造っている様子を見せてくれると思いますが、メーカーではなく個人のお宅ですので、くれぐれも失礼のないように。また時間帯によっては酒を造っていない場合もあるので、その場合は酒造りに使う道具などしか見られないかもしれません。酒はビニール袋やペットボトル、瓶などに入れてもらって直接購入することができます。

コンセードーンへの入り口となる13号線の三叉路付近には食堂などもあるので、そういうところでここを通過していくバスやソーンテーウを捕まえて、パークセーやサワンナケートの町まで移動します。ただし遅い時間になると極端に交通量が減るので、早めの時間帯に移動したほうが賢明です。

北部から来たバスはパークセーの手前、約七キロのところにある北バスターミナルに到着します。パークセーが終点のバスはここまで。これよりさらに南部の町まで行くバスは、ここでしばらく停車したのち、町の南、約八キロのところにある南バスターミナルに向かいます。

北バスターミナルからパークセーの町の中心部までは乗り合いのトゥクトゥクで約一五分ですが、ここのトゥクトゥクは高い金額を吹っ掛けてくることで有名なので、一人ではなくラオス人との乗り合いで行くことをおすすめします。

雨上がりのパークセー。

パークセー

パークセー（Pakse ເມືອງປາກເຊ）は、セー・ドーン川（Se Don ເຊໂດນ）がメコン川に注ぐ場所に位置するチャムパーサック県の県庁所在地です。セーというのはラオス南部の言葉で「川」という意味、パークは「口」なので、日本語に直すと「川口」という名前になります。

チャムパーサック県は西側でタイ、南側でカンボジアと国境を接していて、それぞれの国と陸路での出入国が可能です。県内にはクメール遺跡のワットプー（Wat Phou ວັດພູ）、メコン川に点在する中州の島々、シーパンドーン（Shiphan Done ສີ່ພັນດອນ）、メコン川の滝など、多くの観光地を持ち、パークセーの町はそれらの観光地を訪れる拠点となっています。

町はセー・ドーンとメコン、二つの川に挟まれたエリアが中心で、ホテル

❖ パークセーの食事

Le Panorama
ル・パノラマ
パークセー・ホテルの屋上にあるオープンレストラン。パークセーの町とメコン、セー・ドーン川の流れを眺めながら、タイ、ラオス、中華、フランス料理などを楽しむことができます。
17:00 〜 22:30
（11月〜2月の乾季のみ営業）

Lien Huong
リエンフアン
国道13号線に面したベトナム料理のレストランで、旅行者に人気。情報ノートもあります。
6:00 〜 21:00。

Najim
ナジム
ラオス各地に支店があるインド料理レストランで、いつも欧米人の旅行者で混み合っています。
6:30 〜 23:30。

Jasmin
ジャスミン
ナジムの並びにある、同じインド料理のレストラン。VIPバスやタイの鉄道のチケットなども取り扱っているみたいですが、問題も多いようです。
6:30 〜 23:00。

Sedone
セードーン
パークセー・ショッピング・センターの斜め向かいにある老舗のラオス料理レストラン。インターネットカフェを併設。
6:00 〜 22:00。

Ketmany
ケッマニー
古くからパークセーで営業するタイ、ラオス料理のレストランで、パパイヤの汁に一晩漬け込んだという柔らかい肉のステーキが人気。
6:00 〜 23:00。
（→p.305へ続く）

やゲストハウス、レストランなどもここに集中しています。町の真ん中を13号線が南北に貫いていて、町のつくりはある程度碁盤の目状になったシンプルなものなので、あまり迷うことはないと思います。二〇〇〇年八月に日本のODAでメコン川に橋（Lao-Nippon Bridge）が架けられたのに合わせ、この橋のたもとに新しく、タラート・ダーオファン市場（Talat Daohuang ຕະຫຼາດດາວເຮືອງ）が作られました。かつて市場があった場所には二〇〇二年一一月にパークセー・ショッピング・センターというショッピングモールが建てられ、新たな町のランドマークとなっています。なお、ビエンチャン県からずっとメコン川がラオスとタイの国境でしたが、チャムパーサック県の北のほうで国境はメコン川の西に移動します。つまりチャムパーサック県の北からメコン川は

タラート・ダオフアン。

明記（ミンキ）
Mingky

アヒルの肉を入れたラーメンが人気の食堂で、朝食時には地元の人で大混雑します。

6:00〜14:00頃まで。

Sinouk Coffee
シヌックコーヒー

コーヒー豆を生産し、ラオス各地で販売するコーヒー園直営のカフェ。ルアンパバーンなどのお祭りでも店を出すことがありますが、常設のカフェはここだけです。

7:30〜22:30。

Khem Kohong
ケムコーン

郵便局の先にあるメコン川に面したリバービューのシーフードレストラン。

9:00〜23:00。

Delta Coffee
デルタコーヒー

サンドイッチやステーキなどを提供するベーカリーカフェ。コーヒーは自家農園で栽培し焙煎した挽きたて。

7:00〜22:00。

Seng Dao
センダーオ

デルタコーヒーの並び。ラーメンとフーが人気の店。

11:00〜23:00。

❖ パークセーの飛行機

国際線

▶**シェムリアップ（カンボジア）**

▶**バンコク**

サワンナケート経由

国内線

▶**ビエンチャン**

▶**ルアンパバーン**

▶**サワンナケート**

❖ パークセーのバス

パークセーには乗り物の種類や方面別にバスやトラックが発着している場所が数多くあり、ラオス国内で

（→p.307へ続く）

ラオスの国内を流れることになります。この巨大な橋も「国際橋」ではありません。

橋に至る国道13号線にはホテルやレストラン、銀行、インターネットカフェ、旅行代理店などがあり、外国人旅行者の姿が目立ちます。最近ではタイ人の観光客も増え、市内のホテルではタイ人のグループもよく見かけるようになりました。

❖ 見どころ

パークセーの町なかにはあまり見どころがありませんが、この町から日帰りで行けるところには、景色の良い場所や独特の魅力を持った村などがいくつもあります。（サーラワン、パークサン方面の観光地については、次章で紹介します）。

日本企業が初めて
メコン川に架けたパークセーの橋。

チャムパーサック歴史博物館　Champasak Provincial Historic Museum
ຫໍພິພິທະພັນປະຫວັດສາດແຂວງຈຳປາສັກ
13号線のバーン・マイ・シンサムパンという村にある博物館で、県の歴史や文化などを紹介しています。内戦中に使われた武器やメコン川に棲むピンクドルフィン（川イルカ）の写真なども展示しています。8：30～11：30、13：30～16：00。

ダーオフアン市場　Talat Daohueng　ຕະຫຼາດດາວເຮືອງ
メコン川の橋の手前にある大きな市場で、食材や電気製品、貴金属、衣類などさまざまなものが売られています。

バーン・サパーイ村　Ban Saphai　ບ້ານສະພາຍ
パークセーから国道13号線を北へ一七キロほど行ったところを左折し、道がメコン川にぶつかったところにあるのがバーン・サパーイ村で、古くから絹織物を織る村として有名です。村の中には観光客向けのショップなどもあり、ツアーで多くの外国人が訪れます。

ドーン・コー島　Don Kho　ດອນໂຄ
この村の船着場から船に乗ってメコン川の中州の島、ドーン・コー（コー島）に行けます。中央に畑や水田が広がるのどかな島は、一周しても二～三時間ほどの大きさしかなく、古くにアッタプーから移ってきたとされる人たちが伝統的な織物と農業で生計を立てています。島にはゲストハウスなどの宿泊施設はありませんが、村人の家にホームステイできる場合もあります。

最も乗り場がわかりづらい町かもしれません。行き先が同じでもバス会社によって出発する場所や時間が違うので、注意が必要です。特に国内外VIPのバスのチケットを代理店などで買った場合は、購入時に必ず乗り場の確認をしてください。

ラック・チェット（7km）北バスターミナル

主にパークセー以北にある町を結ぶバスやベトナム行きのバスが発着しています。ゆくゆくは新しくなった南バスターミナルへと移されたり廃止になったりする可能性もあります。

▶ビエンチャン
所要時間12時間

▶サワンナケート
所要時間3時間

ベトナム

▶ラオバオ
所要時間9時間半

▶ドンハ
所要時間13時間半

▶フエ
所要時間15時間半

▶ダナン
所要時間18時間

▶ホーチミン
所要時間不明

▶ハノイ
所要時間18時間
18:00発。

ラック・ペート（8km）南バスターミナル

2009年に改装されたバスターミナルで、パークセーとラオス南部の町を結ぶバスが発着しています。

▶サーラーワン
所要時間3時間

▶セーコーン
所要時間3時間半

▶アッタプー
所要時間5時間

▶チャムパーサック
所要時間2時間半

（→p.309へ続く）

市場で西瓜を売る女性。

プー・シエントーン国立自然保護区

パークセーの北西、メコン川がタイ寄りに大きく蛇行している部分のラオス側は、プー・コーン山（Phou Khong ພູໂຂງ）を中心とするプー・シエントーン（Phu Xieng Thong ພູຊຽງທອງ）国立自然保護区になっています。ここには対岸のタイのサオチャリアン（Sao Chariang）と同じような岩石が風化した奇観、石碑などの遺跡などがあります。観光の基点となるのはバーン・マイ・シンサムパン（Ban Mai Singsamphan ບ້ານໃໝ່ສິງສຳພັນ. 略してバーン・マイと呼ばれることが多い）という村で、対岸のタイの観光地、コーンチアムから船でエントリーが可能なのですが（↓314ページ）、タイから入った場合は、村内のみの観光しか許されていません。ラオス側から他の場所も観光したい場合は、パークセーの旅行会社がアレンジしているトレッキングツアーなどに参加することをおすすめします。

ラオス側からバーン・マイ村へは国道13号線のサナソムブーン(Sanasomboun ສະນະສົມບູນ)から道が通じていますが、村には宿泊施設がなく、また、村の周辺の見どころへと通じる道の多くは獣道のような道ですので、ガイドなしの訪問は危険で

▶ムアンコーン

Muang Khong ເມືອງໂຂງ

所要時間3時間

▶ナーカサン

Nakasang ນາກະສັງ

所要時間3時間

▶ウーンカーム（カンボジア国境）

Veun Kham ເວີນຄາມ

所要時間4時間

ベトナム

▶ダナン

所要時間18時間

▶フエ

所要時間15時間半

▶ドンハ

所要時間13時間

▶ラオバオ

所要時間11時間

▶ハノイ

所要時間27時間

▶ヤラーイ

Yalai ຢະລາຍ

ラオス語表記はYalaiですが、行き先はGia Laiザライ省のPleikuプレイクです。

所要時間14時間半

▶クイニョン

不定期運行。所要時間時間不明

＊アッタプーを経由するベトナム行きのバスは、出発時間や料金が変更になるおそれがあるので、出発直前に正確な情報を入手してください。

タラートダーオファアン・バスターミナル

▶パークソーン

所要時間2時間

▶チャムパーサック

所要時間2時間半

▶ワンタオ（タイ国境）

Vang Tao ວັງເຕົາ

所要時間50分

（→p.311へ続く）

ドーン・コーへは舟で5分ほど。

す。ツアーではボートで村に行き、その後は専門のガイドと共に景勝地を回ります。見どころは次のとおり。

ナコーン・シン

Nakhon Sing　ນະຄອນສິງ

かつて軍の演習場があった時にこの地を守るシンボルとして造られ、この地の呼び名の由来ともなっている石でできたライオンの像。バーン・マイ村から東に四キロほど行った森の中、ヘリコプターの離着陸場の手前にあります。

ヒン・コーン

Hin Khong　ຫີນໂຂງ

人の背より大きなキノコ状の岩。村から北西に行ったところ。

織物をする島の女性。

ヒン・タオ　Hin Tao　ຫີນເຕົາ

亀の形をした岩。「タオ」は亀。

ヒン・シーラーチャールック　Hin Silajaleuk　ຫີນສີລາຈາລຶກ

古代に造られた石碑で、サンスクリット語が刻まれています。

パー・プン　Pa Peung　ຜາເຜິ້ງ

高さ四〇〜五〇メートルの崖で、たくさんのハチが生息しています。「プン」はハチ。

ダーン・トゥーク　Dan Teuk　ດານເຕິກ

パー・プンからヒン・タオへと向かう途中のエリアで、野生の蘭の花がたくさんあります。

仏足跡　ホーイ・パバート　Hoy Pabat　ຮອຍພະບາດ

メコンの上流寄りのバーン・スーラー村（Ban Soula ບ້ານສູລາ）の近くの崖にあります。仏足跡は釈迦の足跡と言われるもので、タイやラオスの各地にあり、信仰の対象になっています。

チャムパーサック VIPバスターミナル

Kriangkrai VIP Transport
キエンカイ社

▶ビエンチャン
2階建て寝台。
所要時間10時間

▶ターケーク
所要時間5時間

▶セーコーン
所要時間2時間15分

▶アッタプー
所要時間3時間30分

▶バーンムアン
Ban Muang　ບ້ານມ່ວງ
チャムパーサックの対岸。
所要時間1時間

▶ハートサーイクーン
Hat Xai Khun　ຫາດຊາຍຄູນ
ムアンコーンの対岸。
所要時間2時間半

▶ナーカサン
所要時間3時間

▶ウーンカーム
所要時間3時間半

▶ウボンラーチャターニー
タイ。
所要時間3時間半

▶バンコク
所要時間14時間半

—

Tongli Pasi Transportation
トンリー社

▶ビエンチャン
20:00発。
所要時間10時間。

セーンチャルーン・バスターミナル

Sengchareun
セーンチャルーン社

▶ビエンチャン
所要時間10時間

リバーサイド VIPバスターミナル

King Of Bus　キングオブバス
Chitpasong　チッパソン社

▶ビエンチャン
2階建て寝台。
所要時間10時間

パークセー▼タイ

タイとラオスの間には多くの出入国ポイントがありますが、その中で最南部に位置するのがパークセーから西に行ったところにあるワンタオ（Vang Tao ວັງເຕົາ）↓チョンメック（Chong Mek　ラオス語でソーンメック ຊອງເມັກ）の国境です。この付近ではメコン川が国境ではなく、メコンの対岸もラオス領なので、国境まではメコンに架かる橋を越えてさらに西へと進んでいくのですが、パークセーから国境までは車で一時間ほどの距離があります。

単純にタイへと出国するだけなら国際バスを利用するのが最も簡単ですが、国境では乗客が出入国の手続きを終え次第、すぐに出発してしまうので、国境見物をしたい人には不向きです。メコン川から国境のワンタオまでの間はラオスのどこにでもあるような田畑と集落という田舎の風景が広がっていて、乗り合いのソーンテーウだと途中の集落で何度も人の乗り降りがあります。

ウボンラーチャターニー行きの国際バスは一日二便で、ＶＩＰバスターミナルから出発します（「パークセーのバス」参照）。国際バスを利用しない場合は、橋の手前にあるダーオフアンのキウロット（車乗

ワンタオのイミグレーション。

ワンタオで客を待つ
ラオスのタクシー

り場）に行き、国境行きのソーンテーウかタクシーを利用します。荷物を持ってここへ行くとすぐに車のスタッフが行き先を聞いてきますが、「ボーダー」もしくは「タイランド」で通じるはずで、一番早く出る車まで案内してくれます。タクシーの運転手たちも声をかけてくるので、時間と懐具合で判断してください。タクシーは乗り合いのソーンテーウより速く、四〇分程度で国境に着きます。

ワンタオの車乗り場は国境から五〇〇メートルほど手前右側の少し低くなったところにあり、ここからは歩いて行くのですが、イミグレーション・オフィスまでは三〇〇メートルほどの距離があります。ワンタオには雑貨店、土産物屋、食堂、免税店があり、週末には観光で大勢のタイ人が来ています。イミグレーション・オフィスは国境に向かって左側の高台にあり、ここで出国の手続きを済ませ

❖ パークセーの旅行代理店など

パークセー周辺およびチャムパーサック県内にはさまざまな観光名所がありますが、公共の乗り物を使って行くとかなり不便な場所も多く、旅行代理店のツアーやミニバンなどを利用するという選択肢もあります。以下はツーリズムオフィスとパークセー市内にある主な旅行会社です。

Tourism Office
ツーリズムオフィス
チャムパーサック県内の地図やツアーパンフレットがあります。
8:00 ～ 12:00、13:30 ～ 16:30。

Lane Xang Travel
ラーンサーントラベル
ラオス全土に展開する旅行代理店のパークセー支店。パークセー周辺や隣接する県への観光のガイド、車の手配や、シーパーンドーン、カンボジアのストゥントレン行きのバスを扱っています。

Pakse Travel
パークセートラベル
ワットプー、パークソンへのツアーなどのほか、航空券、レンタカーなども取り扱っています。

Phoudoi Travel
プードイトラベル
ホテルなども経営するプードイグループの旅行会社。周辺へのツアーや宿、ビザ、航空券の手配など。

Daoheuang Air Booking
ダーオフアン
ラオ航空、タイ航空のチケットを取り扱っています。
月 ～ 金 8:00 ～ 12:00、13:30 ～ 17:00。

（→p.315へ続く）

てから歩いて国境を越えます。両国の国境には車止めのバーがありますが、人は特にチェックされることなく自由に行き来できます。タイのイミグレーション・オフィスも国境を越えた左側にあり、ここで今度はタイ入国の手続きをします。イミグレーション・オフィスはそれぞれ6:00〜20:00の間が業務時間で、16:00以降と土日の手続きでは五〇バーツが徴収されます。

チョンメックのバス乗り場はイミグレーションから五〇〇メートルほど進んだ左側で、ここからバンコク行きのバスも出ていますが、最も頻繁に出ているのはピブンマンサハーン（Phibun Mangsahan）行きで、ウボンラーチャターニーに行く場合もまずはこのピブンマンサハーン行きの車（バスとソーンテーウがあります）に乗ります。ピブンマンサハーンは国境とウボンラーチャターニーの中間地点にある町ですが、乗り継ぎは良く、ウボンラーチャターニー行きのバスは国境から来る車を待って出発します。このバスは、ウボンラーチャターニー市内ではなく、川の手前にある隣のワーリンチャムラープ（Waring Chamrab）市のワーリン市場脇バスターミナルが終点です。ワーリンチャムラープ市には鉄道の駅（バンコク方面からの終点。駅名はウボンラーチャターニー）があり、バスターミナルからは歩いて一〇分から一五分ぐらいの距離。空港やウボンラーチャターニーの市内に行く場合はトゥクトゥクなどを利用して移動します。

❖タイ側・国境付近の見どころ

コーンチアム　Khong Jiam

コーンチアムはムーン川とメコン川が合流する地点にある小さな町。メコン川の対岸はラオスで、バーン・マイ・シーサムパン（略してバーン・マイ）という村があり、タイ側からボートをチャーターして観光に行くことができます。ボートはメコン川に浮かぶフローティングレストランで頼むと手配してくれ、タイ人の船頭とガイドが同行して、代金は三〇〇バーツ。ラオス側に着いたらチケット売り場で入村料五〇バーツを払ってチケットをもらいます。村には布やシルク、Tシャツやビールなどのラオス製品を売る店や食堂、市場、寺などがあり、子供たちが蘭の花を売りに来たりします。

コーンチアムのすぐ近くで二つの川が合流するポイントはメーナーム・ソーンシー（二色の川）と呼ばれています。確かにメコン川の茶色い水とムーン川の青い水が合流したのちもしばらくは混じり合わず、二色の川となって流れています。

コーンチアムに行くには、ピブンマンサハーンのムーン川に架かる橋近くにある小さなバスステーションからバスに乗ります。所要時間一時間半。

コーンチアムの北のメコン川に面した断崖一帯はパーテム（Pha Taem）国立公園で、多くの観光客が訪れます。断崖の上からは眼下にメコン川、その向こうにラオスの岩山の豪快な風景を見ることができ、また崖の壁面には二〇〇〇年から三〇〇〇年前に描かれたと言われる壁画が残っています。近くにはサオチャリアン（Sao Chariang）というキノコ状の奇岩が立ち並ぶ名所もあります。パーテムにはコーンチアムかウボンラーチャターニーからタクシーやトゥクトゥクなどをチャーターして行くのが一般的です。

❖ パークセーの インターネットカフェー

ランカム・ホテル

1階、エントランス脇にあるインターネットカフェ。

@D@M's Internet

アダムスインターネット

パークセーで一番最初にできたインターネットカフェ。今はケッマニー・レストランの隣で営業しています。

SK（エスケー）Net

アダムスの斜め向かいの交差点角にあるインターネットカフェ。ラオス人が多い。

第九章

南部の秘境へ

――ボーラヴェーン高原とアッタプー、サーラワン、セーコーンへ

タート・ユアンの滝。

ダックチューンにある
タリアン族の伝統家屋。

井戸の水を汲んで
洗濯をする。

アッタプー郊外にある
旧ソ連製のミサイル。

ボーラヴェーン高原

通常、南部ラオスと言うと、チャムパーサック（Champasak ແຂວງຈຳປາສັກ）、サーラワン（Salavan ແຂວງສາລະວັນ）、セーコーン（Sekong ແຂວງເຊກອງ）、アッタプー（Attapeu ແຂວງອັດຕະປື）の四県を指しますが、その四県のど真ん中にどっかりと腰を据えている巨大な台地状の山塊がボーラヴェーン高原（Phupiang Boraven ພູພຽງບໍລະເວນ）です。標高は一〇〇〇〜一四〇〇mで、行政的にはチャムパーサック県とセーコーン県とサーラワン県に属し、南部の山裾はアッタプー県に続いて、その南はカンボジアです。かつては火山だったボーラヴェーン高原は土質が良く、水が豊かで、果物や野菜作り、特にコーヒーの栽培で有名です。また、たくさんの滝があって観光名所となっていますが、残念ながら、高原の上には旅行者が快適に滞在できるような宿は多くありません。

民族的には、ビエンチャンやパークセーなどの平野部に多いラオ・ルム（低地ラオ人）の数は少なく、ボーラヴェーン高原からベトナムと国境を接するセーコーン、アッタプーはラオ・トゥン（山腹ラオ人）と呼ばれるモン・クメール系の民族が多く住んでいます。「ラヴェーン」というのもその一つ、ラヴェーン族を指し、それだけこのあたりはモン・クメール系の人々が多いということを示しています。

セーコーン側から見たボーラヴェーン高原。

パークセー▼サーラワン

サーラワンは、パークセーの北東に位置する小さな県で、東側はベトナムと接しています。県庁所在地は同名のサーラワンですが、このサーラワン周辺の主要幹線道路以外は道路の整備が遅れていて、特に県東北部のタオーイ（Ta Oy ຕະໂອ້ຍ）方面への道はひどく、雨季ともなると通常の車両での通行は困難となります。そういった事情もあり、サーラワンは訪れる外国人旅行者もまだまだ少ないエリアです。

サーラワンへはサワンナケートとパークセーの間の国道13号線からも道があることはありますが、あまり使われてはおらず、ビエンチャン発サーラワン行きのバスもパークセーを経由していきます。パークセーの南バスターミナルからhs毎日サーラワン行きのバスが出ています。

パークセーからサーラワンへは、ボーラヴェーン高原に上がってパークソーンを左折するルートと、ボーラヴェーンには上がらず、裾野に沿って北へ進むルートがあります。

現在は、裾野を進むルートが一般的でパークソーン経由のバスはあまりありません。

ボーラヴェーン高原を右に見ながら走るバスは途中ラオガーム（Lao Ngam ເລົ້າງາມ）に停まりますが、ここからサーラワンの間には観光名所となっている滝がいくつかあって、外国人旅行者もよく訪れています。

❖見どころ

タート・パースアム滝　Tad Pha Suam　ຕາດຜາສ້ວມ

パークセーから三三キロほどのところにある滝。滝のまわりは公園のようになっていて、レストランやバンガロー、民族村などがあります。

タート・ロ滝　Tad Lo　ຕາດເລາະ

サーラワン県には、上流からタート・スーン（Tad Suong ຕາດສູງ）、タート・ロ（Tad Lo ຕາດເລາະ）、タート・ハーン（Tad Hang ຕາດຫາງ）という三つの滝があり、この滝群を総称して「タート・ロ公園」と呼んでいます。宿泊施設やリゾートがあるのは一番下のタート・ハーンで、タート・ロへはこの滝から森の中の道を歩いて行けますが、最上流のタート・スーンまでは一〇キロ近くあるので、バイクなどを頼んで行くか、ツアーで行くのが一般的です。乾季には滝の水が涸れることもあるので、水量の多い時に行くことをおすすめします。

パークセーからこれらの滝へ行くには、南バスターミナルからサーラワン行きのバスに乗り、途中下車します。タート・ハーンまでは二キロほどの距離があるので、歩くか、もしいればトゥクトゥクを利用します。パークセーのサバイディー2ゲストハウス主催のツアーでも行くことができます。

サーラワン

パークセーからサーラワンまではバスでおよそ三時間、完全な舗装路です。バスターミナルはサーラワンの中心部から二キロほど手前のところにあり、町へ行くにはトゥクトゥクなどを利用します。町の中心はセー・ドーン川（Se Done ເຊໂດນ）に近いところにある市場です。市場周辺には多くの民家や商店があり、旅行者が利用するゲストハウスやレストランも集まっているので、まずは市場を目指すといいでしょう。

サーラワンに行った旅行者がまず行くのは、「スパーヌウォン殿下の橋」（Prince Souphanouvong Bridge ຂົວປະທານສຸພານຸວົງ）です。これはサーラワンから北に延びる23号線がセー・ドーン川を越えるため一九四二年に建設されたコンクリート製の橋ですが、この道路がホーチミン・ルートであったため、一九六八年、アメリカ軍の攻撃により破壊され、現在もそのままになっています。橋桁と橋の一部は残っていますが、通行はできません。スパーヌウォン殿下は王族ですが、共産側の象徴的存在として内戦を闘い、現在のラオス人民民主共和国誕生の立役者となった英雄で、この橋はラオス内戦、ベトナム戦争の爪痕として今に残る記念碑的な建造物です。しかし、ここへ行く公共の乗り物はないので、サーラワンからトゥクトゥクなどをチャーターして行くことになります。

❖ サーラワンのバス

▶パークセー
所要時間3時間

▶セーコーン
所要時間2時間半

▶サワンナケート
所要時間5時間半

▶ビエンチャン

▶コンセードーン

▶ラオガーム

▶タオーイ

▶ターテーン
セーコーン行きでもOK

右:ラオスで最も美しいと言われる
ファーンの滝。
左:チャムピーの滝。

パークセー▼パークソーン

ボーラヴェーン高原へ行くにはパークセーからのアクセスが一般的です。ボーラヴェーン高原の上にあるパークソーンまでは頻繁にバスやトラックが出ています。また、セーコーン、アッタプー行きのバスも一度ボーラヴェーン高原に上り、パークソーン、ターテーンを経由して下って行くので、これらを利用することも可能です。パークソーンの手前にはたくさんの滝があって、パークセーからレンタバイクなどを使えば比較的簡単に訪れることができます。

❖見どころ

タート・ファーン滝
Tad Fane　ຕາດຟານ

パークセーから東へ三八キロの地点にあるボーラヴェーン高原から流れ落ちる二筋の滝です。滝の落差は約

一二〇メートル。滝は崖の上から見下ろす形になりますが、ここにはタート・ファーン・リゾートという宿泊施設があり、そのレストラン前が展望台になっています。しかし、ここからでは滝壺までの全貌を見ることはできません。滝壺へはこの展望台の右側に続く細い道を下って行くのですが、先に進むにつれて道は急な坂道へと変わり、滑りやすくなってくるので、注意が必要です。特に道が終わるところは大変危険なので、十分注意してください。なお、このタート・ファーンの滝は雨季には水量が増して水煙でよく見えなくなり、逆に乾季で水が少ないと左側の滝がなくなってしまいます。ベストのシーズンは乾季の一一月〜一月頃でしょう

タート・チャムピー滝　Tad Champee　ຕາດຈຳປີ

タート・ファーンと国道を隔てて反対側にある滝で、国道からはおよそ二キロ。川の水が扇状に浸食された一枚岩の上から流れ落ち、その岩の下は空洞になっていて、歩くことができます。滝の周辺は木々に囲まれ、ラオス人がよくピクニックに訪れます。

タート・ユアン滝　Tad Yuang　ຕາດເຢືອງ

タート・ファーンの上流二キロ、パークセーからは約四〇キロのところにある滝で、隣接した二つの滝が段差のある崖から流れ落ちています。滝の上部分には駐車場や売店、東屋風の建物があり、木道なども整備されています。川の右側にある木の階段を降りていくと滝の下側まで行くことができ、ここにも滝を見るための東屋風の建物がありま す

パークソーン

パークソーン（Paksong ປາກຊ່ອງ）はボーラヴェーン高原の上では代表的な存在ですが、町としての規模は大きくありません。周辺ではコーヒー豆の栽培が盛んで、乾季にはパークセーからパークソーンまでの間にある集落でコーヒー豆を天日で乾燥させている風景を見ることができます。この地で作られるコーヒーはパークソーン・コーヒーと呼ばれ、ラオス全土だけではなく国外にも輸出される有名なもので、アラビカ種とロブスター種が栽培されています。アラビカ豆は一一月から一二月にかけて、ロブスター豆は一月の終わりから四月にかけてが収穫のシーズンです。

パークソーンまではパークセーからバスで二時間ほど。バスはパークソーンの市場近くの広場に停まります。

パークソーン▼セーコーン▼アッタプー

パークソーンからセーコーン、アッタプー方面へ行くにはパークソーンの北にあるターテーン（Tha Teng ທ່າແຕງ）を経由して行きます。パークソーンからアッタプーへと真っすぐ延びる道は未舗装路です。以前はアッタプー行きのバスが運行し、道路の改修工事の計画もありましたが、その後中止されています。ターテーン経由の道は舗装路なので、大回りをしてもこちらを進んだほうがアッタプーまでの所要時間は短いのです。ベトナム行きの国際バスもすべてこのルートを通ります。

バスの客にフランスパンを売るベトナム人の女性。ターテーン。

❖見どころ

タート・セーカタームトックの滝　Tad Se Katamtok　ຕາດເຊກະຕາມໂຕກ

パークソーンからアッタプー方面へ二〇キロほど行ったところにある滝。アッタプーへ向かう道を進み、バーン・カントーク村（Ban Khantok ຂັນໂຕກ）付近で右折し南に約二キロ。岩盤の上から一気に落ちる滝は、ボーラヴェーン高原の滝の中で最大規模の落差を誇ります。

ターテーン

ターテーン（Tha Teng ທ່າແຕງ）はセーコーン、サーラワン、パークソーンの三方向への道が延びる三叉路付近にある集落です。三叉路のすぐ近くには小さな市場があり、多くのバスがここで停車します。集落の中には特に見るところはありませんが、ボーラヴェーン高原の上にある集落で宿泊施設があるのは

❖ パークソーンのバス

▶パークセー

朝6時から夕方まで1時間に1本程度のバスやソーンテーウがあります。最終はアッタプー発ビエンチャン行きのVIPバスで19時前後にワークショップ前に停車します。

❖ パークソーンの食事その他

市場周辺に食堂があるほか、一部のゲストハウスには食堂が併設されています。また、市場へ入る道の角にはベトナム・レストランがあります。

Koffie's Coffee Work Shop

市場からメインストリートをターテーンの方角に少し行った右側にあり、コーヒー園の見学やコーヒー豆のローストが体験できるツアーを行なっています。

❖ ターテーンのバス

アッタプー、セーコーン、ベトナムのザーライ、クイニョンへ行くバスはすべてこのターテーンを通ります。セーコーンとサーラワンを結ぶバスは、ここから北に延びる道を通ってボーラヴェーン高原を下りていきますが、この道のみが未舗装の悪路です。

ここと パークソーンだけです。暑い時期であれば涼しいボーラヴェーン高原に滞在してみてはいかがでしょうか。パークソーンからの所要時間時間は三〇～四〇分ほどです。

セーコーン

セーコーン（Sekong ເຊກອງ）はセー・コーン川の川沿いにあるセーコーン県の県庁所在地で、行政区分的には県内に四つある郡の内の一つ、ラマーム郡に属しているため、ムアン・ラマーム（Muang Lamam ເມືອງລະມາມ）という名前も持っています。パークセー方面から来ると、ボーラヴェーン高原を下りてすぐのところにあります。町は小さな市場を中心として、セー・コーン川の流れに沿って東西に広がっていますが、規模がそれほど大きな町ではないので、主要な場所は歩いて回ることが十分可能です。町にはトゥクトゥクもいます。

❖見どころ

ワット・ルアン　Wat Luang　ວັດຫຼວງ

セーコーンの町にある唯一のお寺で、境内には白い仏塔が建っています。朝の托鉢の時には大勢の人が道路にひざまずいて僧侶が来るのを待っています。

タート・フェーク滝　Tad Feak　ຕາດແຟກ

セーコーンからアッタプー方向に一五キロほど行ったところにあるセー・コーンの支流セー・ナムノーイという川にある滝。国道からは二キロほど。落差はありませんが、そこの幅があり、水もきれいです。

タート・フアコーン滝　Tad Hua Khon　ຕາດຫົວຄອນ

ファイ・タイウンという川にある滝で、展望台があります。

❖ セーコーンのバス・船・観光相談

バスターミナルはセーコーンの町の北側にあるガソリンスタンドの裏手ですが、セーコーン発の大型バスはガソリンスタンド前の小さな広場から出発しています。また、ここからパークセー方面へと向かう場合はアッタプー始発のバスも利用可で、国道沿いか、このガソリンスタンド付近で待っていても乗ることができます。

▶パークセー

セーコーン始発、アッタプー始発。
所要時間3時間半

▶サーラワン

所要時間2時間半

▶アッタプー

他の町から来たアッタプー行きのバスにも乗れます。所要時間1時間半

▶ボートをチャーターすることでアッタプーまでセー・コーン川を下って行くことができます。船着場（ダックチューン側に渡るフェリー乗り場）か、ツーリズム・オフィス、ボンパスート・ゲストハウスなどで聞いて下さい。

▶Sekong Provincial Tourism Office

県庁前広場の川側。セーコーンの観光情報、相談などを受け付けています。

❖ セーコーンの食事

Khamting
カムティン

セーコーン・ホテルの向かいにあるベトナムとラオス料理のレストラン。
7:00 ～ 22:30。

Phanthip
パンティップ

カムティンの隣にあるラオス料理の小さなレストラン。一時期レンタバイクの貸し出しも行なっていましたが、現在はわかりません。
7:30 ～ 22:00。

右上：タート・フアコーンの滝。
右下：セーコーンの朝、托鉢に歩く僧侶を待つ村の人たち。
左上：セーコーン中心部。
左下：セー・コーン川には橋がないので渡しの船で川を渡る。

ダックチューン

ダックチューン（Dak Cheung ເມືອງດັກຈຶງ）はセーコーン県ダックチューン郡の中心となる集落で、セーコーンの東一〇〇キロに位置しています。セーコーンからは不定期にソーンテーウが出ていますが、ダックチューンまでの道はかなりの悪路の上、いくつかある川には橋が架けられていないため、雨季になると車の通行が不可能になります。道の途中にはンゲ族の集落があり、村の中にある広場には、毎年行なわれる水牛を精霊に捧げる儀式（パラゴット）で水牛を結び付けるための木の杭が何本か立っています。

ダックチューンはタリアン族が多く住む集落で、伝統的な家屋が数多くあります。この地方で作られるカゴやテーブル、背負子などの竹製品は、つくりが良いことと、ダックチューンの標高が高く寒いため常に囲炉裏の煙で燻されて独特の風合いがあることなどで、高い評価を得ています。

ダックチューンの町の中心には市場があり、その周辺には個人経営の商店や食堂などもありますが、宿泊施設はなく、この町に滞在するには、セーコーンのツーリズム・オフィスで滞在許可証をもらい、この町の警察署に提出しなくてはなりません。宿泊は民家などを紹介してもらって、ホームステイすることになります。町にはベトナムから電気が供給

右上：ダックチューンへはいくつかこういう川を渡る。
中上：水牛祭りを行なうンゲ族の村。
左上：タリアン族の伝統家屋。
下：家の入口は庇が大きく張り出している。

されていますが、テレビ、携帯電話は電波が入らないので使うことができません。

現在、このダックチューンまでの道と、ここからベトナムのクアンナム省までの道は整備計画が進行中です。ベトナムとの国境は既に開いているという話ですが、外国人旅行者の通過はまだまだ困難でしょう。また、ダックチューン郡のセー・カマーン川（Se Khaman ເຊຂະໝານ）ではダム建設工事が行なわれているので、将来は開発により周辺環境が一変することになるかもしれません。

セーコーンからダックチューンまでは韓国製のトラックで所要時間約七時間。セー・コーン川を渡るフェリー乗り場で待ちます。詳しいことはツーリズム・オフィスで。

❖見どころ

ケーン・ルアン　Keng Luang　ແກ່ງຫຼວງ

セーコーンの町より少し上流にある早瀬。周辺は岩場になっていて、漁がさかんです。セー・コーン川を上流へ向かう船もここから出ます。

カルーム　Kaleum　ເມືອງກະລຶມ

ケーン・ルアンから船に乗ってセー・コーン川を七〇キロほど遡ったところにあるカルーム郡の中心となる集落。こちらもダックチューンと同じく少数民族が数多く住むエリアです。

右：船に載せベトナムへと運ばれるボール爆弾の残骸。
左：子供たちはお風呂の時間。

アッタプー

アッタプー県（Attapeu ແຂວງອັດຕະປື）はセーコーン県の南に位置するラオス最南東部の県で、カンボジア、ベトナムと国境を接しています。アッタプーの名前の由来は、Id Kabeu（イッカブー）と呼ばれていたのを、フランス人がアッタプーと発音したからだと言われています。イッカブーのIdはクメール語で「排泄物」。Kabeuは「水牛」。つまり「水牛の糞」という意味で、昔この地域にはたくさんの水牛が生息し、水牛の糞があちこちにあったことから名付けられたと言われています。

町の名前の由来がクメール語であることからもわかるように、文化的にはカンボジアの影響の強い地域です。また住民の多くはビエンチャンなど大都市に多い低地ラオ族ではなく、モン・クメール系の少数民族で、地続きのベトナムの中部高原にも同じ民族が住んでいます。フランセーコーン川に架かる橋。
この道はベトナムとの国境まで
続いています。

❖ アッタプーのバス

▶パークセー

所要時間3時間半～5時間

▶ビエンチャン

15～18時間

▶セーコーン

上記バスで途中下車。
所要時間1時間半

▶ベトナム

ベトナムのバスが出ています

❖ アッタプー国際空港

2015年5月開港。

❖ アッタプーの食事

レストラン、食堂は町の中に点在していますが、数はあまり多くありません。

Duc Loc Guesthouse
ドゥクロック・ゲストハウス&
Thi Thi Restaurant
ティティ

タインガーのすぐ近くにあるベトナム人経営の宿とレストランで、ベトナム行きのバスチケットを販売しています。
7:00～22:00。

Yuko
ユーコ

アルーンスックサイの並びにあるラオス料理のレストラン。
7:00～22:00。

Ban Laek Tee Neung
バーンレークティーヌン

ユーコから少し北に行った左側。昼間は麺類など、夜は焼き肉(シンダート)などを提供しています。
7:00～22:30。

ス植民地時代にはそうした少数民族の中から激しい抵抗運動が起き、またベトナム戦争の時はベトナムの北から南へ兵力と物資を輸送する「ホーチミン・ルート」が何本も山岳地帯に作られて、アメリカ軍の爆撃によって甚大な被害を受けました。このように、セーコーンやアッタプーはメコン川流域のラオス平野部とは民族的にも歴史的にも肌合いの違う地域なのです。

県の中心となる町はセーコーン川の川辺にあるサーマッキーサイ(Samakkhi Xay ສາມັກຄີໄຊ)です。「サーマッキー」が「団結」、「サイ」が「勝利」という意味で、革命後に新しく付けられた名前ですが、通常、アッタプーあるいはムアン・アッタプー(Muang Attapeu ເມືອງອັດຕະປື)と呼ばれています。

バス・ターミナルは町の中心部から二キロほど離れたところにあり、町までは乗り合いのトゥクトゥクで行きます。町なかにはこれといった観光地はありませんが、県内全域で見ると、自然が作り出した美しい景観や、ホーチミン・ルートに残る歴史的傷跡、この地方に住む多様な少数民族の伝統文化など、観光価値のある場所が多数存在します。しかし、同じ南部でも多くの旅

行者が訪れるチャムパーサックと違って、交通手段や宿泊設備などがきちんと整備されておらず、これらの場所に行くためには旅行会社のツアーに参加するか、レンタバイクなどを使って自力で行くしかないというのが現状です。

❖見どころ

ノーン・ロム湖　Nong Lom　ໜອງລົມ

ボーラヴェーン高原の南側からチャムパーサック方面へと回り込む国道18A号線を、アッタプーの町から三キロ進んだところにある小さな湖。

セー・ピアン川周辺　Se Pian　ເຊປຽນ

アッタプーからさらにこの18A線を進み、サナームサイ（Sanamxay ເມືອງສະໜາມໄຊ）の町を越えると、セー・ピアンという川があり、この

のどかなセー・ピアン川の風景。

川の上流（ボーラヴェーン高原方面）には、タート・サモーンパック滝（Tad Samongphak ຕາດສະໂມງພັກ）、タート・セーパー滝（Tad Saepha ຕາດແຊ້ຜາ）という二つの滝があります。このエリアの観光基点となるのはバーン・タムマヨット（Ban Tamayot ບ້ານທ່ຳມະຍົດ）という村ですが、ツアーで訪れるのが無難です。バーン・タムマヨット村から18A号線を一八キロほど進んだ先にはタート・セーポンライ（Tad Saeponglai ຕາດແສ້ປົ້ງໄລ）という別の滝があります。

緑豊かなドン・アムパーム国立自然保護区。

タート・サイセーター

That Saisetta ທາດໄຊເສດຖາ

アッタプーの町からベトナム国境へと続く国道18B号線を一二キロほど行ったところにあるのが、サイセーター郡のムアンサイセーター

（Muang Saisettha　ເມືອງໄຊເສດຖາ）という町で、この町には一五七九年に建造された古い仏塔、タート・サイセーターがあります。

ワット・サケー　Wat Sakae　ວັດສະແກ

こちらもサイセーターにある古い寺院ですが、毎年、ピーマイラオ（ラオス正月）の時期はこ

パー・ヒン・タンの奇岩。

の寺で新年を祝う儀式が行なわれ、大勢の人で混雑します。

ソ連のミサイル

サイセーターの東、国道がセー・カマーン川を越える橋の手前で左に曲がる道を一八キロほど行ったパアム（Pa Am ພະອຳ）と呼ばれるところに、ベトナム戦争時に使われた旧ソビエト連邦製のミサイルが置いてあります。

パー・ヒン・タン　Pha Hin Tang　ຜາຫີນຕັ້ງ

国道18B号線をアッタプーからベトナムへと向かい三八キロほど行った左側。規模は小さいですが、パークセーの北西、プー・シエントーン国立自然保護区のヒン・コーンと同じような石灰岩の奇岩群があります（↓307ページ）。

ノーンファー湖　Nong Fa　ໜອງຟ້າ

セーコーンとの県境に近い山の中にある湖で、流れ込む河川がなく、形がほぼ真円の形をしていることから、過去の火山活動によって形成された火口湖だと言われています。周囲を森に囲まれ、青い水を湛える美しい湖で、名前のファーは「空」という意味。つい最近まで湖に通じる道がなく、最低でも片道二泊三日程度の時間をか

ソ連のミサイル。

け、森の中を歩いて行かなければなりませんでした。しかし二〇〇八年、ベトナム国境への道が整備されるのに合わせ、過去にベトナムの企業が作った道を整備しなおし、この湖まで車両によるアクセスが可能になりました。道はベトナムとの国境であるプークーア（Phou Keua ພູເກືອ）の手前からベトナムとの国境線に近いところを通って、湖の近くまで通じています。

セー・カマーン川　Se Kaman　ເຊກະມານ

ベトナム国境付近の源流からアッタプーへと流れる川で、パアムの先にある河川敷は週末、ラオス人がピクニックに訪れるポピュラーな場所になっています。

ベトナムへ

二〇〇八年一月一八日、ラオスのアッタプー県プーボン郡とベトナムのコントゥム省ゴクホイ郡との間に国際検問所が完成し、外国人旅行者の国境通過も可能になりました。ラオス側がプークーア（Phou Keua ພູເກືອ）、ベトナム側がブーイ（Bo-y）という名称です。国境は山を切り開いた場所にあり、ラオス側の国境付近には食堂などが並んでいますが、宿泊施設は両国ともありません。ラオスのイミグレーション・オフィスの業務時間は7:30〜19:00、手続きの際は手数料、書類代などで一万六〇〇〇キープ、土日は時間外手数料として八〇〇〇キープが必要です。

ベトナム側のイミグレーション・オフィスは坂を下った先、一キロほどのところにあります。国境から一番近いベトナムの町はゴクホイ（Ngoc Hoi）で国境からの距離は一八キロ。ゴクホイの町には宿泊施設が何軒かあります。

アッタプーから国境まで続く国道18B号線は、ベトナムの援助で作られた新しい道で、山が近づくにつれてカーブは多くなりますが、路面の舗装状態などは素晴らしく、バスに乗っていても大きくバウンドすることなどはありません。また、国境に近いところから見る風景はラオスの大自然そのもので、車窓からも遠くまで広がる森の風景を見ることができます。

このルートでラオスとベトナムを結んでいるのはほとんど、ベトナムの会社が運営するバスやミニバンで、ラオスのバス会社はあまり運行していません。パークセーの南バスターミナル始発のヤーライ（Yalai＝ザーライ）行きとクイニョン（Qui Nhon）行きのバスが唯一で、アッタプーでそのバスを待ち構えるのもいいですが、頻繁に出ているベトナムのバスのほうが便利でしょう。アッタプーからベトナム行きのバスやミニバンは、セーコーン橋に近い場所にあるベトナム・レストラン「タンガー」と「ティティ」の前から出ています。

しかし、ベトナム行きのバスは、国境開放後から一年ちょっとの間に出発場所、時間、料金などが、目まぐるしく変わっています。今後も変わることが予想されるため、実際に行く際の料金や出発時間等はベトナム・レストランで確認して下さい。

❖ すぐ役に立つラオス語14

季節

ラドゥー　ລະດູ

雨季

ラドゥー・フォン　ລະດູຝົນ

雨が降る

フォン・トック　ຝົນຕົກ

第十章

カンボジアが近い

——ワット・プーとシーパンドーンへ

山を登ったところにあるワット・プーの本殿。

メコン川で洗濯をする女性。

水煙をあげて
流れ落ちる
コーンパペンの滝。

小さいうちから
お寺へのお参りは欠かさない
ラオスの人々。

カンボジア
13
コーン島（大）
ムアンコーン
バーン・ハートサイクン
ムアンセーン
13
バーン・ナーカサン
メコン川
13
パペン島
コーンパペン滝
フアドーンデート
デート島
鉄道橋
ソムパミット滝
ウーンカーム
ノーンノックキアン
サニアット島
カンボジア
コーン島（小）
バーン・ハーンコーン
7

シーパンドーン

ラオス最南部、カンボジアとの国境近くのメコン川はその幅が一四キロにもなり、川の中には大小さまざまの島々があって、シーパンドーン（シーパンは四〇〇〇、ドーンは島）という名称がついているほどです。その多くは無人の島ですが、大きな島では陸地の町や村と同じような日常生活が営まれ、旅行者も島の中にあるホテルやゲストハウスに滞在して、メコンを眺めながらのんびりと過ごすことができます。

ゆったりと流れてきたメコンはここから急に表情を変え、いくつもの豪快な滝となって落下し、豊かな漁場を作って、カンボジアに流れこんでいきます。ビエンチャンよりずっとカンボジアに近いこのエリアは、歴史的も文化的にも、カンボジアに深い影響を受けています。メコン西岸のチャムパーサックにはユネスコの世界文化遺産にも登録されているワット・プーがあって、南部観光の最大の目玉になっていますが、これも元々はクメールのヒンドゥー寺院でした。農業も漁業も盛んで、「ラオスの食糧庫」とも言われるこの地域では、随所にカンボジアの影を見ることができます。

パークセー▼チャムパーサック

チャムパーサック（Champasak จำปาสัก）はパークセーの南、メコン川の西側に広がる小さな町ですが、かつてはチャムパーサック王国の王都として栄え、町の南にはクメール

チャムパーサックの船着場を
あがったところ。

遺跡のワット・プー（Wat Phou ວັດພູ）があります。ワット・プー周辺の遺跡群（チャムパーサックの町も含む）は、二〇〇一年にユネスコの世界文化遺産に指定され、毎年、太陰暦の第三満月の日（二月）に行なわれるワット・プー・フェスティバルには大勢のラオス人や外国人観光客が訪れます。

　現在、パークセーからチャムパーサックへは一日数本のバスのほか、近隣の村との間を繋ぐソーンテーウ、ツアー会社のツーリスト・バスなどもあり、比較的容易にアクセスすることができます。

　定期バス（もしくはソーンテーウ）は、パークセーのタラート上:チャムパーサックの町。
右下:用水路で遊ぶ子供たち。
左下:チャムパーサックの托鉢風景。

ダオファン・バスターミナルを出発すると、13号線に沿って南バスターミナルのところで右折、そこからはほぼ真南に向かい、バーン・ラックサームシップ(三〇キロ村)(Ban Lak 30 ບ້ານຫຼັກສາມສິບ)のT字路を右折して、メコン河岸のバーン・ムアン(Ban Muang ບ້ານເມືອງ)に着きます。ここで対岸までフェリーに乗るのですが、バスやトラックなどの乗り物で来た場合はフェリーの代金はバス代に含まれているので、お金を払う必要はありません。レンタバイクなどで来た場合は、ここでフェリーよりも小型の渡し船を利用しますが、これは有料です。フェリーは二隻が同時に運航しているので、タイミングが悪いと、しばらく待つことになります。しかし、この村には食堂や雑貨店などもあり、渡し船は一日中頻繁にあるので、昼間の時間帯であればあたりを散策したりしても大丈夫です。

メコン川を渡ったソーンテーウなどは、基本的にはチャムパーサックの町まで行くので、ツーリズム・オフィスやゲストハウスの前あたりで適当に降ろしてもらいましょう。川を渡ったところから町の中心までは二キロ以上の距離があり、荷物を持って歩くとなるとけっこう大変です。

チャムパーサック

チャムパーサックの町は、メコン川に沿ってワット・プー方面へと続く道を中心に、南北に細長く広がっています。パークセーなどとは全然違い、その規模も大変小さく、町というより村といった趣ですが、その分非常にわかりやすいので迷うことはないでしょう。多くのゲストハウスはメコン川を望む東側にリバービューのレストランを持っており、どこでも夕方には各国の旅行者が集まっています。町なかにはこれといった観光もないので、ハンモックに揺られて読書を楽しむといった過ごし方をする欧米人旅行者以外は長期滞在する人も少なく、日本人旅行者の多くも一泊から二泊という人がほとんどです。

❖見どころ

ワット・プー　Wat Phou　ວັດພູ

チャムパーサックの町から一〇キロほど南にあるクメール王朝時代の寺院で、山の上にある本殿へは石の階段を登って行きます。町からの距離があるため、多くの旅行者は自

❖ チャムパーサックの食事とインターネットカフェ

Champamay

チャムパーマイ

ツーリズム・オフィスの近くにあるガーデンレストラン。英語メニューあり。8:00 〜 22:00。

Internet Cafe

日本人オーナーが経営するインターネットカフェで、オーナーがいればチャムパーサック周辺の情報について相談することができます。8:00 〜 18:00。

転車などを借りて観光に行っていますが、トゥクトゥクなどを利用して行くこともできます（チャーターになるので料金は要交渉）。

　ワット・プー遺跡公園内への車両の乗り入れは禁止。入場チケットは遺跡展示ホールの窓口で販売しています（8：00〜16：30）。

　遺跡展示ホール内には、ワット・プー周辺から出土したレリーフやリンガ（男性器をかたどった子孫繁栄のモチーフ）などが展示されていますが、展示室内の撮影は不可。ホールの先には「バライ」と呼ばれる聖池があり、この先にある「暁のテラス」からは真っすぐ山の上の本殿に向かって、参道が延びています。参道の両脇にある遺跡は左側が南宮殿、右側が北宮殿と呼ばれていますが、外側の回廊部分以外は崩れてしまっています。

　二つの宮殿の間を抜けた先からは急な石の階段が始まります。階段にはラオスの国花でもあるドークチャムパー（プルメリア）の木が植えられていて、季節によっては真っ白な花のトンネルになります。

　階段を登りきった頂上の向かって左側奥に本殿があります。本殿の壁にはビシュヌ、シバ、ブラフマーなどヒンドゥー教の神々のレリーフが刻まれています。本殿の裏には岩の間から聖泉が湧き出ており、ワット・プー・フェスティバルの時などは、この聖水を汲むためにペットボトルなどを手にした大勢のラオス人がやってきます。頂

右：山の上の本殿付近から麓を見下ろす。

右下：本殿のレリーフ。

左下：ナーンシーダーの館。

上の北側（本殿に向かって右側）には象や蛇、ワニをかたどった岩があります。

ナーンシーダーの館　Hong Nang Sida　ໂຮງນາງສີດາ

ワット・プー麓の南神殿から西に続く道を進んだ先にあるもう一つの遺跡で、規模は小さく、後ろの部分は完全に崩壊してしまっていますが、テラスや柱の一部が残っています。

デーン島　ドーン・デーン　Don Daeng　ດອນແດງ

チャムパーサックの町の向かいに位置するメコン川の中州の島。島内にはいくつかの村が点在し、宿泊施設もあります。チャムパーサックからボートを利用して行きます。

トモ遺跡　Huay Tomo ຫ້ວຍໂຕະໂມະ

チャムパーサックの対岸、バーン・ナーカムノーイ村（Ban Nakham Noi ບ້ານນາຄຳນ້ອຍ）近くにあるクメール様式の遺跡で、やはりヒンドゥー教のレリーフなどがあったのですが、近年彫刻のある石が盗難にあったため、顔が刻まれたリンガやリンテルなどはワット・プー遺跡展示ホールの保管庫に置いてあります。公共の乗り物は一日に一便程度しかないので、車か船をチャーターして行くしかありません。

バーン・キヤットゴーン村　Ban Khiet Ngong　ບ້ານຂຽດໂງ້ງ

バーン・パポー村（Ban Pha Pho ບ້ານພະໂພ）と並んで、象使いの村として古くから有名です。両村ともセー・ピアン国立自然保護区の中に位置していて、あたりの湿原

右：トモ遺跡。
左：川の中にある石切り場跡。

プー・アーサーの山の
上に残る石柱群。

には数多くの野鳥などが生息しています。

バーン・キャットゴーン村は、村のすぐ近くにあるプー・アーサーという岩山に行く外国人旅行者を山の頂上まで象に乗せて案内したことから有名になり、今では多くの旅行者が訪れるようになりました。しかし、ここも公共の輸送機関は乏しく、多くの旅行者はレンタバイクやツアーで訪れているようです。村にはロッジやゲストハウスもあります。

プー・アーサー　Phou Asa　ພູອາສາ

バーン・キャットゴーン村のすぐ近くにある巨大な岩山で、登山道は荒れていてオフロード車以外の通行は不可能。山はオーストラリアのエアーズロック（ウルル）と同じように一枚の岩からできていて、見晴らしの良い山の頂上にはルーシー（仙人）がこの岩を削って作ったと言われる沢山の柱と建物の遺跡があります。

パークセー▼チャムパーサック▼シーパンドーン

メコン川のラオス領内最南部、カンボジアとの国境付近には無数の島があり、このエリアはシーパンドーン（Shi phan Don ສີ່ພັນດອນ＝四〇〇〇の島々）と呼ばれています。有人、無人の島がありますが、観光の基点となる島はコーン島（Don Khong ດອນໂຂງ）、コーン島（Don Khon ດອນຄອນ）（カタカナで書くと両方ともコーン島になるので、こちらを「小コーン島」とします）、デート島（Don Det ດອນເດດ）の三つで、島には旅行者用の宿泊施設やレストラン、島によってはインターネットカフェや旅行代理店などが揃っています。

パークセーから各島へのアクセスは比較的良く、ローカルバスなどのほかにツーリスト向けのミニバンや、VIPバスなども運行しています。これらの乗り物を利用して島の対岸にある村まで行ったら、船で島へと渡ります。

チャムパーサックはこれらの島々とパークセーの間に位置しているので、パークセー→チャムパーサック→シーパンドーンの順で回ると効率がいいでしょう。

チャムパーサックからシーパンドーン方面に向かうには、バーン・ムアンから来た道が13号線と交わる三叉路まで行き、そこで13号線を南に向かうバスを捕まえます。午前中の早い時間にチャムパーサックを出れば、シーパンドーン方面行きの車は頻繁にここを通るので、それほど長い時間待つことはないと思います。パークセー発のVIPバスはバーン・ムアンまでやってくるので、それを利用するのもいいかもしれません（8：30頃バーンムアン着）。

ちなみに、チャムパーサックには他の町と違ってバスターミナルが存在しません。しかし、バスやトラックはメコン川に沿って走るメインストリートを通るので、ゲストハウスの前などで待っていれば捕まえることができます。不安であれば、ゲストハウスのスタッフに自分の行きたい場所を前もって伝えておいて、車を止めてくれるよう頼んでおくのもいいでしょう。

逆にシーパンドーンからは、チャムパーサックに寄らないで、パークセーに直行する旅行者のほうが多いので、シーパンドーンのあとにチャムパーサックに行こうとすると、途中下車をしたのち自力で車を捕まえる必要があります

コーン島

コーン島（Don Khong ດອນໂຂງ）はシーパンドーンの中で最も上流にある最大の島で、島の東側にあるムアンコーン（Muang Khong ເມືອງໂຂງ）の町にはゲストハウスやレストランなどが数軒あります。かつてはパークセーとチャムパーサック経由でこの島を結ぶ定期船が運行されていましたが、現在はバスやトラックでの移動が主流になり、運行されなくなっています。

パークセーから来たバスは対岸のバーン・ハートサーイクーン村（Ban Hat Xai Khun ບ້ານຫາດຊາຍຄູນ）からフェリーに乗って、島までやってきます。対岸でバス

❖ コーン島の食事

No.2
ナンバーツー
カーンコーンビラ・ゲストハウスの裏手、市場のある道沿いにあるレストラン。
6:00～22:00。

Kunnaphab
クンナパーブ
メコンより1本裏手の道にあるラオス料理のレストラン。英語メニューあり。
7:00～19:00。

を降りたり船代を支払ったりする必要はなく、そのまま島に上陸できます。バスはお寺近くの広場まで行きますが、島の桟橋はゲストハウスの多いエリアに近いので、桟橋で降りて歩いても構いません。

島の西側には、ムアンセーン（Muang Saen ເມືອງແສນ）という小さな町があります。ムアンコーンからは八キロほど。個人商店や食堂などはありますが、宿泊施設はありません。

バーン・ナーカサン村

バーン・ナーカサン村（Ban Nakasan ບ້ານນາກະສັງ）は小コーン島とデート島に行く船が出るメコン川沿いの村で、パークセーから来たバスはこの村にあるキウロット（車乗り場）が終点となります。キウロットはかなり内陸寄りで、メコン川の船着場までは六〇〇メートルほどの距離があります。船着場には船のチケットの販売&待合所があり、島に渡る場合はここで目的地を告げてチケットを購入してから船に乗ります。出航時間は決まっておらず、人が集まり次第出発しますが、朝七時ぐらいから夕方五時ぐらいまで頻繁に出ています。島にはいくつかの船着場がありますが、それぞれの船着場は離れているので、自分の滞在したいエリアに近い船着場を選びます。

→ファドーンデート（Hua Done Det ຫົວດອນເດດ）
デート島の最北端にある船着場です。所要時間約一〇分。

↓ターダーン（Tha Dane ທ່າດ່ານ）

デート島の中央部東（小コーン島側）にある船着場で、ラオス語ではターフア・ニャイ（Tha Hua Nyai ທ່າເຮືອໃຫຍ່）、英語ではOld Boat Pearと呼ばれています。所要時間約一五分。

↓バーン・コーン村（Ban Khon ບ້ານຄອນ）

小コーン島にある唯一の船着場。デート島と小コーン島を結ぶ鉄道橋から近い位置にあるので、デート島の南部に滞在する場合もこちらの船着場を利用したほうが行きやすい。所要時間約二〇分。

＊バーン・ナーカサン発パークセー行きの車は6:00、7:00、8:00、9:00、10:00発。所要時間三時間。

デート島

現在、旅行者に人気なのはこのデート島（Don Det ດອນເດດ）のほうで、特に島の最北端にあるフアドーンデートにはびっくりするぐらいたくさんのゲストハウスやレストラン、インターネットカフェ、旅行会社などがあり、外国人旅行者の姿が絶えません。ゲストハウスはどこも常に満室状態で、空室を探して他のエリアまでバックパックを背負って長い距離を歩く旅行者もいるほどです。フアデートは「デートの頭」という意味で、細く尖った島の突端には小さなビーチがあるほか、サンライズとサンセットが

右上：フアドーンデートのビーチ。
左上：無数の島々からなるシーパンドーンの風景。
中右：ターハーンの埠頭跡。
中左：デート島のメインストリートを堂々と歩く水牛。
下：デート島とコーン島の間に架かる鉄道橋。

楽しめるのもこのエリアの魅力です。しかし、メコンの滝や機関車などを見に行くためには自転車をこいで長い距離を行かなければなりません。

メインストリートは島の東側にあり、ここを南に下って行くと、かつてフランス政府が作った埠頭跡のターハーンやコーン島との間に架かる鉄道橋へと至ります。また、ターハーン前の広場にはたくさんの座席が付いた遊覧カーがあり、これを利用して両島を観光することも可能です。

島はかつては、夕方五時ぐらいから一〇時ぐらいまで発電機による発電を行なっていましたが、現在は電気が引かれ、二四時間OKです。多くのゲストハウスはエアコンなどの導入から宿泊費の値上げを考えています。

島にあるインターネットカフェでは自家発電を行なっているので、一日を通じてインターネットの使用が可能。また、フルーツシェイクなどを出す店もジューサーを使う時のみ自家発電機を作動させています。

❖ デート島の食事

フアドーンデート以外の場所は単独のレストランは少なく、ゲストハウスに併設されたレストランで食事ということが多くなります。ここでは単独のレストランのみ紹介します。営業時間はいずれも朝7時ぐらいから夜22時ぐらいまでです。

Khamphong
カムポーン
フアドーンデート船着場を見下ろす位置にあるレストラン。

Jasmin
ジャスミン
ラオス各地に支店があるインド料理のレストランで、欧米人の旅行者に人気。

Smile（スマイル）／ Smile Bar 2
お座敷スタイルのバーで、夕方から夜にかけて混み合います。

Bamboo
バンブー
メコン川に面したところにあるラオス料理の小さなレストラン。

Mekong Dream Restaurant & Lounge
メコンドリーム・レストランアンドラウンジ
鉄道橋のすぐ近くにある本格ラオス料理のレストランで、料理教室も開催しています。

❖ デート島のインターネット・サービスその他

Happy Island
ハッピーアイランド
インターネット・サービス。
6:30 ～ 22:00。

Khieo
キエオ
インターネット・サービス。
6:00 ～ 22:00。

遊覧カー
ターハーン前の広場から出発する遊覧カーは鉄道橋を渡り、小コーン島にある機関車、ソムパミットの滝などを回ります。9人乗り。

小コーン島で日本人に人気のドルフィンゲストハウス。

小コーン島

小コーン島（Don Khon ດອນຄອນ）の中心部は島の西側で、鉄道橋に近いバーン・コーン村（Ban Khon ບ້ານຄອນ）が一番賑やかです。とはいっても、デート島と比べると落ち着いた雰囲気で、宿やレストランもデート島のものより高級なところが多く、外国人旅行者の年齢層も高めです。小コーン島はデート島より広く、ソムパミット滝や白砂のビーチ、フランス植民地時代に使用した蒸気機関車と線路、資材を島に揚げるための陸揚げ機など、観光するところも多いのですが、それらのほとんどは島の南側にあるので、デート島と同じく、レンタサイクルなどを利用して行きます。デート島もそうですが、観光用の車が走る道は砂利が敷き詰められているので、自転車で走るのは大変です。自転車に乗って観光する場合は、できるだけ島の人が昔から利用している生活道を利用することをおすすめします。

また、小コーン島の南東部にあるバーン・ハーンコーン村（Ban Hang Khon ບ້ານຫາງຄອນ）からメコン川にそって北上する道は、橋が壊れ落ちていて通行できないところがたくさんあります。バーン・ハーンコーン村から戻る場合は、一度ビーチ方面に戻ってから北上するほうがいいでしょう。

❖ 小コーン島の食事

Chanthathouma
チャンタトーマ

メインストリートから斜めに入る道のところにある小さな食堂で、なぜか日本人の旅行者に人気。
6:00 ～ 19:00。

Seng Ahloun
センアルーン

機関車と鉄道橋に行く道の向かいにあるレストラン。
7:00 ～ 22:00。

Fleur Du Mekong
フルールデュメコン

フランス語でメコンの花という名前の、鉄道橋から最も近いところにあるリバーサイドレストラン。フランス料理、ラオス料理、タイ料理のメニューがあります。
7:00 ～ 22:00。

❖ 見どころ

ソムパミット滝　Somphamit　ສົມພະມິດ
別名…リーピー　Li phi　ຫຼີ່ຜີ

リーピーは小コーン島の南西部にある有名な滝です。鉄橋下にある料金所でチケットを買い、ワット・コーンタイ寺（Wat Khone Tai）の中を突っ切って、村の中の道を抜けて行くか、寺の左脇の道を進み、その先のT字路を右折します。二つの道が再び合流したところから少し進むと小さな橋があり、それを渡るとラー島（Don La ດອນຫລາ）という別の島に入るのですが、道がこの島の反対側まで行ったところにソムパミットの滝があり、近くまで行くと水が落ちる大きな音が聞こえてきます。鉄道橋のところから滝までは自転車でゆっくり走っても一五～二〇分ほどの距離です。

ビーチ

お寺の左脇の道を進み、ソムパミット滝方向には曲がらず真っすぐ行った先には白い砂のビーチがあります。売店などもあるほか、川イルカを見に行くボートもここから出ています。しかし、この付近のメコン川で泳ぐのは大変危険です。

右：伝統的な狩猟法で魚を獲る漁師。
左：小コーン島のビーチ。

フランス植民地時代の
蒸気機関車。

このビーチでも人々はビーチバレーをしたり、日光浴をしていて、泳ぐ人はほとんどいません。ビーチの右のほうに見える大きな島はサニアット島（Don Saniat ດອນສະນຽດ）で、左の遠くに見える陸地はカンボジア領です。

ドルフィンツアー

川イルカを見に行くツアーは、三人乗りのボートで所要時間時間は二〇分ほどです。

バーン・ハーンコーン村　Ban Hang Khon　ບ້ານຫາງຄອນ

小コーン島の南東部突端にある村で、フランスが作った船に積んだ資材を陸へと揚げる機械がまだそのまま残っています。宿泊施設などはありませんが、食堂と雑貨店などがあり、ここからもボートをチャーターして川イルカを見に行くことなどができます。カンボジアとの国境、ウーンカームまで渡ることも可能です。

蒸気機関車

一台は鉄道橋のすぐ近くの広場で立っていますが、もう一台はバーン・ハーンコーン村に近いところで横倒しになっています。二台は線路の幅が違い、デート島と小コーン島を結んでいた路線は標準規格のレール幅ですが、バーン・ハーンコーン村のほうはナローゲージと呼ばれるレール幅の狭いものです。

コーンパーソーイ島　Don Khone Pa Soi　ດອນຄອນປາສ້ອຍ

小コーン島の東隣りにあるコーンパーソーイという小さな島との間に吊り橋が架かっていて、歩いて渡ることができます。島の東側にはコーンパーソーイの滝があります。

整流防

小コーン島の北東部とコーンパーソーイ島の北側から見えるメコン川の中ほどには、フランスが川の水の流れをコントロールするために造ったとされるコンクリート製の堤防が残っています。

コーンパペン滝　Khonphapheng ຄອນພະເພັງ

このエリアにあるメコン川の滝の中で最大規模を誇るのがコーンパペン滝で、その幅はおよそ三〇〇メートル、落差一五メートルほどもあります。今では一大観光地になっていて多くの環境客が訪れる人気スポットです。滝の近くでは二本の棒を足で操作する伝統的な漁が行なわれており、展望台の近くにはメコン川で獲れた魚を提供する食堂も数軒あります。コーンパペン滝へは、デート島や小コーン島などからのツアーやボートチャーター、バーン・ナーカサン村からバイクをチャーターして来るのが一般的ですが、小コーン島やデート島からバーン・ナーカサン村までレンタサイクルを船に乗せて来るという方法もあります。バーン・ナーカサン村からコーンパペン滝までは自転車で四〇分程度です。

ノーン・ノック・キアン

ノーン・ノック・キアン（Nong Nok Khiang ໜອງນົກຂຽນ）はラオス最南部にあるカンボジアとの出入国ポイントです。以前は木造の小さな小屋のようなところで出入国の手続きをしていましたが、現在は新しい立派なイミグレーション・オフィスが完成して、ここで手続きを行なうようになりました。

カンボジア側の名前はプラ・プレン・クリアン（Pra Preng Krian）で、パークセーやシーパンドーンから乗った国際バスはここを通過して、ストゥントレンやプノンペンなどのカンボジアの町に向かいます。

ラオスとカンボジアの国境は、ここと別にもう一つ、メコン川寄りのウーンカーム（Veune Kham ເວີນຄາມ）→ドンクラロー（Don Kralor）という出入国ポイントもあり、過去にこちらで国境越えをしたという人もいます。しかし、ノーン・ノック・キアンの国境が整備されたので、ウーンカームは現在、ほとんど使われなくなっているようです。

ラオスとカンボジアの国境を越える時は、どちら側からにせよ、国際バスの利用をおすすめします。国境に公共の乗り物はないので、結局はそこで国際バスなどに交渉して乗せてもらうことになります。

ストゥントレン

ストゥントレン（Stung Treng）はカンボジア北東部にある同名の州の州都で、ラオスから下ってきたセー・コーン川がメコン川に合流するところにある大きな都市です。古くはシエンテーン（Xieng Teng）と呼ばれ、ラーンサーン王国やチャムパーサック王国の一部でした。ラオス南部との関係は深く、ラオス内戦時には多くの難民がラオスから避難してきました。町には現在も多くのラオス人が暮らしています。

ラオス国境から来たバスは整備された国道を南下し、一時間足らずでセー・コーン川にさしかかります。バスは長い橋を渡ったところで停まり、ストゥントレン、あるいはストゥントレン経由でラタナキリなどへ行く旅行者はここで降ろされます。ストゥントレンの町はここからセー・コーン川沿いに一キロほど行ったところなので、そこから来る車を待てということなのですが、橋のたもとにはバス停もなにもないので、初めての人は不安になるかもしれません。川沿いの道は舗装された良い道なので、体力があれば歩いて行ってもいいのですが、あせらず、言われたとおりに川べりの東屋で待っていれば、町から車が来ます。

ストゥントレンに滞在する日本人の旅行者はまだ少ないのですが、ラオス、ベトナムと国境を接するラタナキリ州は欧米人の旅行者に人気で、ストゥントレンから車でラタナキリ州へと向かい野生の動植物を見るエコツーリズムやトレッキングツアーに参加する人が大勢います。また、ウーンカームあたりのメコン川でカワイルカを見るツアーもあり、さらに町の西側でメコン川にかかる通称「メコン橋」を渡れば、タラ・バリバット（Thala Barivat）というヒンドゥー遺跡に行くこともできるなど、未整備ではありますが、観光地として発展する可能性を秘めた町です。

ラオスからプノンペンに向かう国際バスはストゥントレンの町に入らずにそのまま行ってしまいますが、もちろんストゥントレン始発プノンペン行きのバスもあります。こちらはバス会社別に街なかに数ヵ所の乗り場がありますが、いずれも朝七時前後の出発です。チャムパーサックでクメール遺跡のワット・プーをご覧になった方は、是非、その完成形であるアンコールワット遺跡群を見に行くことをおすすめします。ラオスとの違いを感じながらカンボジアでも良い旅ができますように。

あとがき

　この本が完成するまでにはものすごく時間がかかってしまいました。ラオスを点ではなく線で紹介しようというコンセプトのもとに取材を進めましたが、そのためには実際にバスの乗り降りを繰り返しながら自分自身で見て歩くしかありません。しかし、ラオスというのはとにかく情報が少ない国なのです。しかも、社会状況は変わりやすく、例えば北部を取材し、南部に行った時にはもう北部で取材した内容が変わってしまっているといった具合です。特に田舎の情報は、大きな町にいては全くわかりません。

　日本にいて簡単に情報収集できるはずもなく、また現地の交通事情も良くないので、仮に一ヵ月ラオスに滞在したとしても国じゅうを廻るなんてことは不可能です。したがって、「ラオス全土の旅」をきっちり書くには、何度も日本とラオスを行き来する必要がありました。校正が出てから確認のためにラオスに行ったこともあります。

執筆にあたっては、一部の国境などについては、政府機関から資料をもらったり、現地在住の友人に情報を集めてもらったりしましたが、基本的にはすべて自分で旅したルートを紹介しています。ただ、いっぺんに廻るということはできなかったので、データには新しいものと古いものが混在しています。本誌を手にラオスを旅される場合は、現地で新しい情報を確認して頂ければ幸いです。

本誌を読まれた方がラオスという国に興味を持ったり、また実際にラオスを旅してますますラオスが好きになったりすれば、大変嬉しく思います。

最後までお付き合いいただいた、めこんの桑原晨さんとデザイナーの戸田ツトムさん、情報やアドバイスを頂いたラオス在住の友人たち、ラオス人民民主共和国外務省および情報文化省の方々に深くお礼申しあげます。

ありがとうございました。

コープチャイライラーイ。

川口正志

川口正志（かわぐち・まさし）

一九六三年東京生まれ。フリーランスフォトグラファー。

一九九五年初めてラオスに行き、その後毎年一～四回ラオスを旅行。すべての県を歩いて、人々の暮らしや風景を撮り続けている。

二〇〇二年に東京と大阪で初の個展「LAO BREEZE ～ラオスの風に吹かれて」を開催。その後、愛・地球博やラオスフェスティバルなどでも写真を展示。JICAやH.I.Sなどでも写真展を開いている。

ラオス関係の著書としては二〇一一年に配信が開始された電子書籍『のんびりラオスに癒されて』（I.OS版、Kindle版）（アドレナライズ）があるほか、『ラオス概説』（めこん、二〇〇三年）など、ラオス関係の書籍への写真提供多数。またラオスの邦人向けのフリーペーパー、ラオス観光日本語マガジン『LAO SKETCH』にフォトエッセイ「ファインダーのつぶやき」を連載中。

ラオス全土の旅

初版第一刷発行 二〇一六年三月三一日
定価四〇〇〇円＋税

著者 川口正志©
地図制作 佐野路子
デザイン 戸田事務所＋佐野裕哉

発行者 桑原晨
発行 株式会社めこん
〒一一三―〇〇三三 東京都文京区本郷三―七―一
電話 〇三―三八一五―一六八八／ファックス 〇三―三八一五―一八一〇
ホームページ http://www.mekong-publishing.com

印刷・製本 太平印刷社

ISBN978-4-8396-0283-3 C0030 ¥4000E
0030-1407283